SLOWAKEI

DUMONT REISE-TASCHENBUCH

Vordere Umschlagklappe: Übersichtskarte Slowakei

Hintere Umschlagklappe: Stadtplan Bratislava

Renata SakoHoess

SLOWAKEI

DUMONT

Titelbild: Banská Štiavnica
Umschlagklappe vorne: Das Tal Kvačianska dolina in der Nähe von Liptovský Mikulaš
Umschlagklappe hinten: Korbflechter im Museumsdorf Orava
Umschlagrückseite: Höhenzug Kubínska Holá *(oben);* in der West-Tatra *(Mitte);* Stadtburg von Kežmarok *(unten)*
Vignette S. 1: Keramikteller aus Modra mit Jánošík-Motiv
S. 2/3: Burg Orava in Oravský Podzámok

Über die Autorin: Renata SakoHoess, geb. 1961 in Bratislava in einer deutsch-slowakischen Familie, 1968 Emigration nach Deutschland. Seit dem Studium der Germanistik und Slawistik arbeitet sie als Lehrbeauftragte für Slowakisch an der Müncher Universität sowie als Übersetzerin und Redakteurin für kulturelle Institutionen und Verlage.

Die Deutsche Bibliothek – CIP-Einheitsaufnahme

SakoHoess, Renata
Slowakei / Renata SakoHoess. – Köln: DuMont, 2001
DuMont-Reise-Taschenbücher
ISBN 3-7701-4889-4

1. Auflage 2001

Umschlaggestaltung: Groschwitz, Hamburg
Satz und Druck: Rasch, Bramsche
Buchbinderische Verarbeitung: Bramscher Buchbinder Betriebe

Printed in Germany ISBN 3-7701-4889-4

INHALT

LAND & LEUTE

Natur, Wirtschaft und Geschichte

Gesellschaft und Kultur

UNTERWEGS
IN DER SLOWAKEI

Die Kapitale an der Donau: Bratislava

Kleine Karpaten und Waagtal

In die Tatra

Über die Zips ins Slowakische Paradies

In der Mittelslowakei

Der Osten der Slowakei

TIPPS & ADRESSEN

LAND & LEUTE

»Der Himmel ist klar wie das Auge eines Fischs, die Sonne brennt wie enttäuschte Liebe, das Feld ist gelb, die Wiesen abgemäht, die Erde durstig – nun, es ist Sommer. Kurz ist sein Leben am Fuß der Tatra, und was ihm an Zeit fehlt, versucht er durch Kraft zu ersetzen. «

S. H. Vajanský

Natur, Wirtschaft und Geschichte

Im Land der Berge und Hügel – Landschaft und Klima

Leben im Gebirge – Flora und Fauna

Vom Agrarland zur Schwerindustrie – Wirtschaft

Der Weg zur slowakischen Nation – Daten zur Geschichte

Anziehungspunkt für Naturliebhaber und Bergwanderer: die unberührte Landschaft der Tatra

»Auf der Karte Europas ein weißer Fleck«, so lautet der Titel einer Anthologie zur literarischen Avantgarde Ostmitteleuropas. Ähnlich ließe sich die Slowakei charakterisieren, nachdem sie 1993 als selbstständiger Staat im viel bemühten Herzen Europas auftauchte. Dabei liegt ihre Hauptstadt Bratislava nur gute 60 km östlich von Wien. Sofern man sie nicht mit Slowenien verwechselt, assoziieren die meisten mit der Slowakei die Hochgebirge der Tatra und ursprüngliche, unberührte Natur, die es hier, unweit des alpenländischen Massentourismus, tatsächlich noch zu genießen gibt. Hunderte von Kilometern an Wanderwegen durchziehen das größtenteils gebirgige Land – die Slowaken selbst lieben die *turistika,* das Wandern, und probieren ansonsten alles aus, was die Funsportindustrie bietet.

Das zweite, was einem zur Slowakei einfällt, sind Bilder von Bauern und weiten Feldern. Hier hat sich am Ende des 20. Jh. viel verändert. Doch ist die vergangene Welt der bäuerlichen Kultur in zahlreichen vorbildlich errichteten Freilichtmuseen und Denkmalreservaten für heutige Zeitgenossen festgehalten.

Beim dritten Aspekt des Urlaubslands Slowakei stellt sich dann schon meist unkundiges Erstaunen ein. Wenn es gilt, eine Reihe von jahrhundertealten Städtchen mit mehr als 120 Burgen und Schlössern zu entdecken. Die meisten zwar in ostmitteleuropäischem »Taschenformat«, dafür umso beschaulicher und geruhsamer. Und deren Bewohner lassen sich auch nicht gern hetzen. Eine Einladung auf einen *preso* (Espresso-Kaffee) oder ein *deci* (Glas Wein) schlägt man bei einem zufälligen Treffen auf der Straße ebenso ungern aus wie unter Italienern oder Südfranzosen. Denn trotz der vielen Gebirgszonen ist die Slowakei ein Land mit südländisch beeinflusster Kultur.

An klischeehaften, negativen Vorstellungen über unseren nahen Nachbarn scheint sich seit gut 150 Jahren kaum etwas geändert zu haben. Auch ein englischer Reisender aus der Mitte des 19. Jh. wundert sich nach einer erlebnisreichen Reise durch den slowakisch-ungarischen Karpatenraum über die Vorurteile, denen er zuvor aufgesessen war: »Der Leser würde gewiss lachen, wie ich seither oft getan habe, wollte ich ihm nur die Hälfte der albernen Geschichten wieder erzählen, welche die guten Wiener uns über das Land berichteten, welches zu besuchen wir im Begriffe standen. Keine Landstraßen! Keine Wirtshäuser! Keine Polizei! Wir müssten auf der bloßen Erde schlafen, essen, wo wir könnten, und jeden Augenblick gewärtig sein, unsere Börsen und unser Leben zu verteidigen. (…) Es möge indess des Lesers Gemüt beruhigen, dass niemals sich etwas Furchtbareres zum Schießen zeigte, als ein Rebhuhn oder ein Hase, und dass wir unsere Reise mit der vollen Überzeugung beendigten, in der Slowakei sei das Reisen just so sicher als in England.«

»Steckbrief« Slowakei

Lage und Größe: Die sich im Osten Mitteleuropas horizontal erstreckende Slowakei hat eine Fläche von 49 039 km^2 bei einer Einwohnerzahl von rund 5,5 Mio. und ist damit etwas größer als die Schweiz. Es ist der südöstliche Teil der ehemaligen Tschechoslowakei, von der sie sich am 1. Januar 1993 getrennt hat. Die größte gemeinsame Grenze hat sie mit Ungarn (631 km), gefolgt von Polen, Tschechien, Österreich und der Ukraine.

Siedlungsstruktur: Hauptstadt und größte Kommune der Slowakei ist Bratislava (Preßburg) mit rund 450 000 Einwohnern. Die zweitgrößte Stadt ist Košice im Osten der Republik mit knapp 240 000 Einwohnern. Über 60 % der Bevölkerung leben in Städten.

Bevölkerung: Die Mehrheit der Bürger gibt an, slowakisch zu sein, doch verweisen oft schon zumindest die Familiennamen auf frühere Mischehen der verschiedenen Bevölkerungsgruppen auf dem Gebiet der Slowakei. Die offizielle Statistik: ca. 86 % Slowaken, ca. 10 % Ungarn, ca. 1,1 % Tschechen, 0,60 % Ukrainer und Ruthenen, 0,10 % Deutsche, 0,06 % Polen – die Roma werden auf rund 5 % geschätzt.

Staat und Verwaltung: Die Slowakische Republik ist ein unitarischer Staat mit Parlament (Nationalrat, 150 Sitze) und Regierung. Staatsoberhaupt ist der Präsident, der zugleich Oberbefehlshaber der Streitkräfte ist; seit 1999 wird er direkt vom Volk für fünf Jahre gewählt.

Wirtschaft: Das Bruttoinlandsprodukt (BIP) lag 1998 bei 3785 US$ pro Kopf (in Deutschland: 27 510 US$). Gut 60 % des BIP werden in der Industrie erwirtschaftet, der Dienstleistungssektor ist unterentwickelt. Die Wirtschaft litt lange an geringen Auslandsinvestitionen, allein im Jahr 2000 (1,3 Mrd. US$) kam jedoch mehr als die Hälfte dessen zusammen, was in den acht Jahren zuvor insgesamt investiert worden war. Die Arbeitslosenquote erreichte 2000 gut 19 %, das durchschnittliche Monatseinkommen betrug rund 11 000 Sk (275 €).

Für das 21. Jh. lässt sich dies nur bestätigen, die Slowakei ist ein gastfreundliches Land, das stark auf Tourismus setzt, auch wenn man in der Umsetzung noch nicht immer die gängigen Urlaubererwartungen trifft. Doch zur Verteidigung sei ein Ausspruch des Literaturhistorikers Peter Zajac vorgebracht, der sich auf die Slowaken im Allgemeinen übertragen lässt: Sie unterlägen zuweilen einer Selbstüberschätzung, doch seien sie besser, als ihr Ruf vermuten lässt.

Landschaft und Klima

Die markanteste und gemeinhin bekannteste landschaftliche Erscheinung der Slowakei ist die **Tatra.** Doch ist sie mit ihrem nördlichen Teil, der Hohen Tatra, lediglich der am höchsten aufragende Abschnitt im Westen des mächtigen Karpatenbogens und hat mit dem Gerlachovský štít (Gerlacher Spitze, 2655 m) dessen höchsten Gipfel. Die wenigsten wissen, dass die Karpaten nicht nur das Stammland Draculas im Südosten Europas sind, sondern kurz hinter Wien bei Bratislava beginnen und sich in einem sichelförmigen Kamm über 1200 km bis Rumänien ziehen. Geologisch werden die Karpaten als Fortsetzung der östlichen Alpenkette betrachtet. Die Hohe Tatra ist ein junges Hochgebirge, mit ihrer Ausdehnung von ca. 55 km Länge und 17 km Breite ver-

sammelt sie auf relativ kleinem Raum all das, was auch die Alpen zu bieten haben. Es gibt hier z. B. 25 Gipfel, die mehr als 2500 m aufzuweisen haben, etliche Gletscher- und Gebirgsseen, in der Slowakei *pleso* oder auch *morské oko* (Meeresauge) genannt, und eine große Gesteinsvielfalt. Den Hauptbestandteil der Tatra bildet der Granit, neben Kalkgestein kommen auch Dolomite, Sandsteine und Schiefer vor.

Interessant ist in den Kalksteinschichten die Herausbildung eines seltenen Hochgebirgskarsts.

Und außerhalb der Tatra? – Beinahe das ganze übrige Land durchziehen jede Menge weiterer Berg- und Hügelketten, die Slowakei besteht zu gut 70 % aus Gebirgen, hierbei sind besonders die **Kleine** und **Große Fatra** hervorzuheben. Die übrigen haben oft den Zusatz *vrchy*, was man am besten mit »Höhen« übersetzt. Die meisten verlaufen in Nord-Süd-Richtung, und da sie früher schwieriger zu überwinden waren und der Weg außen herum zu lange dauerte, wurde die Vielfalt an slowakischen Dialekten gern wie folgt begründet: jedem Tal seinen eigenen Dialekt. Es fächern sich von der Landesmitte bis in den Osten eine Reihe von mittleren Gebirgen, die einst reich an Erzen waren. Manche, wie die um **Banská Štiavnica,** sind vulkanischen Ursprungs. Eine typische Erscheinung der Gebirgsformationen der Slowakei ist die Entstehung von Karstgebieten, sei es in Form von Höhlen und Grotten oder als schroffe und tief sich ins Land schneidende Schluchten und Cañons. Insgesamt nehmen die mehr als 3800 bekannten Höhlen eine Fläche von 2700 km^2 ein. Zugänglich ist ein Dutzend, manche schon seit vielen Jahrzehnten. Zu den bedeutendsten dieser Landschaftsgebiete zählen

Gletschersee in der West-Tatra

Die Nationalparks der Slowakei

Sehr früh schon erkannte man, dass die einzigartige Bergwelt der Tatra besonderen Schutzes bedarf, und gründete 1948 den ersten der inzwischen sieben Nationalparks. Der *Tatranský národný park* – TANAP (Tatra-Nationalpark) umfasst die Hohe und Belaer Tatra, seit 1987 auch die West-Tatra. Nahezu alle Nationalparks gruppieren sich um diesen ersten, befinden sich also im mittleren Norden des Landes. Nur der zuletzt ernannte, *Poloniny* (Bergwiesen) liegt im äußersten Nordosten an der Grenze zu Polen und der Ukraine, wo sich der Landschaftsschutz fortsetzt, ähnlich wie beim Tatra-Nationalpark im Norden auf polnischer Seite. Jeder der Parks verfügt zusätzlich über einen so genannten Schutzgürtel *(ochranné pásmo)*, um die Übergänge nicht krass ausfallen zu lassen.

Die Nationalparks im Überblick (Angaben gerundet):

	eigentliche Fläche km^2	Schutzgürtel km^2
Tatranský národný park (TANAP)	741	366
Pieninsky národný park (PIENAP)	21	523
Národný park Nízke Tatry (NAPANT)	811	124
Národný park Slovenský raj	198	130
Národný park Malá Fatra	226	233
Národný park Muránska plánina	203	217
Národný park Poloniny	234	171

In den Nationalparks wird die wirtschaftliche und touristische Aktivität des Menschen soweit wie möglich eingschränkt bzw. strenger Kontrollen und Regeln unterworfen. Dazu gehört u. a. das absolute Verbot, markierte Wege zu verlassen oder auf diesem Gebiet zu kampieren. Wer es dennoch tut, riskiert hohe Geldstrafen. Da die Natur Vorrang hat, sind gewisse Wege zu bestimmten Zeiten für den Tourismus gesperrt, um den Tieren die Möglichkeit zu geben, ihren Nachwuchs ungestört aufzuziehen. In guten Landkarten sind die Sperrfristen genau angegeben.

Wer Tatra und Nationalpark hört, denkt wahrscheinlich gleich an wilde Bären, die dort noch heimisch sind. (Leider sind es weniger, als man sich wünschen würde.) Doch keine Angst, die Verantwortlichen versichern, dass es auf dem gesamten Territorium der Slowakei bisher zu keinem tödlichen Ausgang bei der Begegnung mit diesem Bergbewohner gekommen ist. Weiter weisen sie darauf hin, dass im Bereich der abgesteckten Markierungen keine Gefahr bestehe, auf Bären zu treffen. In frühen Morgenstunden oder gegen Abend kann man zur Sicherheit in normaler Lautstärke auf sich aufmerksam machen, ein möglicherweise in der Nähe befindliches Tier wird das Weite suchen. Auf keinen Fall sollte man sich einem Bären nähern, auch wenn er friedlich aussieht. Bei Beachtung all dieser Hinweise ist es höchst unwahrscheinlich, diesem Waldbewohner zu begegnen. Sollte es dennoch dazu kommen, empfiehlt es sich, nicht hektisch zu reagieren und sich nicht zu wehren. Immer wieder weist die Nationalpark-Verwaltung darauf hin, dass meist Fehler der Menschen vorangingen, bevor sie von einem Bären verletzt wurden. Wer die Schönheiten der wunderbaren Naturreservate abseits »ausgetretener« Pfade genießen möchte, kann es in Begleitung eines Bergführers *(horský vodca)* tun. Das System der NP wird noch nicht als abgeschlossen betrachtet, unter den zahlreichen Naturschutzgebieten (CHKO) gibt es weitere Kandidaten.

der **Slovenský kras** (Slowakischer Karst) im Südosten um Rožňava und der sich nördlich daran anschließende **Slovenský raj** (Slowakisches Paradies) bei Spišská Nová Ves.

Eng mit der gebirgigen Oberfläche der Slowakei hängt ihr Waldreichtum zusammen (40 %), obwohl besonders gegen Ende des 19. Jh. viel Forst für die Almwirtschaft gerodet wurde. Um dem Einhalt zu gebieten und überhaupt die Ursprünglichkeit der Bergwelt zu erhalten, wurde 1948 der erste Nationalpark gegründet, der große Teile der Hohen Tatra umfasst. Inzwischen wurden sieben dieser streng geschützten Räume geschaffen, die sich in einem ständigen Kampf mit der Tourismusindustrie befinden. Zudem gibt es sog. Schutzgürtel um die Parks sowie den Typus der *Chránená krajinná oblast'*, CHKO (Naturschutzgebiet).

Nicht zu vergessen und nicht ohne Reiz, da im Grunde immer zumindest von Hügeln umgeben, sind die Niederungen des Landes. Ihre Grundlage bilden zumeist Flusstäler wie die der beiden größten Flüsse Donau und Váh (Waag). Umstrittenstes Projekt der Umweltschützer war in den letzten Jahren auch das international beachtete, gigantische Wasserkraftwerk Gabčíkovo. Es wurde an der Donau von den beiden Nachbarn Slowakei und Ungarn noch zu sozialistischen Zeiten geplant, unter Mečiar zum nationalen Prestigeobjekt erkoren und auf slowakischer Seite fertig gestellt, während man sich in Ungarn dagegen entschied. Der Fluss bildet hier seit jeher viele Seitenarme, die das Gebiet zu einem wertvollen ökologischen Reservat werden ließen, das nun durch die technische Nutzung der Wasserkraft gestört wurde.

Ein weiteres Charakteristikum der Slowakei sind ihre zahlreichen mineralhaltigen Quellen, die aus 16 Gemeinden Heilbäder machen und darüber hinaus für zusätzliche Thermalbäder sorgen, die das ganze Land durchziehen. Für die Gesundheit der Atemwege sind die Luftkurorte der Hohen Tatra (Smokovce, Tatranská Lomnica) zu erwähnen.

Die Slowakei hat gemäßigtes kontinentales Klima, d. h. kalte Winter und warme Sommer. In den südlichen Ebenen des Landes herrschen günstige klimatische, beinahe mediterran anmutende Verhältnisse, so dass hier Pfirsiche, Aprikosen, Melonen, Maroni (Esskastanien) sowie Paprika problemlos gedeihen. Die nördlichen Gebirgsregionen haben die kürzesten Sommer, etwa Juni bis Mitte September. Es gibt drei große Weinbauregionen, in den Kleinen Karpaten, rund um die Stadt Nitra und südlich von Košice, wo auch die Tokajer-Traube angebaut wird.

Flora und Fauna

Die Pflanzen- und Tierwelt der Slowakei unterscheidet sich kaum von der in ähnlichen geografischen Breiten West- und Zentraleuropas. Und dennoch wirken manche Arten »exotisch«, einfach weil sie bei uns ausgestorben sind oder nicht zum alltäglichen Bild gehören.

Ein häufiges Bild: Blühende Mohnfelder

Fauna

Simples Beispiel sind die Störche, ganz selbstverständlich zieren ihre großen, stacheligen Nester Strommasten, Schornsteine und auch mal einen denkmalgeschützten Renaissance-Turm der Zips. Oder man sieht sie im Vorbeifahren zu mehreren die Wiesen nach Essbarem durchstreifen. Darüber hinaus werden Interessierte eine große Vielfalt an weiteren Vogelarten entdecken und dies nicht nur in den Nationalparks, die geschaffen wurden, um vom Aussterben bedrohte Tiere und Pflanzen zu erhalten. Prominentes und immer wieder gern zitiertes Beispiel ist der Braunbär, der in der Hohen und Niederen Tatra lebt. Zu weiteren Raubtieren gehören Wolf, Luchs und Wildkatze, die zusätzlich in den Pieninen und der Kleinen Fatra anzutreffen sind (leider auch in keinen großen Stückzahlen mehr). Unter den selten gewordenen Vögeln dieser Gebiete sind der Schreiadler, der Steinadler und der Schwarze Storch zu erwähnen. Reich an seltenen Vogelarten ist die Donautiefebene mit der Kormoran-Insel, der Insel der Seeadler und Naturschutzgebieten für Großtrappen und Weißstörche. Der Orava-Stausee im Nordwesten der Tatra besitzt ebenfalls eine eigene Vogelinsel.

Doch die Tatra hat einige Schätze zu bieten, die nur ihr eigen sind und in der lateinischen Bezeichnung meist den Beinamen *tatricus* mit sich führen. Dazu gehört die Tatra-Gemse, die vom Wanderer am häufigsten zu sichten ist. Sie unterscheidet sich von den alpinen Gemsen durch eine interessante helle Zeichnung am Kopf, die wie eine übergestülpte Maske wirkt. Unter den größeren Lebewesen ist noch das Tatra-Murmeltier zu nennen, das sich hin und wieder durch sein lautes Pfeifen bemerkbar macht. An den Flussläufen haben die bei uns ebenfalls selten gewordenen Fluss- und Fischotter ihre Bauten und im Wasser der Gebirgsbäche tummeln sich Regenbogenforellen, Huchen und Gründlinge neben anderen Fischarten – nicht immer und überall, auch sie müssen geschützt werden und sind nicht mehr in Fülle vorhanden.

Das Tatra-Murmeltier macht sich meist nur durch sein Pfeifen bemerkbar

Flora

In den Bergregionen gibt es Vegetation in sechs Höhenstufen, und es sind 1400 Arten von höheren Gefäßpflanzen zu verzeichnen. Zu jenen, die nur hier beheimatet sind, gehören u. a. Meeresaugen-Frauenmantel, Augentrost und Wachsblume. In der Niederen Tatra kommen zudem Alpen-Edelweiß, Weiße Kuhschelle sowie Tüpfel- und Gletscher-Enzian vor, die wie bei uns streng geschützt sind. Die Kleine Fatra verzeichnet den Rotbraunen Frauenschuh, eine Orchideenart, und in der Großen Fatra wächst neben Alpenastern und Seidelbast das besonders wertvolle Fatra-Veilchen.

Auch die slowakischen Wälder haben mit saurem Regen und anderen Bedrohungen zu kämpfen, deshalb zählen großflächige Wälder, z. T. Mischwälder aus Buchen, Eichen, Kiefern und Fichten, nicht nur in den Nationalparks beinahe zu erwähnenswerten Biotopen. Eine wahre Rarität im zentraleuropäischen Vergleich ist hinsichtlich Fläche (19 ha) und Alter der Eibenwald der Großen Fatra in der Nähe von Harmanec. Er soll eine Hinterlassenschaft des Tertiär sein, auf Eiben folgten hier immer nur Eiben.

Wirtschaft

Die Slowakei ist eines der Transformationsländer, das sich nach dem Regimewechsel 1989 zur radikalen Umstrukturierung ihrer Wirtschaft nach marktwirtschaftlichen Prinzipien entschloss. Gestartet wurde dieser Prozess noch im gemeinsamen Staat mit den Tschechen. Nach der Selbstständigkeit entwickelte sich das Bruttoinlandsprodukt vielversprechend. Dennoch befand sich die unter Mečiar gelenkte Wirtschaft am Ende seiner Amtszeit in einer Krise: Undurchsichtige Privatisierungspraktiken schreckten ausländische Investoren ab, die das Land wegen der steigenden Auslandsverschuldung dringend gebraucht hätte.

Traditioneller Schwerpunkt der slowakischen Wirtschaft ist die Schwerindustrie (größter Betrieb zur Metallverarbeitung sind die Ostslowakischen Eisenwerke, VSŽ) mit Schwermaschinenbau und Rüstungsproduktion. Weitere wichtige Industriebranchen sind der Fahrzeugbau (Volkswagen produziert erfolgreich in Bratislava), Erdölverarbeitung (Slovnaft) und Gummiherstellung. In der Land- und Forstwirtschaft sind nur knapp 9 % der Beschäftigten tätig. Nach 1989 wurde zwar der 1948 verstaatlichte Boden an Privatpersonen und Institutionen zurückgegeben, doch verliefen in den 90er Jahren die notwendigen Reformen noch schleppend. Viele Landwirte arbeiten noch in genossenschaftlichen Verbänden, da sie sonst wenig Überlebenschancen sehen. Als wichtigster Außenhandelspartner der Slowaken löste Ende der 90er Jahre Deutschland die Tschechische Republik ab, gefolgt von Russland und Österreich.

Daten zur Geschichte

Vor- und Frühgeschichte

250 000–700 v. Chr. Zeugnisse altsteinzeitlicher Besiedelung fanden sich in der Umgebung von Nové Mesto nad Váhom (im Waagtal) und in Bratislava. Zu Funden menschlicher Überreste von europäischem Rang gehört der Abdruck eines Neandertaler-Schädels aus Gánovce bei Poprad. Für die Jungsteinzeit lässt sich eine relative Kontinuität und Stabilität der Besiedelung des Slowakischen Gebiets dokumentieren.

ab 350 v. Chr. Die Kelten dringen ins Karpatenbecken vor und sind das erste schriftlich belegte Volk auf slowakischem Gebiet. Um die Zeitenwende kommt es zu Auseinandersetzungen zwischen Germanen und Römern, die ihr Reich durch den *limes romanus* besser abzusichern suchen.

4.–6. Jh. In der Zeit der Völkerwanderung kommen zunächst die Hunnen, dann die Gepiden und Awaren; Anfang des 6. Jh. ziehen slawische Stämme ins Karpatenbecken ein.

Die Slawen im Karpatenbecken

623–658 Es entsteht das **Reich Samos,** eines fränkischen Kaufmanns. Es ist der erste bekannte Stammesverband von Slawen, der wahrscheinlich auch das Gebiet der heutigen Slowakei umfasste.

Anfang 9. Jh. Das erste bekannte Staatsgebilde war das Fürstentum Nitra oder auch **Pribinas Fürstentum** genannt, an dessen Spitze der gleichnamige Fürst (um 800–861) stand.

833 Parallel zu Pribina schafft Mojmír I. ein mährisches Fürstentum. Um 833 besiegt er Pribina und schafft das **Großmährische Reich.** Die bedeutendsten Herrscher dieses Reiches waren Rastislav (846–870, ein Neffe Mojmírs) und Svätopluk I. (871–894, dessen Neffe).

861 Rastislav erbittet vom byzantinischen Kaiser Michael III. Missionare, die in seinem Reich das Christentum in slawischer Sprache verbreiten sollen. Zwei Jahre später ziehen die als Slawenapostel bekannten Mönche Konstantin (auch Kyrill genannt) und Method aus Thessaloniki durchs Land.

894–907 Nach Svätopluks Tod besiegelt die Schlacht bei Brezalauspurc (Bratislava) 907 den Untergang des Reiches, die Madjaren siegen über das ostfränkische Heer.

Im mittelalterlichen Ungarn

1001 Stephan I. (997–1038) wird zum König des madjarischen Königreichs. Sein Land gliedert er nach ostfränkischem Vorbild in sog. Komitate (dt. auch: Gespanschaften). Das Gebiet der heutigen Slowakei wird bis zur Staatsgründung 1918 zumeist als »Oberungarn« bezeichnet.

1241 Die Mongolen (Tataren) dringen bis in die Mitte Ungarns vor. Danach gibt es eine Anwerbung deutscher Siedler durch Béla IV. Sie lassen sich in slawischen Siedlungen nieder, wo sie zuweilen zur mehrheitlichen Bevölkerungsschicht werden. Ende des 13. Jh. gibt es auf slowakischem Gebiet etwa 30 vom König privilegierte Städte.

14. Jh./15. Jh. Diese Zeit wird gern als »goldenes Mittelalter« bezeichnet, sie ist mit der Regierungszeit Karls I. Robert von Anjou (1308–1342) und besonders seines Sohnes Ludwig I., des Großen, (1342–1382) verbunden. Der Erzabbau in den mittelslowakischen Gebieten gelangt zur Blüte.

1440–1462 Ein tschechischer Hussitenführer, Jan Jiskra von Brandys, bringt mit Hilfe eines Söldnerheers Teile der slowakischen Gebiete in seine Gewalt. Der Protestantismus verbreitet sich vor allem in den von Deutschen dominierten Städten.

1467 Der ungarische König Mathias I. Corvinus gewinnt die hussitisch besetzten Landesteile zurück.

1526 Der südliche Teil Ungarns fällt nach der Schlacht bei Mohács unter türkische Besatzung. Preßburg wird Hauptstadt des ungarischen Reiches, viele ungarische Adlige verlegen ihre Wohnsitze hierher und in den heutigen slowakischen Landesteil.

Die Slowakei unter den Habsburgern

ab etwa Mitte 16. Jh. Ein Teil Ungarns, etwa die heutige Slowakei, fällt unter die Herrschaft der Habsburger. Wie im übrigen Europa wird der Jesuitenorden zur Durchsetzung der Gegenreformation eingesetzt.

17. Jh. Ungarische (meist auch protestantische) Adelige organisieren Aufstände gegen die Habsburger. Wichtige Namen in diesem Zusammenhang sind István Bocskay, Gabriel Bethlen, Imre Thököly, Franz II. Rákóczy. Es gelingt jedem von ihnen mit Hilfe von Kurutzenheeren (meist rekrutierte Bauern), mehr oder weniger große Teile Oberungarns in ihre Gewalt zu bringen. Mit dem endgültigen Frieden mit den Türken und deren Abzug aus Südungarn 1711 haben auch die Aufstände ein Ende.

1781 Joseph II. erlässt für die habsburgischen Länder ein Toleranzpatent, das die freie Religionsausübung garantiert. 1785 hebt er die Leibeigenschaft auf; Deutsch wird auch auf slowakischem Gebiet Amtssprache.

Slowakische nationale Wiedergeburt

40er Jahre 19. Jh. Gegen den Druck einer zunehmenden Madjarisierung beginnt sich eine protestantisch geprägte slowakische Elite zu formieren. Treibende Kraft sind die sog. Štúrianer, Mitstreiter von Ľudovít Štúr (1815–1856).

Der Schriftsteller Ľudovít Štúr schuf im 19. Jh. nicht nur die slowakische Schriftsprache, sondern kämpfte auch für die nationale Selbständigkeit der Slowakei

1846	Štúrs *Náuka reči slovenskej,* eine Festschreibung der slowakischen Sprache auf der Grundlage der mittelslowakischen Dialekte, erscheint.
1848	Revolutionsjahr in ganz Europa, auch die Slowaken versuchen ihre national-politischen Interessen durchzusetzen. Im Mai proklamieren sie in Liptovský Mikuláš die »Forderungen des slowakischen Volkes«, die demokratische Reformen im Zeichen der Anerkennung der slowakischen Nationalität durchsetzen sollen. Im September verkündet Štúr im Namen des neu gebildeten Slowakischen Nationalrats die Unabhängigkeit der Slowakei vom Königreich Ungarn.
50er/60er Jahre 19. Jh.	Die österreichische Kaisermacht annulliert schrittweise die zunächst gemachten Zugeständnisse. In den 50er Jahren setzt die Phase des sog. Neoabsolutismus ein. Das Königreich Ungarn verliert seine Selbstständigkeit, alles wird wieder zentral von Wien geregelt, doch die Slowaken profitieren in kultureller Hinsicht: Schulen mit Slowakisch als Unterrichtssprache werden eingerichtet, slowakische Vereine und Zeitungen nehmen ihre Arbeit auf.
1863	Wichtiger Meilenstein bei der Herausbildung eines slowakisch-nationalen Kulturbewusstseins ist die Gründung der *Matica slovenská.* Auf private Initiative wird die Institution ins Leben gerufen, sie dient der Verbreitung slowakischer Sprache und Literatur.
1867	Die Schaffung der k.u.k.-Doppelmonarchie durch den österreichisch-ungarischen Ausgleich bedeutet eine neuerliche Eindämmung slowakischer Interessen. Eine steigende Madjarisierung äußert sich in der Einführung des Ungarischen als Amtssprache sowie im Verbot slowakischer kultureller Einrichtungen.
80er/90er Jahre 19. Jh.	Die für Slowaken nachteiligen politischen Verhältnisse haben auch soziale Folgen, viele der in der Land- und Weidewirtschaft Tätigen geraten an ein Existenzminimum. Einen Ausweg bietet die Auswanderung, zigtausende Slowaken verlassen ihre Heimat. Manche kehren nach Jahren wieder zurück, etliche finden ein neues Zuhause hauptsächlich in den USA und Kanada. Die Auslandsslowaken unterstützen die Daheimgebliebenen politisch und wirtschaftlich. In dieser Zeit intensiviert sich auch die Zusammenarbeit der slowakischen und tschechischen politisch führenden Kreise. 1907 kommt es zur Gründung der Slowakischen Liga in Cleveland, USA.

Milan R. Štefánik, überzeugter Tschechoslowakist

Er ist der international wenig bekannte slowakische Politiker, der entscheidend an der Staatsgründung 1918 mitwirkte. Durch sein tragisches Ende konnte er in der jungen Tschechoslowakei kein Amt übernehmen wie Tomáš Garrigue Masaryk (1886–1937), der als erster Präsident der Republik heute nahezu mythischen Glanz besitzt. Dennoch machte der Sohn aus einer slowakischen Pastorenfamilie Weltpolitik und wird von Slowaken und Tschechen eher im stillen verehrt.

Als 18-jähriger geht er nach Prag an die Karlsuniversität und studiert Philosophie. Gleichzeitig besucht er Vorlesungen der Mathematik und Astronomie. In der Prager Zeit nimmt er rege am gesellschaftlich-kulturellen Leben teil und lernt Masaryk kennen, damals gefeierter Professor an der Universität. Die drängenden politischen Fragen seiner slowakischen Heimat lassen ihn Mitglied der Hlasisten werden. Liberale slowakische Studenten hatten in Prag den Verein *Detvan* gegründet (1882), um für eine Befreiung von der ungarischen Übermacht zu kämpfen. Inspirationsquelle ihrer Aktivitäten bildeten die Ansichten Masaryks, die von einer Politik der kleinen Schritte ausgingen. In ihrem Publikationsmedium *Hlas* (Die Stimme, gegr. 1898) kritisierten sie unter anderem die passive und russenfreundliche Haltung der Slowakischen Nationalpartei in Martin, die mit hehren Parolen zum zivilisatorischen Fortschritt der Slowakei beitragen wollte, statt in das alltägliche Leben der Menschen einzugreifen.

1904 schließt Štefánik sein Studium mit der Promotion ab. Sein weiteres Interesse an der Astronomie führt ihn nach Paris, wo er die Möglichkeit erhält, mit dem bedeutenden Astronomen Prof. Janssen zu arbeiten. In den folgenden zehn Jahren widmet er sich seiner wissenschaftlichen Tätigkeit, es entsteht eine Reihe fachlicher Abhandlungen, die Beachtung finden, und er unternimmt viele Forschungsreisen. Seine letzte Expedition unternimmt er 1913 schon als französischer Staatsbürger nach Ecuador und Tahiti.

Die wissenschaftliche Karriere muss er wegen des Ersten Weltkriegs aufgeben. Er wird in die französische Armee eingezogen und auf eigenen Wunsch zum Piloten ausgebildet. Ende 1915 lernt er Edvard Beneš kennen, der sich mit T. G. Masaryk und anderen exilierten Poltikern für die Bildung eines tschechoslowakischen Staates einsetzt. Von da an widmet sich Štefánik professionell der Politik. Aufgrund seiner Reputation in

Frankreich vermittelt er ein Treffen zwischen Ministerpräsident Aristide Briand und Masaryk. 1916 findet die Gründungsversammlung des tschechoslowakischen Nationalrats statt, wo er die Interessen der Slowakei vertritt. Er wird mit dem Aufbau einer Armee beauftragt und erhält von französischer Seite finanzielle Zusagen. Bedeutende Unterstützung erfährt er von den Auslandsslowaken in den USA. 1918 wird er zum General der tschechoslowakischen Armee und im Oktober bei der Bildung einer vorläufigen Regierung zum Verteidigungsminister ernannt. Seine Rückkehr in eine selbstständige ČSR erlebt er nicht mehr. Am 4. Mai 1919 verunglückt sein Flugzeug kurz vor Bratislava. Die Umstände des Absturzes blieben bis heute ungeklärt. In seinem Heimatland wurde er nicht vergessen: Das erste Denkmal mit Mausoleum wurde 1921 in Myjava aufgestellt, viele Straßen tragen seinen Namen.

In der Tschechoslowakei

1918–1939 Am 28. Oktober 1918 wird in Prag die selbständige ČSR (Tschechoslowakische Republik) ausgerufen. Der Prager Zentralismus bewirkt jedoch die massive Formierung slowakisch-nationaler Kräfte. Sie finden ihr Organ in der Volkspartei Andrej Hlinkas (1864–1938). Ende der 20er Jahre beginnt hier der katholische Priester Jozef Tiso (1887–1947) seine politische Karriere.

1939–1945 Slowakischer Staat: Hitler marschiert 1939 ins Sudetenland und zwingt die Slowakei zu einer Pseudo-Autonomie, denn sie ist außen- und wirtschaftspolitisch an die Weisungen aus Berlin gebunden. Auch in der Frage der nazistischen Rassengesetze und der damit verbundenen Juden- und Romaverfolgung hält sich Staatspräsident Josef Tiso ganz an seine Schutzmacht.

29. 8. 1944 Der als Slowakischer Nationalaufstand bezeichnete Höhepunkt des bewaffneten Partisanenkampfes gegen die Besetzung der Slowakei durch deutsche Truppen beginnt (s. S. 162).

1948 Nach dem 2. Weltkrieg kommt es zur Wiederherstellung der Tschechoslowakei. Im Februar 1948 übernimmt jedoch die Kommunistische Partei (KPČ) die Führung im Land. Der erste Präsident Klement Gottwald (1896–1953) gestaltet es nach stalinistischem Vorbild um.

1960	Die slowakische Seite drängt weiter auf die Durchsetzung föderaler Strukturen. Die Republik erhält den Zusatz »sozialistisch« sowie eine neue Verfassung.
1963	Alexander Dubček (1921–1992) wird Vorsitzender der Slowakischen KP. Als Dubček 1967 als erster Slowake den Vorsitz im Zentralkomitee übernimmt und den »Prager Frühling« mit lockernden Reformen einleitet, wird dies der Sowjetunion zuviel.
21. 8. 1968	Truppen des Warschauer Paktes marschieren über Nacht ein und besetzen das Land. Dubček muss sich in Moskau verantworten und wird seines Amtes enthoben.
70er und 80er Jahre 20. Jh.	Unter Dubčeks Nachfolger Gustav Husák (1913–1991), ebenfalls einem Slowaken, beginnt die Phase der »Normalisierung«, wie es von offizieller Seite heißt: Alle auch nur irgendwie am Prager Frühling Beteiligten (meist Akademiker) verlieren ihre Stellungen. Das kulturelle Leben stagniert, es kommt zu einer gesellschaftlichen Eiszeit.
17. 11. 1989	Er gilt offiziell als der Beginn der sog. Samtenen Revolution, von Studenten wird das Ende des sozialistischen Regimes eingeläutet.

Staatliche Eigenständigkeit

1. 1. 1993	Die Slowakei wird selbstständig, Vladimír Mečiar Ministerpräsident des neuen Landes, Michal Kováč dessen erster Staatspräsident. Mečiars autokratischer Führungsstil mit undurchsichtigen Privatisierungspraktiken und einer minderheitenfeindlichen Politik führt die Slowakei ins internationale Abseits.
1998	Im September gelingt es der Oppositionskoalition mit vereinten Kräften und etwas Mühe, Mečiars Kabinett aufzulösen. Unter dem neuen Premier Mikuláš Dzurinda gibt es eine Koalition von fünf Parteien, wovon zwei wiederum aus mehreren Parteien bestehen. Das Koalitionsbündnis betreibt in den folgenden Jahren wieder forciert eine Annäherung an EU und NATO.
1999	Rudolf Schuster wird neuer Präsident der Slowakischen Republik.
2000	Beim Gipfeltreffen der EU-Staaten im Dezember in Nizza gehört die Slowakei wieder zum ersten Kreis der Kandidaten für die EU-Osterweiterung.

Kultur und Leben

Auf Folklore-Festen sind die kunstvoll gefertigten Trachten zu bewundern

Bevölkerung

Die Slowaken, die nach einem Jahrtausend Fremdherrschaft endlich einen eigenen Staat bilden, sind bestrebt, nach außen als möglichst einheitliche Nation zu erscheinen. Die Slowakei ist aufgrund ihrer geografischen Lage und Geschichte seit jeher ein Land, in dem verschiedene Volksgruppen miteinander lebten, sich mischten oder zumindest beeinflussten. Leider sind immer noch viele Slowaken nicht bereit, dies als positives Erbe der Vergangenheit zu sehen und zu erkennen, dass sie mit ihren multiethnischen Erfahrungen manchen Teilen Europas etwas voraus haben und es fatal ist, einem Ideal des 19. Jh. nachzuhängen. Der nationale Übermut seit der Staatsgründung 1993 ist vielfach nicht wieder abgekühlt, er wird von manchem Meinungsmacher weiter geschürt und führt im Ausland im günstigsten Fall zu nachsichtigem Lächeln. Seit Mečiars Amtsablösung 1998 ist die Slowakei dabei, die Rechte der Minderheiten (insgesamt 14,4 %) nach internationalen Maßstäben auch wirklich umzusetzen.

Traditionell die größte Minderheit stellen die **Ungarn** (ca. 10 %), vorwiegend im Süden des Landes ansässig. Hier kann es vorkommen, dass man sich im Café oder im Geschäft wie in der südlich angrenzenden Nachbarrepublik wähnt. Komárno oder Dunajská Streda z. B. weisen einen Anteil von ca. 70–90 % an ungarischer Bevölkerung auf. Geografisch ist diese Verteilung leicht nachzuvollziehen, gab es hier doch jahrhundertelang keine Grenze.

Eine Minderheit, die in den Medien als besonders problematisch dargestellt wird, sind die **Roma.** Die Slowakei nimmt mit ihrem Anteil (nach Schätzungen ca. 5 %) innerhalb Europas einen der vorderen Plätze ein und steht mit ihren gesellschaftlichen Schwierigkeiten mit dieser ethnischen Gruppe nicht allein. Die genauen Angaben sind schwer zu ermitteln, da sich nur ein Bruchteil der Roma, durch langjährige Diskriminierung abgeschreckt, freiwillig zu seiner Identität bekennt (offizielle Statistik 1,4 %). Außerdem gab es bis zur Wende 1989 in den Erfassungsformularen keine Spalte für die Zugehörigkeit zur romischen »Nationalität« – man ging davon aus, dass es keine bestehende Nation gibt, der sie angehörten (auch dies keine spezifisch slowakische Haltung). Seit dem frühen 14. Jh. sind Roma auf dem Gebiet der Slowakei belegt, ihre traditionellen Siedlungsschwerpunkte sind der mittlere bis nördliche Osten und der Süden. Besonders stark vertreten sind sie in den Bezirken Bardejov, Spišská Nová Ves, Košice-Land, Rožňava. Wer an ihren primitiven Siedlungen vorüber fährt, sofern sie nicht Sozialwohnungen zugeteilt bekamen, kann verstehen, dass sie nach dem Systemwechsel zur wirtschaftlich am stärksten benachteiligten Gruppe wurden. Ihre Arbeitslosenquote erreicht mancherorts die

Kein tschechischer Dialekt

Die slowakische Sprache

Im Staatsverband der Tschechoslowakei ging in der Außenwirkung das Slowakische als eigene Sprache meist unter. Auch gebildete Ausländer sprachen gern nur von der tschechischen, allerhöchstens von der nicht existenten »tschechoslowakischen« Sprache als der gesprochenen Landessprache. Zugegeben, das Tschechische steht dem Slowakischen sehr nahe, Sprecher beider Sprachen können sich ohne größere Schwierigkeiten verständigen, doch könnte keiner für sich die Sprache des anderen, ohne sie zu erlernen, korrekt sprechen.

Die slowakische Sprache wurde immer wieder durch historische Ereignisse vom Tschechischen beeinflusst bzw. partiell verdrängt. In der Folge der hussitischen Emigration kam die *bibličtina* (Bibel-Tschechisch) zu den protestantischen Slowaken, die die Liturgie bis dahin nur auf Latein vernehmen konnten. Durch die tschechischen Exilanten nach der Schlacht am Weißen Berg 1620 erlebte der tschechische Einfluss eine neuerliche Belebung. Anton Bernolák, der 1793 erste Versuche zu einer Festschreibung der slowakischen Sprache unternahm, orientierte sich noch stark an diesem Vorbild. Die *bernoláčtina* (Bernolák-Slowakisch) verwendeten dann vorwiegend die Katholiken, die Lutheraner hielten weiter am Bibel-Tschechisch fest. Die Bemühungen um Eigenständigkeit auch in sprachlicher Hinsicht gipfelten in den 40er Jahren des 19. Jh., als eine Gruppe von Schriftstellern um Ľudovít Štúr auf der Grundlage der mittelslowakischen Dialekte eine neue Schriftsprache schuf, die sich deutlich vom Tschechischen unterschied. Für ihre Verbreitung hatte die *Matica slovenská* (slowakische Kulturinstitution) entscheidende Bedeutung. Da es im habsburgischen Ungarn lange kein Recht auf slowakische Schulbildung gab, sorgte sie mit volksaufklärerischen und literarischen Schriften für ein auch sprachlich gestärktes Nationalbewusstsein.

Gegen eine Flut von Tschechismen versuchten sich die Slowaken noch einmal nach der Staatsgründung 1918 zu wehren. Zur Unterstützung beim Aufbau von staatlicher und schulischer Infrastruktur waren viele Tschechen in den slowakischen Landesteil gekommen und führten nicht allein in Verwaltung und Wissenschaft ihre Termini ein. Ein Widerstand dagegen erfuhr seinen Höhepunkt in »Reinigungsaktionen« in der Zeit des Slowakischen Staates (1939–1945). Nach dem Zweiten Weltkrieg fand sich ein praktikabler Kompromiss.

Eine bis heute gültige Änderung der Kodifizierung bewahrt die Eigentümlichkeiten der slowakischen Sprache und verzichtet darauf, eingeschliffene Parallelen zum Tschechischen zu eliminieren. Historisch ist das Lautsystem des Slowakischen konservativer, es hat einige der tschechischen Enwicklungen nicht mitgemacht. In der Formenlehre ist es wiederum entschieden regelmäßiger. Das »schönste« und weichste Slowakisch vernimmt man in der Mittelslowakei. Im Westen ist bei den Sprechern der Einfluss des Tschechischen heraus zu hören, im Osten der des Polnischen und Ukrainischen.

extrem hohe Zahl von 86 % (Bardejov). Um ihre Ausbildungschancen zu erhöhen, werden nun auch angehende Lehrer in der Roma-Sprache unterrichtet. In Nitra gibt es einen Lehrstuhl für die Kultur der Roma, in Košice wird seit 1993 ein professionelles Roma-Theater, *Romathan,* betrieben, und Lehrer von Roma-Kindern haben sich zu einem Klub zusammengeschlossen – Wege, dem Problem aktiv zu begegnen, ohne eine Assimilierung erzwingen zu wollen, wie es sehr lange der Fall war.

Die **Tschechen** fallen als Minderheit (ca. 1 %) am wenigsten auf, zählten sie doch bis vor kurzem zum Staatsvolk und unterscheiden sich sprachlich am wenigsten von den Slowaken. Sie lassen sich regional nicht näher lokalisieren, außer natürlich entlang der slowakisch-mährischen Grenze.

Die Gruppe der **Ruthenen** möchte nicht gern mit den **Ukrainern** verwechselt werden, sie sieht sich als eigenständige Volksgruppe, dennoch werden sie zusammen erfasst (0,6 %). Schlimm genug wogen für sie die Ukrainisierungsmaßnahmen nach dem Krieg. Ihre ländlichen Zentren bilden im äußersten Nordosten die Bezirke Svidník und Humenné.

Die historisch bedeutendste Minderheit der **Deutschen** fällt heute kaum ins Gewicht (0,1 %). Sie hat sich auf wenige »Inseln« in der Zips zurückgezogen und pflegt so gut es geht ihre Traditionen, zumindest sieht sie wieder einen Sinn darin, dem Nachwuchs Deutsch beizubringen. Die Siedlungschwerpunkte der Karpatendeutschen, wie sie auf dem Gebiet der Slowakei genannt werden, waren Preßburg, das Hauerland nördlich davon, die Zips sowie die Bergbaustädte der mittleren Slowakei. Nach dem Zweiten Weltkrieg kam es zum größten Bruch in ihrem Bestehen. 1946/47 wurden die meisten vertrieben, etwa 10–15 % konnten aus verschiedenen Gründen bleiben; manche verließen in späteren Jahren das Land als Aussiedler. Seit den 90er Jahren gibt es wieder einen leichten Anstieg ihrer Mitglieder, in Poprad z. B. wurde ein deutsches Gymnasium eröffnet.

Religion

Seit Beginn des 18. Jh. ist die Mehrheit der slowakischen Bevölkerung katholisch, daran hat sich bis heute nichts geändert (60 %). Im Lauf der Geschichte hätte es genügend Möglichkeiten gegeben, dass breitere Bevölkerungsschichten zu einer der protestantischen Kirchen bekehrt worden wären. Die deutschen Bürger wandten sich mehrheitlich dem Luthertum zu, aus Böhmen und Mähren kamen seit der Hussitenzeit immer wieder Emigranten, die sich zu einer reformierten Kirche bekannten, und nicht zu vergessen die Ungarn, die in großer Zahl dem Calvinismus zuneigten. Doch die überwiegend bäuerliche slowakische Bevölkerung blieb dem Katholizismus treu, auch wenn im 19. Jh. bedeutende Fortschritte hinsichtlich der nationalen Frage von einer protestantisch geprägten Elite ausgingen.

Heute, wo die Religionsausübung nicht mehr verboten ist, sind die Kirchen voll und scheinen an Sonn- und Feiertagen zu bersten. Die Pfarrer haben sich zeitgemäß darauf eingerichtet, die Gottesdienste werden durch Lautsprecher bis vor die Eingangsbereiche übertragen, so dass sie von denen, die im Innern keinen Platz fanden, auch verfolgt werden können. Bei den Protestanten (8,4 %) scheinen die Kirchen für die Gemeinden zu groß bemessen, v. a. in den Gegenden mit ehemals zahl-

Religion und Gläubigkeit nehmen nach wie vor eine wichtige Rolle ein

reichen deutschen Gemeindemitgliedern, wie in der Zips.

Die Vielfalt der Bevölkerungsgruppen spiegelt sich in den Konfessionen wider. So gibt es neben den Anhängern der Orthodoxie (0,7 %) auch eine katholische »Mischform«, die der Schnittstelle an zwei Kulturkreisen auf wunderbare Weise entspricht. Am Übergang von West zu Ost wollte die katholische Kirche nicht allzu viele Gläubige dem orthodoxen Patriarchen überlassen. In der karpatischen Grenzregion schuf sie (ähnlich wie an anderen östlichen Kultur-Übergängen auch) in einem Bestreben nach Einheit 1646 die griechisch-katholische oder unierte Kirche. Damit gehören ihre Mitglieder zu Rom, wie sie selbst gern betonen, feiern ihren Gottesdienst aber nach dem östlichen Ritus der orthodoxen Kirche. Anfang des 20. Jh. gab es eine massenhafte Rückkehr ihrer Gläubigen zur Orthodoxie, und die Zeit des Sozialismus tat dann ein Übriges, dass auf slowakischem Gebiet heute (3,4 %) oft nur noch die ältere Generation in diesen Kirchen erscheint.

Eine Glaubensgemeinschaft, die nur noch in Spuren vorhanden ist, sind die Juden (etwa 4000). Einst bildete Preßburg eines ihrer bedeutenden Zentren im mitteleuropäischen Raum, nahezu jede Stadt verfügte über eine eigene Synagoge. Viele dieser sakralen Gebäude sind erstaunlicherweise erhalten, häufig jedoch befinden sie sich in schlechtem Zustand oder wurden einem anderen Zweck zugeführt.

Gesellschaft

Ein westlicher Besucher kann oft gar nicht ganz ermessen, welchen Veränderungen die Slowaken, ähnlich wie andere ehemalige Bewohner des »Ostblocks«, nach dem Regimewechsel 1989 ausgesetzt waren. 1993 kam noch die staatliche Souveränität hinzu, die ebenfalls einen Einfluss auf das gesellschaftliche Leben ausübte, wenn auch weniger gravierend.

Entgegen der Legende vom rückständigen Agrarland leben gut 60 % der Bevölkerung in Städten und nicht auf dem Land (Anfang der 60er Jahre des 20. Jh. war es nur ein Drittel). Allerdings gibt es kein breites, gefestigtes Fundament bürgerlichen Bewusstseins, da seine bedeutenden Träger (Deutsche und Ungarn) im 20. Jh. weggefallen waren. Die größten Auswirkungen auf die Gesellschaft hatten die Umstrukturierungen und Privatisierungen in der Arbeitswelt. Fachkräfte, Sachbearbeiter, Lehrer und andere Akademiker mussten, ohne dass sie es gewohnt waren, flexibel darauf reagieren. Viele wagten möglicherweise zu sorglos den Weg in die Selbstständigkeit, von außen sah das westliche Beispiel ja so einfach aus. Deshalb gibt es im Dienstleistungssektor, der den Reisenden am stärksten betrifft, in der Gastronomie und Hotellerie, ein großes Auf und Ab innerhalb der Betriebe. Und manche Mitarbeiter haben immer noch nicht begriffen, dass sie selbst durch ihr

Verhalten für die Sicherung ihres Arbeitsplatzes verantwortlich sind und nicht nur der handy-telefonierende *manažér* (Manager), dem man natürlich nur sein Geld neidet und nicht auch dessen Risiko.

Insgesamt gibt es im Umgang der Menschen mit den Erscheinungen einer vom Kapitalismus geprägten Gesellschaftsordnung noch viel Unsicherheit, die auf den ersten Blick nicht immer zu erkennen ist. Die äußere »Fassade« stimmt zuweilen mit dem kopierten westlichen Vorbild überein, doch die Menschen sind mit dessen konkreter Umsetzung zuweilen überfordert. Dies ist ein an sich nicht überraschender Prozess der Einflussnahme von Kulturen und Lebensweisen, zu bedenken ist, wie massiv und einseitig die westliche Lebensweise auf die Menschen der postkommunistischen Länder einwirkt.

Im Privatleben steht für die Slowaken die Familie an erster Stelle, auch wenn sie mit statistischen 1,5 Kindern nicht sehr groß sein muss und westeuropäischen Werten entspricht. Doch das Single-Dasein ist in keinem Fall ein Thema. Die Wohnungssituation hat sich zwar ein wenig gebessert, doch ist es immer noch üblich, die Elterngeneration im eigenen Haushalt aufzunehmen oder solange bei den Eltern zu wohnen, bis man heiratet. Insgesamt ist die slowakische Gesellschaft nach wie vor patriarchalisch geprägt, trotz weit verbreiteter Berufstätigkeit und gutem Ausbildungsniveau der Frauen.

Literatur, Musik und Architektur

Die Slowaken bildeten über lange Jahrhunderte keinen eigenen Staat, die Schaffung ihres Nationalbewusstseins verlief deshalb vorwiegend über den Rückgriff auf volkstümliche Überlieferungen. In Literatur und Musik bot der reiche Schatz an Sagen, Märchen und Liedern, die zumeist mündlich tradiert wurden, die Möglichkeit, zu eigener kultureller Identität heranzureifen.

Literatur

Die Zeit des legendären Großmährischen Reiches, als dessen Nachfahren man sich betrachtet, lag in allzu weiter Vergangenheit. Das mittelalterliche Schrifttum war lateinisch oder tschechisch dominiert, das Ende des 18. Jh. brachte dann erste Versuche, das Slowakische zu einer »Schriftsprache« zu normieren. Der auch im tschechischen Umfeld bedeutende Slowake Jan Kollár ist einer der bedeutendsten Vertreter des Panslawismus, der über die sprachliche Verwandtschaft der Slawen eine politische forderte. In »Slávy dcera« (Die Tochter der Slawa, 1824) versucht Kollár in 150 Sonetten das unglücklich-unterdrückte Schicksal der Slawen im Kontrast zu ihrer ruhmreichen Vergangenheit darzustellen.

Mit der klassischen Periode polemisierten die Romantiker – kurz als

Štúrianer zusammengefasst. Sie griffen verstärkt auf Stoffe der Volksliteratur zurück. Der eigenwillige Janko Kráľ (1822–1876) war ein wahrhaft dichterischer Rebell und blieb einer der stärksten und modernsten Dichter der Romantik. Der größte Ruhm gebührt traditionell bis heute Andrej Sládkovič (1820–1872), der in dem Versepos »Marína« (1846) die unerfüllte Sehnsucht nach der Angebeteten mit einer Hymne ans Vaterland verbindet. Vom letzten großen Dichter des 19. Jh., Pavol Országh Hviezdoslav (1849–1921), der bereits dem lyrischen Realismus zugerechnet wird, kann man zumindest die »Blutigen Sonette« (Krvavé sonety, 1914) auch auf deutsch lesen. Er ist ein Meister der Natur- und Gedankenlyrik, führte das Slowakische zu nuancenreicher Ausdruckskraft, verband Persönliches mit Nationalem, Volkspoesie mit hoher Dichtkunst.

Eine weitere Etappe in der Stärkung des Nationalgefühls stellt der slowakische Naturismus nach dem Vorbild von Autoren wie Jean Giono dar. In der »lyrisierten Prosa« von Dobroslav Chrobák, František Švantner oder Margita Figuli fand er eine eigene Ausdrucksform.

Nach dem Zweiten Weltkrieg gelang es der Literatur, sich vom Diktat der nationalstiftenden Aufgabe zu lösen. Da, wo sie sich vom Druck der nun hinzu gekommenen Ideologie befreien konnte, lässt sie sich besonders in den liberalen 1960er Jahren mit europäischen Maßstäben messen. Die 70er und 80er Jahre brachten große Repressionen, neben der offiziellen staatskonformen Literatur entstanden Subkulturen im Dissens oder Exil. Eine der heimischen Lichtgestalten dieser Zeit war Dominik Tatarka (1913–1989). Seine Ohnmacht gegen die Kommunisten drückte er in seiner Anklage »Sám proti noci« (Allein gegen die Nacht, 1984, auf dt. 1995) aus, das zum Kultbuch avancierte. Ihn, andere Dissidenten wie Pavel Hrúz, Ivan Kadlečík, Martin M. Šimečka, Alta Vášová und Pavel Vilikovský sowie weitere renommierte und junge Autoren der 80er und 90er Jahre kann man im Sammelband »Wie Laub von einem Baum«, herausgegeben von Peter Zajac (Blieskastel 1994), auf deutsch kennen lernen.

Musik

Dem landläufigen Klischee zufolge sind die Slowaken eine sangesfreudige Nation. Und man denkt hierbei oft nur an die reiche volksmusikalische Tradition, die mit der *fujara* (eine Art Panflöte, bestehend aus nur einem, allerdings sehr großen Flötenrohr) ein eigenes, regionaltypisches Instrument vorzuweisen hat. Die Ernste oder Klassische Musik ist in den mitteleuropäischen Kontext eingebettet, und man sollte für die Jahrhunderte vor dem 20. eher von »Musik in der Slowakei« statt von »slowakischer Musik« sprechen.

Die ältesten erhaltenen Musikdokumente (gregorianische Choräle) gehen auf das 11.–12.Jh. zurück. Eines der bedeutendsten mittelalterlichen Stücke ist das Preßburger Missale von 1341. Im 15. und 16. Jh. trug das Aufblühen der Städte zur Festigung der Kirchenmusiktradition bei. Die grundlegenden Strukturen, die zu dieser Zeit geschaffen wurden, überdauerten in der Slowakei im Grunde bis ins 19. Jh., wobei die Reformation der Entwicklung des geistlichen Lieds entscheidende Anstösse gab.

Barocke Musikformen etablierten sich in den ersten Jahrzehnten des 17. Jh. Die Zentren dafür waren Bratislava und Bardejov sowie die Regionen der Zips und der mittelslowakischen Minenstädte. In der Zeit des musikalischen Klassizismus (etwa 1760–1830) erreichte das Musikschaffen auf slowakischem Gebiet europäisches Niveau. Preßburg (Pozsony) war Hauptstadt des gesamten Ungarnreiches, ein reges Musikleben spielte sich vorwiegend hier ab. In der Romantik, als auch andere europäische Völker die volkstümlichen Wurzeln ihrer Musik suchten, bemühten sich nationalbewusste Komponisten um eine Einbeziehung der musikalischen Volkstradition. Bedeutendster romantischer Vertreter und Nestor der slowakisch-nationalen Musik war Ján Levoslav Bella (1843– 1936). Wichtige Namen der Slowakischen Moderne sind neben anderen A. Moyzes, J. Cikker und E. Suchoň. Gerade letzterer trug v. a. mit Opern wie seinem »Svätopluk«, die die großmährische Zeit heraufbeschwören, Musikwerke zur Stärkung der nationalen Identität. Die jüngste Generation der Postmodernen der 1980er Jahre hat in V. Godár ihren bekanntesten Vertreter.

Im Bereich der populären Musik hat der Jazz die längste Tradition. Obwohl in der sozialistischen Ära als dekadent verteufelt, finden seit 1976 im Herbst die Bratislaver Jazz-Tage statt.

Für Interessierte aller Musikrichtungen, von Klassik über Jazz bis Folk und Pop gibt das Nationale Musikzentrum (*Národné hudobné centrum*) jedes Jahr eine Übersicht (Music events in Slovakia) der wichtigsten Veranstaltungen und Festivals heraus: Michalská 10, 815 36 Bratislava, Tel. 02/54 43 40 03, Fax 54 43 03 79, www.hc.sk.

Architektur

In der Architektur der Slowakei sind alle wichtigen euroäischen Stilepochen vertreten, wobei die Romanik nur mit sehr wenigen, kleinen Bauten erhalten ist. In der Gotik sieht es schon sehr viel besser aus, das größte und bedeutendste Bauwerk ist der Dom von Košice. Besonders dicht sind gotische Sakralbauten in der Zips zu finden. Die Grundmauern der meisten Burgen reichen in mittelalterlich-gotische Zeit zurück.

Eine außergewöhnliche Erscheinung der nördlichen Slowakei, wie der waldreichen Karpaten überhaupt, sind Holzkirchen. Wenige der ältesten reichen in die Gotik zurück, die meisten entstanden im Barock oder auch noch im 19. Jh. Die evangelischen unter ihnen werden Artikularkirchen genannt. Aufgrund eines Gesetztesartikels war es den Protestanten in einem halbherzigen Zugeständnis an Religionsfreiheit zwar erlaubt worden, Kirchen zu bauen, doch musste dies außerhalb der Stadtmauern und ausschließlich aus Holz geschehen. Die katholischen Holzkirchen des äußersten Nordostens errichtete man meist für griechisch-katholische Gläubige (s. S. 200).

Nach der Besetzung Südungarns durch die Türken und unter den Habsburgern kam es zu reger Bautätigkeit kirchlicher und weltlicher Bauherren im Zeichen des Barock. Der ungarische Landadel errichtete

Holzkirchen – diese steht in Svidník – sind ein typisches Motiv der Nordslowakei

in ganz »Oberungarn«, also der Slowakei, Kastelle oder ließ in den Städten alte gotische Gebäude zu repräsentativen Residenzen und Palais umbauen. Nahezu jede der großen und mittleren Städte legt davon heute noch Zeugnis ab. Als bedeutendster barocker Sakralbau gilt die Universitätskirche von Trnava.

Die Epoche des Klassizismus ist vor allem in der profanen Baukunst vertreten, prominentestes Beispiel ist das Primatial-Palais in Bratislava. War das Bauen der vorhergehenden Jahrhunderte vielfach von »importierten« Baumeistern bestimmt, gingen nach der tschechoslowakischen Staatsgründung vor allem einheimische Architekten daran, die Stadtsilhouetten nach eigener Maßgabe zu gestalten. Bauhaus und Konstruktivismus inspirierten Architekten wie M. M. Harminc (u. a. das Nationalmuseum in Bratislava), E. Belluš (Kolonnadenbrücke in Piešťany) oder B. Weinwurm nicht nur zu Repräsentationsbauten, sondern auch zu hochmodernen und funktionalen Wohnanlagen, Krankenhäusern und Sanatorien (Hohe Tatra). Die sozialistische Doktrin der Nachkriegszeit machte aus der ästhetischen Moderne nur noch einfallslose Wohnsilos in Form von Plattenbauten, die die Städte an ihren Rändern optisch leider viel stärker prägten als alle architektonische Kunst davor. Und die verspätet eingesetzte Postmoderne der 1990er Jahre fällt zumeist entweder durch protzende Wucht (Banken und Versicherungen) oder durch verniedlichenden Kitsch ins Auge.

Feste und Bräuche

Zunehmende Urbanisierung und Industrialisierung sowie 40 Jahre staatlich verordneter Atheismus und Fortschrittsglaube haben auch in der Slowakei die zahlreichen Bräuche der bäuerlichen Welt eher in den Bereich der Folklore verlagert. Den ganzen Sommer hindurch finden über das Land verteilt Folklore-Festivals statt, die sich großer Beliebtheit erfreuen. Neben der einzigen professionellen Volkstanzgruppe SĽUK existiert eine große Schar von begeisterten Amateuren.

Bei so einem Festival lässt sich die Mannigfaltigkeit der slowakischen Trachten bewundern. Junge Frauen, sonst eher in Jeans und T-Shirt, drehen sich mit großer Lebensfreude in dicht plissierten Bauernröcken, ebenso reich bestickt wie die weit gebauschten Ärmel. Der Kopfschmuck ist ein weiteres vielfach variiertes Thema, das etliche Stunden Handarbeit erfordert. Auch die Männertrachten sind nicht selten aufwendig hergestellt. Für die Bergregion typisch sind Wollfilzhosen mit ebenso kompliziert verzierten Schafpelzjacken. Zum Süden hin haben die Frauen zwar meist immer noch Stiefel an, doch die Röcke werden kürzer und bei den Männern besteht die Hose oft aus Leinen – charakteristisch sind ausgefranste, nicht gesäumte Hosenbeine, die nichts mit der Faulheit der Näherin zu tun haben. Es gibt auch Kindertanzgruppen, denen ein eigenes Festival gewidmet ist (Rožňava).

Kunsthandwerk – traditionell und in modernem Design

Auch in der Slowakei hat traditionelle Handwerkskunst eine Umwertung erfahren, sie gehört nicht mehr zu einer rückständig gedachten, dörflichen Alltagskultur, sondern stellt in städtischen Haushalten ein besonders geschätztes dekoratives Element dar. Das Kunsthandwerk der Slowakei verfügt ähnlich wie andere Bereiche der Volkskultur über eine reiche und breit gefächerte Tradition, die nach Industrialisierung und Kollektivierung ab den 50er Jahren des 20. Jh. auf ein schmales Repertoire reduziert worden war. Seit den 90er Jahren versucht man es schrittweise zu erneuern. Nach wie vor, doch mit neuer Ausrichtung und hoch gesteckten Ambitionen ist der Großteil der handwerklichen Erzeugnisse in staatlicher Hand.

1945 wurde das staatliche **Ústredie ľudovej umeleckej výroby** (Zentrum des volkstümlichen Kunsthandwerks, kurz **ÚĽUV**) gegründet, um alte handwerkliche Techniken vor dem Vergessen zu bewahren. Es untersteht dem Kulturministerium und hat Herstellung und Vertrieb sowie Forschung und Dokumentation von volkstraditionellen Kunsthandwerken zur Aufgabe. Durch die Anregungen von Künstlern und Designern entstehen für ÚĽUV nicht nur traditionsgetreue Produkte, sondern immer auch modern abstrahierte, zeitgenössische Varianten, die von der ÚĽUV-

Weitere Möglichkeiten, slowakisches Brauchtum kennen zu lernen, bieten die vielen Freilichtmuseen mit ihren verschiedenen Aktivitäten und Workshops. Sie veranschaulichen auf lebendige Weise die regionalen Unterschiede des dörflichen Lebens und Bauens. Die Aktivitäten dieser Museen – zu nennen sind z. B. das Orava-Freilichtmuseum (S. 117), Pribylina (S. 127 f.) und Svidník (S. 198) – begannen sich erst in den letzten Jahren zu entwickeln, sie vermitteln aber bereits jetzt schon eine Vielfalt vergessener volkstümlicher Handwerke und Sitten.

Die slowakische Küche

Die ursprüngliche Küche der gebirgigen Zonen war zwar sehr karg, sie entspräche aber in vielem den Vorstellungen heutiger Naturkost-Freaks: kaum Fleisch, dafür verschiedene Breie und Eintöpfe aus Getreide und Hülsenfrüchten, außerdem Gerichte aus Teigwaren, süß oder salzig. Ergänzt wurde der Speiseplan der Bergbewohner durch Milchprodukte aus Schaf- und Kuhmilch, darunter vor allem Sauer- und Dickmilch sowie jüngere Käsesorten.

Fachkommission genehmigt werden müssen. Über das ÚĽUV kann man sich auch heute eine der gängigen Trachten maßgeschneidert anfertigen lassen.

Je nach Größe und Standort bieten die ÚĽUV-Läden eine breite Palette an volkstümlichen Erzeugnissen aus Holz, Ton, Metall, Horn, zudem Flechtarbeiten aus verschiedenen Materialien und Textilbearbeitungen. Stickereien, bunt oder dezent Ton-in-Ton, sowie Klöppelarbeiten, die in gewebte Tischdecken oder Servietten integriert sind, gehören zu den aufwendigeren Artikeln. Ähnlich wie in der Alpenregion war der Blaudruck *(modrotlač)* mit eigenem Musterreichtum eine charakteristische Erscheinung der Slowakei. Zu beliebten Souvenirs aus Holz gehört neben der *valaška* (s. S. 105) der *črpák,* eine Art Pott mit besonders ausgeschmücktem Henkel. Er diente den Hirten zum Schöpfen der Sauermilch aus den Bottichen. Ebenfalls typisch sind Maisstrohpuppen, die seit den 60er Jahren in zunehmender Vielfalt gefertigt werden, auch die Heilige Familie kann man in dieser Machart erwerben.

Seit 1996 hat ÚĽUV für Interessierte eine Reihe von Kursen (auch für Kinder) zur Erlernung der traditionellen Techniken eingerichtet. In Bratislava betreibt es einen schönen Handwerkerhof *(dvor remesiel),* wo man sich an den verschiedenen Materialien versuchen kann.

Info: ÚĽUV, Obchodná 64, 816 11 Bratislava, Tel. 02/52 73 13 55, craft@uluv.sk, www.uluv.sk

Dies klingt nach dem Speisezettel eines Kurbetriebs, doch davon ist man in der Slowakei im Allgemeinen weit entfernt. Die Massentierhaltung seit Mitte des 20. Jh. ermöglichte beinahe jedem an jedem Tag den Fleisch- und Wurstkonsum, und so klagt die nationale Gesundheitsbehörde über zu fleischreiches, fettes Essen mit zu wenig Gemüse und frischen Salaten. Die Gastronomie-Küche spiegelt diesen Zustand wider. Es gibt eine große Auswahl an Fleischgerichten, nicht raffiniert und nicht wirklich vielfältig, aber meist schmackhaft zubereitet, dazu eine kleine Gemüse-Beilage *(obloha),* die eigentlich immer rohes Kraut enthält. Die Salatportionen sind ebenfalls eher klein, als wohlschmeckendster ist hier wiederum der Krautsalat zu erwähnen. Rohes Kraut wird lediglich mit Salz ein wenig gestampft, zuweilen mit Essig abgeschmeckt und Karottenraspel darunter gehoben.

Worauf man sich fast immer verlassen kann, sind panierte *(vyprážané)* Speisen oder Fleisch vom Grill. Und mit einem Gulasch kann man im Grunde auch nichts falsch machen. Von international klingenden Mahlzeiten ist eher abzuraten, dazu fehlt es den Köchen an Finesse. Explizit vegetarische Gemüsegerichte entsprechen meist nicht unseren Erwartungen, da man sie nicht zu würzen versteht. Wer kein Fleisch essen möchte, halte nach folgenden Gerichten Ausschau (leider werden sie im Zuge einer falsch verstandenen »Modernisierung« gering geachtet): *vyprážaný syr* – den gibt es eigentlich überall – ist eine in Panade gebackene Käsescheibe mit Soße Tatar *(tatarská omáčka).* Das Nationalgericht *bryndzové halušky* findet sich schon nicht mehr so regelmäßig auf der Karte, ist aber flächendeckend vorhanden, obwohl es ein typisches Bergleressen ist. *Halušky* sind daumengroße Nocken aus Kartoffelteig, sehr den italienischen Gnocchi verwandt. Sie werden heiß mit Schaffrischkäse vermengt, den man in Österreich nach dem slowakischen Wort *bryndza* Brimsen

nennt. Besonders beliebt ist der Mai-Brimsen vom ersten frischen Gras im Frühjahr. Die fertigen Nocken werden zum Schluss mit Speckwürfeln bestreut, oft wird auch das ausgelassene Fett darüber gegossen. Wem dies zu deftig ist, lasse sich die *oškvarky* (Grieben) extra servieren, dann kann man sie besser »dosieren«. Traditionsbewusst genießt man die *halušky* mit dickflüssiger Sauermilch *(kyslé mlieko),* im Allgemeinen jedoch mit Bier. Eine weitere Variante der Nocken sind *strapačky* (Rupfennudeln), sie werden mit Sauerkraut oder Topfen, manchmal auch süß angeboten. Ebenso köstlich können *pirohy* (Piroggen) sein, die man sich wie kleine Maultaschen oder halbrunde Ravioli vorstellen muss. Sie haben eine Topfen- oder Fleischfüllung und kommen mit zerlassener Butter an den Tisch.

Zum Schluss, entgegen der Menü-Folge, ein Wort über Suppen. Auch und gerade in einfachen Gasthäusern bekommt man gute hausgemachte Bouillon, typisch sind Knoblauch- *(cesnaková polievka)* und Krautsuppe *(kapusnica).* Ausgezeichnet können saure Pilzsuppen *(kyslá hubová polievka)* schmecken. Generell würzt die slowakische Küche gern mit Knoblauch, und Kraut gibt es zu jeder Jahreszeit und in jeder Variation. Gut und zu empfehlen sind Kartoffelpuffer *(zemiakové placky),* sie sind herzhaft mit Knoblauch und Majoran abgeschmeckt, werden zu Fleisch oder mit Kraut angeboten und passen hervorragend zu einem süffigen Bier.

Borovica oder *slivovica?*

Zur sprichwörtlichen Gastfreundschaft der Slowaken gehört unbedingt der Schnaps. Egal zu welcher Tageszeit Sie in ländlichen Gegenden willkommen geheißen werden, man wird Ihnen in der Regel eine *borovica* (Wacholderbrand), gern auch im Diminutiv *borovička,* oder *slivovica* (Pflaumenschnaps) anbieten. Wenn der Gastgeber jedem zur Begrüßung einen *štamperlík* (Schnapsglas) einschenkt, ist nur der Fahrer eines Autos zu hundert Prozent tabu – nach wie vor gelten am Steuer 0,0 Promille. Sollte einem dies an einem heißen Sommertag oder aus anderen Gründen nicht genehm sein, muss man vor dem Eingießen schwerwiegende Ausreden vorbringen. Denn ist das Schnapsglas erst einmal gefüllt, wird einen der Hausherr nicht eher gehen lassen, als bis es geleert ist – man werde doch kein Unglück über sein Haus und seine Familie heraufbeschwören wollen! Auch ohne explizite Mahnung stellt ein nicht ausgetrunkenes Glas immer noch einen gewissen Affront dar. Zum Glück lockern sich diese Sitten zunehmend, man kann weitere *štamperlíky* eher ablehnen, ohne dabei das Gesicht zu verlieren.

Die Destillate werden in unterschiedlich hohen Alkoholprozenten angeboten (30–45 %), ebenso wie das slowakische Bier (10–12 %), von dem es einige gute regionale Marken gibt (Zlatý bažant, Smädný mních, Šariš). Besonders angenehm weich am Gaumen ist die Trenčíner *borovička* »Juniper«. Das Pendant zur tschechischen Becherovka ist die süße *(likér)* oder bittere *(horká)* »Demänovka«, ein ausgezeichneter Kräuterschnaps aus Liptovský Mikuláš.

UNTERWEGS IN DER SLOWAKEI

Kapitale an der Donau: Bratislava

Kleine Karpaten und Waagtal

In die Tatra

Über die Zips ins Slowakische Paradies

In der Mittelslowakei

Der Osten der Slowakei

Kapitale an der Donau: Bratislava

Rund ums Alte Rathaus

Von der Altstadt zur Burg

Zu Uferpromenaden und Parks

Ausflüge in die Umgebung

Blick über die Donau auf die Burg

Die Kapitale an der Donau: Bratislava

Das gediegene Herz der einstigen Krönungsstadt ungarischer Könige – Über St. Martins-Dom und Judengasse zur Burg – In luftigeren Gefilden: vom Nationaltheater zur Uferpromenade, in Parks und alte Friedhöfe – Am Zusammenfluss von Donau und March die Burgruine Devín – Rusovce, eine der seltenen Römersiedlungen und die Danubiana, eine Galerie auf einer Donauhalbinsel

Beim Wort »Donaumetropole« drängen sich bei den meisten wohl die einstigen k.u.k.-Städte Wien und Budapest auf. Dabei liegt zwischen ihnen eine weitere, eine der am wenigsten bekannten Hauptstädte Europas, die im Habsburgerreich ebenfalls ihren Part spielte. Seit der staatlichen Eigenständigkeit scheint das Schattendasein von Bratislava endgültig beendet. Unweit von Wien situiert (ca. 60 km) und inzwischen sich beiderseits der Donau weit ins Land ausbreitend, bildet es seit jeher ein Tor zur dahinter liegenden, gebirgigen Slowakei. Lange Zeit nannte man die Stadt *Porta Hungariae,* und es scheint, als müsse man von Osten kommen, um ihre Urbanität richtig schätzen zu können. Im 19. Jh., als die Donauschwestern noch einmal an Pracht und Mondänität zulegten, lebte das damalige Preßburg eher vom Glanz des vorangegangenen 18. Jh., hielt sich gewissermaßen im Hintergrund und kann heute im Hinblick auf weltstädtische Ausmaße nicht mit ihnen konkurrieren. Dennoch wird der sensible Besucher mitteleuropäisch geprägte Stadtgeschichte spüren, auch wenn man versuchte, sie viele Jahrzehnte lang zu negieren. Die Peripherie ist durch unansehnliche Plattenbausiedlungen der sozialistischen Ära markiert, die Industrieanlagen dringen bis weit in städtische Viertel vor. Doch schon bei der Anfahrt von Westen lockt die viertürmige Burg, das Wahrzeichen der Stadt, strategisch günstig vom Hügel Altstadt und Donau überblickend. Und wer sich auf Bratislava einlässt, wird ein lebendiges Gemeinwesen antreffen, das zwar nicht immer frei ist von Provinzialismus, das aber eifrig daran arbeitet, heimischen und internationalen Anforderungen an eine Kapitale gerecht zu werden. Am Rand der Altstadt gibt es viele Möglichkeiten, angenehme Stunden in Parks, am Donauufer oder an einigen der nahen Ausflugsziele wie der Burgruine Devín zu verbringen.

Geschichte

Die Geschichte Bratislavas ist naturgemäß eng mit ihrer Lage am Donaufluss verknüpft, der einerseits Verbundenheit und Kontinuität symbolisiert, andererseits eine natürliche Grenze bildet. Wichtig waren daher seit ältester Zeit die Festungen auf dem Devín und dem Burgberg des heutigen Bratislava. Archäologisch lässt sich eine Besiedelung bis in die Jungsteinzeit (5000 v. Chr.) belegen. Im 6. Jh. n. Chr. bemächtigten sich slawische Stämme des Territoriums, und die erste schriftliche Erwähnung der Stadt stammt von 907. Man spricht von der Burg *Brezalauspurc* im Zusammenhang mit der Schlacht zwischen Bayern und Madjaren. Nach der endgültigen Übernahme durch letztere gründet der ungarische König Stephan I. um 1030 hier einen Komitatssitz und lässt Münzen mit der Aufschrift *(B)reslava Civitas* prägen.

Aus der Zeit vor der Erlangung der Stadtrechte 1291 seien aus den Annalen noch zwei Ereignisse von gesamteuropäischem Rang hervorgehoben: 1189 treffen sich auf der Burg die Teilnehmer am dritten Kreuzzug unter der Anführerschaft von Kaiser Friedrich Barbarossa, und 1207 wird ebendort die später heilig gesprochene Elisabeth als Tochter des ungarischen Königs Andreas II. geboren, die Fürsprecherin der Armen und Kranken (aufgrund ihrer Heirat auch als Elisabeth von Thüringen bekannt).

Bestimmend für die städtische Entwicklung wurden, ähnlich wie in vielen anderen Orten des alten

Das Wahrzeichen der Stadt: die Burg

Preßburg – Pozsony – Bratislava:

gelebte Multikulturalität

Jeder der drei Stadtnamen hat für sich seine historisch bedingte Berechtigung und war immer auch simultan gültig. Vor der Gründung der ersten Tschechoslowakei gab es zwar noch kein slowakisches *Bratislava,* dafür nannten es die Slowaken *Prešporok,* die slawisierte Form von Preßburg. Und es wird der Donaustadt nicht gerecht, sie heute entweder ausschließlich Bratislava nennen zu wollen (es gibt nun einmal eine deutsche Variante, ebenso wie z. B. für Milano Mailand) oder allein auf dem deutschen Namen Preßburg zu beharren (das, was einst damit gemeint war, ist unwiderbringlich dahin).

Im nachhinein verklären sich die Dinge, es wird ein friedliches Zusammenleben verschiedener Bevölkerungsgruppen herauf beschworen, der Mythos einer »vorbildlich« gelebten Multikulturalität entsteht. Dass aber abwechselnd eine der beteiligten Nationalitäten »am Ruder« war und eine der anderen als geringer erachtete bzw. sie offen diskriminierte, wird im Rückblick gern übersehen. Einmal galten die Slowaken nichts, dann sollten während der Madjarisierungsphase die Deutschen und die Slowaken zurückgedrängt werden, und mit der Republik, oder genauer noch nach dem Zweiten Weltkrieg übten Letztere dann für allzu lange Kränkungen Vergeltung. Trotz allem mussten sie *mit*-einander sowie mit Angehörigen weiterer Ethnien und Nationalitäten auskommen: Man ging z. B. zum jüdischen Tuchhändler, kaufte beim »Bulgaren« sein Gemüse, die Kroaten bildeten seit der Türkischen Besetzung Südungarns eigene Siedlungen in der Vorstadt, Tschechen kamen vermehrt nach der Staatsgründung, und Roma gab es in der Stadt schon seit sehr langer Zeit. Auf der anderen Seite bildete jede der Gruppen eine eigene Sozietät, man

Oberungarn, die deutschen Kolonisten des Mittelalters. Die repräsentative Zeit Preßburgs begann, als nach der Türkenbelagerung von Buda die königlichen Amtsgeschäfte nebst Landtag und Königsinsignien 1536 hierher verlegt wurden und Preßburg Hauptstadtfunktion (bis 1783) für Ungarn übernahm. Noch bis 1830 (das Ständeparlament tagte bis 1848 hier) fanden im Martinsdom die Krönungen von elf ungarischen Königen, darunter die Maria Theresias, und acht ihrer Gemahlinnen statt. In der ungarisch *Pozsony* genannten Stadt ließen sich zahlreiche Adelige nieder, errichteten Palais' und bestimmten die Atmosphäre. Im versuchte nach eigenen Sitten und Gebräuchen zu leben. Trotz des Bemühens um Unterscheidung war man sich oft gar nicht bewusst, in welchem Ausmaß man Gepflogenheiten der jeweils »Anderen« annahm, wie ein typisches eigenes Amalgam entstand. So war es u. a. bei Deutschen durchaus üblich, jiddisch »Kiss ti hant« (statt »Küss die Hand«) zu grüßen und ganz »undeutsch« mit Knoblauch und viel Paprikapulver zu kochen. Auch dies eine der Ausprägungen der ostmitteleuropäisch versöhnlichen Mischungen, die ihren besonderen Charme hatten und durch deren versuchte »Purifizierung« so viel zerstört wurde. Überhaupt musste man zumindest in den Alltagsdingen dreisprachig sein, wenn es auch selten in allen drei Sprachen zu einer höheren Konversation reichte. Nahezu jede Firmenaufschrift oder Reklame verkündete ihre Angaben auf slowakisch, deutsch und ungarisch. Schöne Beispiele dafür finden sich im Handelsmuseum *(Múzeum obchodu).*

Nach der Machtübernahme der Kommunisten 1948 versuchte man, das deutsch- und ungarnstämmige Bürgertum aus der Stadt zu verdrängen. In staatlich angeordneten Umsiedlungsaktionen wurden z. B. Juristen und Ärzte in Kleinstädte verbannt, während man Landbevölkerung planmäßig in die Stadt lockte. Wohnungsmangel führte zur Errichtung hässlicher Trabantenstädte, die fehlende persönliche Beziehung zur Stadt ließ die Zerstörung und Verwahrlosung der historischen Altstadt zu, die von der Obrigkeit zum politischen Programm gehörte. 1989 war es deshalb auch aus städtebaulicher Sicht höchste Zeit für eine Kehrtwende. Doch manches, wie die vorbildliche Dreisprachigkeit der Stadt, war nicht mehr zu »reparieren«. Junge Menschen setzen heute eher auf das Englische als Zweitsprache, obwohl das deutschsprachige Ausland direkt an Bratislava grenzt.

Lesetipp: »Bratislava«, hrsg. von R. SakoHoess und R. Hackermüller in der Reihe »EUROPA erlesen« des Wieser Verlags, Klagenfurt 2001. Der Band enthält Texte aus verschiedenen Epochen über die Stadt und ihre Menschen.

19. Jh. war diese glanzvolle Epoche im Grunde vorbei, die Stadt war wieder stärker vom deutschen Bürgertum dominiert, das ein reiches gesellschaftliches und kulturelles Leben entfaltete. Nach der Gründung der Tschechoslowakischen Republik 1918 erlebte die Stadt unter dem neu geschaffenen und nun offiziell eingeführten Namen Bratislava einen städtebaulichen Aufschwung, neue Viertel entstanden, der Donauhafen wurde wesentlich erweitert. In der dunklen Zeit des Slowakischen Staates (1939–1945) wurde sie wieder einmal zu einer Hauptstadt. Nach der kommunistischen Machtübernahme 1948 ver-

suchte man die traditionsreichen (besonders deutschen) Spuren der Vergangenheit zum einen zu tilgen, zum anderen gab man sie der Verwahrlosung preis. Erst nach 1989 begann das nun fast vollständig slowakisierte Bratislava, das das deutschsprachige Preßburg abgelöst hatte, aus dem Dornröschenschlaf zu erwachen. Die slowakische Eigenstaatlichkeit 1993 ließ es erneut zu einer Kapitale werden, die sich ihrer vielfältigen Wurzeln bewusst ist.

Rund ums Alte Rathaus

Stadtplan: Hintere Umschlagklappe

Klein aber fein ist er, der zentrale einstige Marktplatz der Altstadt, das *Hlavné námestie.* In seiner erneuerten Gestaltung und mit etlichen Cafés, die ihn im Sommer in eine südländischen »Piazza« verwandeln, sowie einigen Verkaufsständen wurde er wieder zu einem angenehm belebten Ort des historischen Kerns.

Das **Alte Rathaus** *(Stará radnica)* (1; Tel. 54 43 58 00-230, Di–Fr 10–17 Uhr, Sa, So 11–18 Uhr) entstand im 15. Jh. durch den Zusammenschluss dreier Bürgerhäuser. Am markantesten ist das Haus von Stadtrichter Jakob mit dem Turm, der nicht nur die Zeit, sondern auch Tag und Nacht durch eine sich drehende Kugel mit Sonne und Mond anzeigt. Sein jetziges Aussehen ist eine meisterhafte Arbeit der Barockzeit; Fanfarenbläser verkündeten einst vom Turm die Sitzungen des Ständeparlaments, heute ertönen sie zu sommerlichen Konzerten. Weitere Erwerbungen benachbarter Häuser führten Ende des 19. Jh. zu einer grundlegenden Umgestaltung des Innenhofs mit historisierenden Ost- und Nordflügeln in Neogotik und Neorenaissance, die ihm jedoch ein gelungenes mediterranes Flair verleihen. Ein Gang durch die Räume des Rathauses, das als Städtisches Museum dient, lohnt wegen der reichlich vorhandenen originalen Ausstattungen. In den Kellerräumen gibt es eine Ausstellung *(Expozícia feudálnej justície)* mit Schaurigem über mittelalterliche Justiz.

Gleich neben dem Rathaus befindet sich im **Appónyi-Palais** (2) eine Schau zum traditionsreichen Weinbau der Stadt (*Expozícia vinohradníctva,* Radničná 1, Tel. 54 43 58 00-241, tägl. außer Di 10–17, Sa und So 11–18 Uhr).

Typisches Attribut mitteleuropäischer Stadtplätze sind Roland-Figuren. So ist auch diejenige vor dem Rathaus nicht von hier wegzudenken, man verabredet sich gern »u Rolanda« (beim Roland). Die aus Sandstein gehauene **Roland-Statue** (3) von 1572 gilt als Patron der bürgerlichen Stadtrechte, doch entstand diese eigentlich nach dem Abbild des österreichischen Kaisers Maximilian II., der als erster 1563 in Preßburg zugleich zum ungarischen König gekrönt wurde. In der ersten Republik machte man einen »unverfänglichen« Roland daraus.

Nördlich vom Rathaus schließt sich der schmale **Franziskanerplatz** *(Františkánske námestie)* mit seiner zierlichen Mariensäule und der an der Ecke befindlichen **Jesuitenkirche** (4) an. Das zuvor von den deutschen Protestanten im Renaissance-Stil (1636–1638) erbaute Gotteshaus wurde von den »Soldaten der Rekatholisierung« im Zeichen des Barock neu eingerichtet. Besondere Aufmerksamkeit verdienen die Rokoko-Kanzel von Ludwig Gode sowie die Altarbilder. Seinen Namen gaben dem Platz Kirche nebst Kloster der Franziskaner an dessen Ende. Sie ist eine der ältesten Kirchen der Stadt (1280–1297) und weist heute neben renaissancezeitlichen Elementen vor allem barocke auf. Aus

Der Innenhof des Alten Rathauses

gotischer Zeit stammen noch das Presbyterium und die Sandstein-Pietà auf dem linken Seitenaltar. Mittelalterliches Kleinod ist die im Norden angebaute Seitenkapelle (14. Jh.). Sie ist dem hl. Johannes dem Täufer geweiht und diente der Familie des oben erwähnten Stadtrichters Jakob als Grabkapelle. Gegenüber dem ehrwürdigen Gemäuer bietet seit mehr als 100 Jahren die **Franziskaner-Weinstube** *(Vel'kí františkáni)* sehr weltliche Genüsse: neben Essen und Wein auch Zigeunermusik in alten Kellergewölben (Františkánske nám. 10, Tel. 54 43 30 73, das Pub im Erdgeschoss ist bis Mitternacht jugendlicher Treffpunkt).

Einen weiteren Kontrast in verspielter Leichtigkeit des Rokoko bildet das **Mirbach-Palais** (5; *Mirbachov palác,* Františkánske nám. 11, Tel. 54 43 15 56, Di–So 10–17 Uhr), 1770 von Matthias Höllriegel fertig gestellt. Treppenhaus sowie grazile Rokoko-Stukkaturen und holzgetäfeltes Graphisches Kabinett im ersten Stock geben die Atmosphäre der Entstehungszeit wieder. In der Ausstellung zur mitteleuropäischen Malerei des Barock finden sich einige Plastiken der bedeutenden Bildhauer Georg R. Donner und Franz Xaver Messerschmidt, vom letzteren sind im Museum dessen berühmte Charakterköpfe zu bewundern.

Die Michaelertorgasse
in der Altstadt von Bratislava

Hinter dem Rathaus eröffnet sich ein weiterer Platz, nach dem imposanten **Primatial-Palais** (6; *Primaciálny palác*) benannt. Das zartrosa Palais zählt zu den schönsten klassizistischen Bauwerken des Landes und wurde vom Wiener Architekten Melchior Hefele für den Erzbischof von Esztergom, Joseph Batthyányi, 1778–1781 erbaut. Die Attika zieren Vasen und allegorische Statuen, an der Spitze des Tympanons ist das Wappen des Hausherrn angebracht, bekrönt von einem 150 kg schweren Kardinalshut – selbstbewusste Demonstration kirchlicher Macht. Unweit des Primatial-Palais' befindet sich im **Geburtshaus** des barocken Komponisten **Johann Nepomuk Hummel** (7; *Rodinný dom J. N. Hummela*) eine Ausstellung zu dessen Leben und Werk (Klobučnícka 2, Tel. 54 43 38 88, Di–So 12–17 Uhr).

Über die Michaelertorgasse hinaus

Michaelertorgasse nannte die deutsche Bevölkerung die *Michalská ulica;* sie ist in Ermangelung einer Prachtstraße die prominenteste und eine der am meisten frequentierten Straßen der Altstadt und eine ihrer Hauptachsen seit jeher. Vom Hauptplatz kommend, stößt man an ihrem unteren Ende auf einen überdimensionalen Pflasterstein. Er verweist auf den **Korso** *(Korzo),* der von hier über die *Sedlárska* zum Hauptplatz und weiter zum Nationaltheater ver-

lief. Die Hausnummer 1 war der Sitz der Königlichen Ungarischen Kammer, sie stellte die höchste Finanzbehörde im alten Ungarn dar. Erbaut hat das Palais in der Mitte des 18. Jh. der kaiserliche Baumeister G. B. Martinelli im Stil des ausgehenden Barock. Nach der Verlegung der Kammer zurück nach Buda tagte hier noch 1802–1848 das Ungarische Ständeparlament, heute ist es Bestandteil der Universitätsbibliothek mit einem typischen Pawlatschenhof.

Bis zum Michaelertor, dem letzten erhaltenen Stadttor, folgen weitere Palais'. Bei einigen sind die Innenhöfe zugänglich, und man sollte die Gelegenheit eines Besuchs nutzen, denn sie eröffnen (meist) schöne Einblicke. Der untere, massive Teil des **Michaelertors** (8; *Michalská brána*) entstand im 14. Jh., eine erste Verlängerung in Form eines achteckigen Aufsatzes erhielt er 1513, den weit in die Höhe gezogenen barocken Helm 1758. Auf ihm ist eine Michaels-Statue befestigt, da sich früher in unmittelbarer Nähe die St. Michaels-Kirche befand. Das Tor gehört zu den beliebtesten Motiven Bratislavas, ist eines ihrer Wahrzeichen. Ein Aufstieg ist möglich – im Turm ist ein Museum über Fortifikationsanlagen untergebracht – und lohnt wegen der schönen Aussicht auf Altstadt und Burg. *Expozícia zbraní a mestského opevnenia – Michalská veža* (Michalská 24, Tel. 54 43 30 44, tägl. außer Di 10–17, Sa, So 11–18 Uhr).

Innerhalb der Barbakane über dem Stadtgraben befindet sich die hübsche alte **Apotheke zum Roten**

Grassalkovič-Palais, Gartenansicht

Krebs (9; *Lekáreň u červeného raka*), eine pharmazeutische Exposition mit historischem Mobiliar auch anderer Stadtapotheken (Michalská 26, Tel. 54 43 35 96, tägl. außer Di 10–17, Sa, So 11–18 Uhr).

Am **Platz des Slowakischen Nationalaufstands** *(Námestie SNP)* unweit des Stadttors stellte man 1974 in sozialistischer Manier ein Denkmal für die Partisanenbewegung auf. Was ihn erwähnenswert macht: Hier wurden im November 1989 die Kundgebungen abgehalten, die kurz darauf zum Sturz des totalitären Regimes führten und dem Platz eine neue historische Bedeutung verliehen.

In nördlicher Richtung kreuzt man auf dem Weg zum Grassalkovič-Palais die **Geschäftsstraße** *(Obchodná)*. Es ist eine Einkaufsstraße von bescheidenen Ausmaßen, verrät aber mit ihren ungewöhnlich niedrigen Bauten die bis ans Zentrum heran reichenden Winzerhäuser der alten Weinbaustadt Preßburg. Der große freie Platz *(Hodžovo námestie)* vor dem **Grassalkovič-Palais** (10) bringt den heutigen Amtssitz des slowakischen Präsidenten majestätisch zur Geltung. Die gehisste Flagge bedeutet, dass der Hausherr zumindest in der Stadt weilt. Dahinter befindet sich eine Gartenanlage, die mitten im städtischen Getriebe eine erholsame Oase bildet und einen modernen Skulpturenpark beherbergt (Eingang über die *Štefánikova*).

Unweit des Präsidentensitzes gilt es vor allem für die an slowakischer Nationalgeschichte Interessierten zwei Gebäude aufzusuchen. An der *Konventná* 15 steht das alte Gebäude des legendären **evangelischen Lyceums** (11) von 1788, wo sich Ľ. Štúr und seine Gefährten unter der Leitung ihres Lehrers Juraj Palkovič zusammenschlossen, um für ihre Vorstellungen von einer slowakischen Schriftsprache zu kämpfen. Der neue Schulbau (Hausnummer 13) entstand 1854 und beherbergt heute die Sprach- und Literaturabteilung der Slowakischen Akademie der Wissenschaften. Über die schmale *Lycejná* führt der Weg zur **Großen Evangelischen Kirche** (12), einem spätbarocken Gotteshaus, nach den Plänen von Mattias Walch

1776 fertig gestellt. Sie ist ein Spiegelbild des Selbstbewusstseins deutscher protestantischer Bürgerschaft. Bekannt und geschätzt wird ihre hervorragende Akustik sowie der schöne Klang ihrer Orgel.

Von der Altstadt zur Burg

Die *Ventúrska* ist die Verlängerung der *Michalská ulica* nach Süden, über sie gelangt man zum Dom, und von dort gibt es den kürzesten Fußweg zur Burg. Am Übergang der beiden Straßen befindet sich das **Antiquariat Steiner** (Hausnr. 20), eine wiedererstandene Reminiszenz an das deutsch-jüdische Preßburg. (Das Geschäft ist Mo–Fr 9–18 Uhr geöffnet.) Etwas südlich dann das **Pálffy-Palais** (13), 1747 mit einem der typischen Pawlatschenhöfe entstanden. Man kann nur das reich geschmückte Portal bewundern, das an die Verdienste des Adelsgeschlechts erinnert (sie stellten über Generationen die Gespane Preßburgs), heute residiert hier die österreichische Botschaft. Wolfgang Amadeus Mozart gab 1762 ein Konzert in dem noblen Haus.

Sehr schlicht wirkt dagegen das Gebäude der **Academia Istropolitana** (Hausnr. 5 u. 7). Auf die leider nur kurz bestehende erste Universität der Stadt (1465–1486) nach Bologneser Vorbild ist man sehr stolz. Vorbei an weiteren Palais' in der *Panská* – in dem der Familie Keglevič (Hausnr. 27) war 1796 Ludwig van Beethoven zu Gast – erreicht man das **Rudnayovo námestie,** rüde abgeschnitten durch die vierspurige, in den 1970er Jahren ohne urbanistisches Gespür gebaute Einfahrtsschneise. Der Verkehr donnert nur wenige Meter vom gotischen St. Martins-Dom vorbei, und das, was Jahrhunderte hielt, muss nun immer wieder durch aufwendige Maßnahmen gestützt werden, da es den Erschütterungen nicht standhält. Nicht gerettet werden konnte, obwohl die schlimmste Zeit des Faschismus überstanden, die große Synagoge, die sich an diesem Platz befand. In unmittelbarer Nachbarschaft zum höchsten christlichen Gotteshaus der Stadt stellte sie ein ausgezeichnetes Symbol früherer Symbiose dar. Zumindest wurde 1995 an ihrem Standort das **Holocaust-Mahnmal** (14) errichtet, das mehr zu beklagen hat als ihren Abriss: den gewaltsamen Tod von insgesamt rund 60 000 slowakischen Juden, die zur Zeit des Slowakischen Staates in Konzentrationslagern ums Leben kamen.

Erfreulicher ist die Bestimmung des Eckhauses am Platz (Hausnr. 41). Es heißt *Bibiana* (15) und dient als **internationale Begegnungsstätte für Kunst für Kinder** *(Medzinárodný dom umenia pre deti)*. Seit 1967 werden in Bratislava die BIB-Äpfel an die Sieger der Biennale der Kinderbuch-Illustration verliehen, einer inzwischen auf der ganzen Welt begehrten Trophäe für alle, die sich für künstlerisch wertvolle Kinderbücher einsetzen. Im Haus gibt es neben einer umfangreichen Bibliothek auch einen Spielraum, es sind die prämierten Werke in einer Dauerausstellung sowie aktuelle Präsentationen in- und ausländischer Künstler zu sehen (Panská 41, Tel. 54 43 13 08, Di–Fr 10–18, Sa, So 11–19 Uhr).

Der St. Martins-Dom

An der Stelle des gotischen Doms (16) stand früher eine kleinere romanische Basilika. Man begann im 14. Jh. mit der Errichtung eines dreischiffigen Kirchenraums. Im 15. Jh. ersetzte ein vergrößertes Presbyterium mit reich verzweigtem Sterngewölbe (vermutl. von Hans Puchsbaum) das vorhergehende. Aus der gotischen Bauphase ist das ursprünglich nördliche Eingangsportal mit einem Relief der hl. Dreifaltigkeit sowie das Taufbecken vom Beginn des 15. Jh. erhalten.

Bemerkenswert ist vor allem die Kapelle des hl. Johannes des Almosengebers aus barocker Zeit (1729–1732). Sie ist die erste Auftragsarbeit Imrich Eszterházys nach seinem Amtsantritt als Erzbischof und das erste Werk, das Georg Raphael Donner in Preßburg realisierte. Der Wiener Bildhauer (1693–1741) zählt zu den Meistern eines klassizistisch beeinflussten Barock, er bevorzugte den Bleiguss und hinterließ in der Stadt nicht wenige seiner bedeutenden Kunstwerke. Eszterházy wollte mit dieser Kapelle zum einen die Verehrung für den Alexandrinischen Patriarchen beleben, zugleich schuf er sich beizeiten seine eigene Grabkapelle. Als Gesamtkonzept ist die Johannes-Kapelle das einzige Werk Donners, das unverändert erhalten blieb. Mittelpunkt des Altars bildet ein Gittersarkophag mit den sterblichen Überresten des Heiligen, rundum flankiert von sechs Engeln und effektvoll überkrönt von einem Baldachin. Zu den Hauptwerken nicht nur des Doms, sondern Donners Schaffen überhaupt zählt die einerseits imposante, andererseits feingliedrige Reiterstatue des hl. Martin. Sie war nach dem Willen Eszterházys das Kernstück eines im Barock neu entstandenen Hochaltars des Doms und damit angemessener Hintergrund der feierlichen Königskrönungen. In der zweiten Hälfte des 19. Jh. wollte man die ursprünglichen gotischen Stilformen des Doms wieder herstellen und beseitigte nicht nur ihn, sondern nahezu alles der barocken Ausstattung. Zumindest blieb die schöne Gussplastik im südöstlichen Seitenschiff stehen. Sie zeigt den heiligen Martin als zeitgenössisch gekleideten Edelmann gerade in dem Augenblick, als er seinen Mantel für den Bettler zerteilt und sein Pferd sich aufbäumt. Angeblich trägt er die Gesichtszüge des Auftraggebers Eszterházy. Virtuos in sich fließend sind die in der Bewegung verharrende Haltung von Reiter, Pferd und Bettler.

Zwei Hinweise finden sich auf die Bedeutung des Gotteshauses als Krönungskathedrale. Eine gemalte

Das Haus zum Guten Hirten

Gedenktafel an der Nordseite des Presbyteriums nennt alle gekrönten Häupter, und außen verweist der Turmabschluss auf die hier stattgefundenen Zeremonien. Nachdem der Turm wieder einmal durch Blitzschlag beschädigt worden war, schuf ihn Ignaz Feigler 1835–1849 in der heutigen Form neu. Statt eines Kreuzes platzierte er auf die Spitze ein übergroßes vergoldetes Paradekissen mit der ebenfalls vergoldeten Nachbildung der heiligen Stephanskrone (etwa 1 m hoch und 300 kg schwer). Der Turm war früher gleichzeitig Wehrturm und Teil der städtischen Befestigungsanlage, von der ein letzter Rest entlang der *Staromestská* erhalten blieb. Über Treppen gelangt man hinauf und kommt über den Verbindungsteg zum Burghang hinüber. Hier war es seit Anfang des 17. Jh. der jüdischen Bevölkerung erlaubt, Häuser zu errichten und Handel zu treiben. Jetzt erinnert nur noch der Straßenname *Židovská* (Judengasse) und das gut und detailreich bestückte **Jüdische Museum** (17; *Múzeum židovskej kultúry na Slovensku,* Židovská ul. 17, Tel. 54 41 85 07, So–Mo 11–17 Uhr) an das Leben dieses Teils der Bevölkerung.

Am südlichen Ende der *Židovská* steht das **Haus zum Guten Hirten** (18), ein schmales Rokokohaus mit einer kleinen Hirtenfigur in der Ecknische. Das schmucke Bürgerhaus beherbergt eine ansehnliche Sammlung historischer Uhren *(Expozícia historických hodín,* Židovská 1, Tel. 54 41 19 40, tägl. außer Di, 10–17, Sa, So 11–18 Uhr). Um die Ecke durch die *Beblavého ulica* geht es gleich steil bergan zum gotischen **Sigmundstor,** einem nur für Fußgänger zugänglichen Eingang zum Burgareal.

Die Burg

Die ältesten Zeugnisse einer Besiedelung des Burgbergs stammen aus der Zeit um 2500 v. Chr., seither wechselten sich Stämme und Völker in der Bebauung der strategisch bedeutsamen Erhebung über der Donau ab. Heute blickt man von der Burg (19) *(Bratislavský hrad)* zwar zum einen auf die Dächer der Altstadt, vom schönsten Aussichtspunkt am Hauptportal jedoch auf die größte Trabantenstadt des Landes, Petržalka (etwa 130 000 Menschen leben hier).

Mit dem Bau des gotischen Burgpalasts für König Sigismund, der trotz vielfacher Umbauten und Zerstörungen als Grundstock des heutigen Gebäudes angesehen werden darf, begann man 1430. Die Nachfolger Sigismunds nutzten sie kaum, und erst Kaiser Ferdinand entschloss sich zu einem umfassenden Umbau, der 1552 vom Ständeparlament genehmigt wurde, da Buda durch die türkische Belagerung nicht länger Königssitz bleiben konnte. Die Burg übernahm die Funktion einer königlichen Schatzkammer, im südwestlichen (größten) »Königs«-Turm brachte man die Krönungsinsignien unter. Im 17. Jh. wurden die Fassaden vereinheitlicht und ein drittes Stockwerk angefügt, die Burg glich einem Kastell der Spätrenaissance. Zur Regierungszeit Maria Theresias fanden die letzten großen baulichen Veränderungen statt, die Burg sollte eine komfortable Barockresidenz des königlichen Statthalters, ihres Schwiegersohns Albert von Sachsen-Teschen, werden. Es entstand im Osten ein kleines Schloss für das Statthalterehepaar, Theresianum genannt (und leider nicht erhalten), ferner eine überdachte Reithalle sowie das Gebäude der *sala terrena* mit Wintergarten. Im Innern beeindruckt heute wieder das monumentale Treppenhaus. Der Barock war auch an neuester Technik interessiert, so durfte der gebürtige Preßburger und berühmte Erfinder Johann W. Kempelen ein Wasserleitungssystem für das Gebäude entwerfen.

Nach dem Tod Maria Theresias verlor die Burg ihre Bedeutung als königliche Residenz. 1811 brannte die Burg fast vollständig aus und blieb danach als Ruine beinahe 150 Jahre unverändert stehen. 1953 begann man mit Sicherheitsmaßnahmen, 1958 setzte intensive archäologische Forschung ein. Sie legte Fundamente kirchlicher Bauten aus dem 9.–12. Jh. auf der Ostseite des Burggeländes frei. Die Fundstücke früherer Festungsbauten (9.–13. Jh.) sind im Souterrain des Burgbaus untergebracht. Zu den wertvollsten Exponaten gehört die Venus von Moravany (s. S. 92). Seit der Rekonstruktion wird das Gebäude von verschiedenen Institutionen genutzt, außer vom Präsidenten der Republik auch vom Slowakischen Nationalrat zu Repräsentationszwecken. Zudem hat das **Slowakische Nationalmuseum** (20) (Tel. 59 34 16 26, Di–So 9–17 Uhr) seinen Hauptsitz in der Burg. Im obersten Stock ist ein Teil seiner Exponate in einer Dauerausstellung untergebracht. Ein kleines Café im Bistro-Stil bietet geruhsame Ausblicke vom einstigen Königssitz. Zu weiteren Abteilungen des Nationalmuseums gehört das **Karpatendeutsche Museum** am Fuß des Berghangs *(Múzeum kultúry karpatských Nemcov,* Žižkova 14, Tel. 54 41 55 70, Di–So 10–16 Uhr).

Zu Uferpromenaden und Parks

Eine dritte Möglichkeit, vom *Hlavné námestie* der Altstadt zu einem Rundgang aufzubrechen, bietet sich nach Süden, am Café Mayer vorbei zum **Fischertor** *(Rybárska brána).* Am Ende dieser Durchgangsstraße befand sich früher das gleichnamige Stadttor, in dessen Umgebung viele der Donaufischer ihre Häuser und Wohnungen hatten. Heute erreicht man auf diesem Weg einen der schönsten begrünten Plätze Bratislavas, den **Hviezdoslav-Platz** *(Hviezdoslavovo námestie),* dem der stolz von seinem Sockel herab blickende Dichter Pavol Országh mit seinem Pseudonym Hviezdoslav dessen Namen gab: »der die Sterne rühmende«.

Nationaltheater und Redoute

Der Platz ist das angemessene Pendant zum glanzvollen **Slowakischen Nationaltheater** (21) *(Slovenské národné divadlo)* und lädt heute wie früher zum Flanieren und Verweilen ein. An der Stelle des klassizistischen Gebäudes des Ständetheaters errichtete man 1886 diesen Bau im Stil der Neorenaissance. Es war das Stammhaus des hiesigen Deutschen Theaters, doch fanden regelmäßig auch Aufführungen in den beiden anderen »Haupt«-Sprachen der Stadt, Slowakisch und Ungarisch, statt. Seit 1920 trägt es den jetzigen Namen, hier gibt es vor allem Opern- und Ballettaufführungen.

Den Weg in südlicher Richtung fortsetzend, folgt in der *Mostová* das Gebäude der **Slowakischen Philharmonie** (22) *(Slovenská filharmónia),* eine **Redoute** *(Reduta)* im Neobarock (1913–1919). Seit 1994 ist hier auch ein Kasino untergebracht. Der Konzertsaal im oberen Stockwerk ist üppig stuckiert und verfügt über eine gute Akustik (Vorverkauf: Palackého 2, Mo–Fr, außer Mi 13–19 Uhr, Mi 8–14 Uhr).

An der Donau

Die *Mostová* mündet in das *Námestie Ľudovíta Štúra,* das mit einem Denkmal den Nationalhelden und seine Kampfgefährten ehrt. Es verweist also auf slowakische Geschichte und verdrängte von diesem prominenten Platz das Denkmal zur Gründung der Tschechoslowakei 1918 mit einer Štefánik-Statue (ohne ihn steht es unweit davon vor dem Nationalmuseum) – dies geschah 1972 und nicht erst nach der staatlichen Eigenständigkeit 1993.

Der Platz scheidet die Benennungen der Uferstraße, in westlicher Richtung folgt am **Rázus-Kai** *(Rázusovo nábrežie* die **Slowakische Nationalgalerie** (23) *(Slovenská národná galéria,* Rázusovo nábrežie 2, Di–So 10–18 Uhr, s. S. 64). Die ehemaligen, hübschen Wasserkasernen mit ihren auf drei Stockwerken umlaufenden Arkaden entstanden als vierflügeliger Bau 1763. Bei der Um-

Neue Brücke und Wohnstadt Petržalka

gestaltung des Donauufers wurde der Flügel an der Straßenseite abgerissen. Als er in den 1970er Jahren wieder ersetzt wurde, entstand ein modern gedachter, leider klobiger Vorbau, den man aber nach Eintreten in den begrünten Innenhof fast vergessen kann.

Das Donau-Ufer selbst bietet Möglichkeiten langer Spaziergänge direkt am Wasser. Stromaufwärts, ein Stück nach der **Neuen Brücke** (24) *(Nový most)* mit ihrem Restaurant und Café über den Wassern der Donau geht es in begrünten Anlagen durch den *Park kultúry a oddychu.* Am der Altstadt gegenüberliegenden Ufer liegt der älteste öffentliche Stadtpark *(Sad Janka Král'a),* er entstand 1775 aus einem Auenwald und hieß früher nur Au-Garten. Der Park erstreckt sich über etwa 21 Hektar und hat einen kleinen **Rummelplatz** *(lunapark)* mit Kindereisenbahn. Man kann ihn auch mit dem Schiff erreichen, von der Anlegestelle am Nationalmuseum gibt es regelmäßige Überfahrten (nur Mai–Sept.).

Und auch abwärts der Donau ab der Höhe des *Námestie L'. Štura* bietet sich ab dem Nationalmuseum (es beherbergt naturkundliche und geologische Sammlungen) die Gelegenheit, am *Fajnorovo nábrežie* näher am Wasser entlang zu gehen. Wer sich dafür interessiert, gelangt auf diesem Ufergehweg bis zum Donauhafen, der allerdings nichts Malerisches hat. Zurück in die Stadt geht es an der **Alten Brücke** (25) *(Starý most)* vorbei, einer Eisenkonstruktion von

SNG

Slowakische Nationalgalerie

Die *Slovenská národná galéria* (SNG) ist die höchste staatliche Institution für die Sammlung bildender Kunst sowie deren wissenschaftlicher Erforschung und Bearbeitung. Das größte Kunstmuseum der Slowakei wurde 1948 gegründet und sollte sich der Sammlung und Vermittlung heimischer Kunst widmen, d. h. Kunst slowakischer Herkunft sowie jener, die auf ihrem Gebiet entstanden war. Daneben begann man eine kleine Exposition mit internationalen Namen aufzubauen, darunter u. a. Caravaggio, Brueghel d. Ä., Tintoretto, Rodin, Kokoschka, Picasso, Vasarely. Die SNG verfügt über einige Außenstellen, die verteilt sind über die gesamte Republik.

In den Ausstellungsräumen der ehemaligen Wasserkasernen sind Kunstwerke aus acht Jahrhunderten versammelt. Wer nicht bis in die östliche Slowakei fahren will, findet hier unter den ältesten Kunstwerken einige der typischen gotischen Tafelbilder und Holzplastiken, vorzugsweise von bedeutenden Künstlern wie Meister Martin und Meister Paul. Der Besucher wird weiter durch alle Epochen der europäischen Kunst geführt, wie sie in dieser Region manifest wurden. Mit dem 20. Jh. werden die Namen immer slowakischer, seit Mitte des 19. Jh. kommen in zunehmendem Maß slowakische Motive hinzu, wie z. B. bei Peter Michal Bohúň (1822–1879). Der Porträtmaler stellte sich in den Dienst der nationalen Bewegung. Berühmt ist sein Bildnis Ján Franciscis in romantisch-dramatischer Pose als Anführer slowakischer Freiwilligenkorps der Revolutionsjahre 1848/49.

Einen eigenen Ausdruck findet auch der Expressionismus, wie ihn die slowakischen Künstler neben und nach anderen »Ismen« zu Beginn der 1920er Jahre aufnahmen. Zu seinen bedeutendsten Vertretern gehören Ľudovít Fulla, Mikuláš Galanda und Imro Weiner-Kráľ. In dieser Zeit kommt das Thema der Großstadt hinzu, doch das wichtigste bleibt die Inspiration aus dem Leben des Volkes. Impressionistisch-farbenfroh und poetisch sind die Bilder Janko Alexys (1894–1970), z. B. *Sen hôr,* »Traum der Berge« von 1938; zuweilen kritisch stellt Miloš A. Bazovský (s. S. 98) die Religiosität der Dorfbevölkerung dar. Martin Benka (1888–1971) fasste die enge Verbundenheit zu Volk und Natur zunächst sehr realistisch auf, gelangte dann in den 1930er Jahren zu abstrakteren Formen.

Beachtenswerte Werke brachten die fruchtbaren 1960er Jahre hervor, hier hatte man sich von nationalen Themen befreit und reagierte zum Teil sehr erfrischend und ideologiefrei auf vorherrschende europäische Trends. Neben einer ganzen Reihe anderer wären hier zu nennen: Juraj Bartusz, Albín Brunovský, Rudolf Filla, Alojz Klimo, Tamara Klimová. Der neueren Kunst bis hin zu jüngsten Werken international arbeitender Künstler ist ein neu rekonstruierter Anschlussbau der SNG vorbehalten (Eszterházy-Palais). Nicht unerwähnt bleiben sollen noch die Räume zur slowakischen Fotografie, die beachtenswerte Blätter bereit hält.

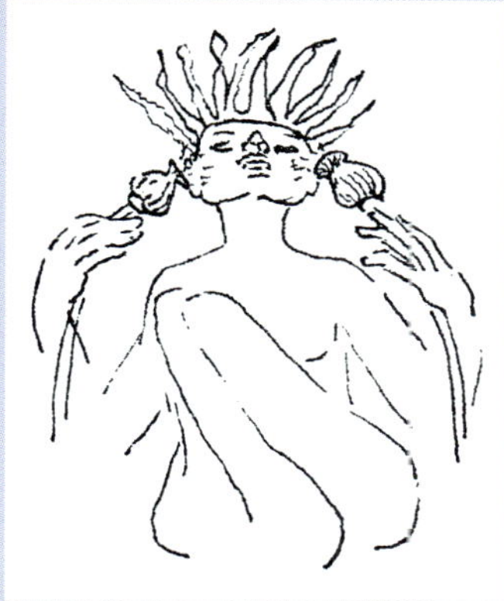

Juraj Bartusz: Anti-Mohn (1999). Tattoo-Vorlage in Anspielung auf Mohn als volkstümliches Rauschmittel

1890 und ursprünglich nach Kaiser Franz Joseph benannt, der sie einweihte. Über die *Gondova* erreicht man das Hauptgebäude der **Jan Amos Comenius-Universität** (26). Es ist ein markanter Rundbau von 1936 und war für die Börse konzipiert, deren Zwecken er jedoch nie diente.

In der *Bezručova* unweit davon steht eine kuriose kleine Kirche, offiziell der hl. Elisabeth geweiht, doch die meisten kennen sie unter dem Namen **Blaues Kirchlein** (27) *(Modrý kostolík)*. Die Außenmauern sind zusätzlich mit blauer Majolika verziert, das Mosaik über dem Eingang zeigt das Wunder der Kirchenpatronin, einer Tochter der Stadt. Entstanden ist die Kirche 1910–1913 nach Entwürfen des ungarischen Architekten Ödön Lechner in einer Art volkstümlichen Jugendstil; mit Pfarrhaus und Gymnasium bildet sie einen ganzen Gebäudekomplex.

Ein Stück zu gehen, aber nicht wirklich weit von hier entfernt, befindet sich der **Andreas-Friedhof** (28) *(Ondrejský cintorín)*, auf dem seit langem nicht mehr bestattet wird und der deshalb als Park genutzt wird. Er spiegelt auf wunderbare Weise das alte Preßburg vom Ende des 19. und zu Beginn des 20. Jh. Neben bedeutenden Persönlichkeiten der Stadt liegen hier Vertreter der verschiedenen Bevölkerungsgruppen (da es ein christlicher Friedhof war, natürlich nicht aller), gut zu erkennen an den unterschiedlichen Namen und Sprachen auf den Grabsteinen.

Vorwahl: 02

Bratislavská informačná služba (bis), Klobučnícka ul. 2, 811 02 Bratislava, Tel. 54 43 17 07, 54 43 43 70, Fax 54 43 27 08, bis@bratislava.sk, www.bratislava.sk/bis, Okt.–April Mo–Fr 8–17, Sa 8–13 Uhr, Mai–Sept. tägl. 8–18 Uhr. Das Monatsprogramm der Stadt mit allen aktuellen Veranstaltungen sowie den Museen heißt *Kam v Bratislave* und wird außer hier an vielen Kiosken verkauft.

Untere Preisklasse (bis 25 €): Hotel Adonis, Slovnaft Rekreacentrum, Vlčie hrdlo, Tel. 58 59 76 38, Fax 58 59 72 50: etwas außerhalb des Zentrums, einfach aber neu.
Mittlere Preisklasse (25–50 €): Botel Grácia, Rázusovo nábrežie, Tel. 54 43 21 32, Fax 54 43 21 31, www.hotelgracia.sk: aus hübschen Kajütenzimmern Blick auf Donau und Stadt. Ähnlich im **Botel Fairway,** Nábr. Gen. L. Svobodu, Tel. 54 41 20 90, Fax 54 41 27 11. **Hotel Echo,** Prešovská 39, Tel. 55 56 91 70, Fax 55 56 91 74: annehmbares, kleines Hotel, außerhalb des Zentrums.
Gehobene Preisklasse (50–75 €): Hotel No. 16, Partizánska 16a, Tel. 54 41 16 72, Fax 54 41 12 98, hotelno16@internet.sk: im Villenviertel des Burgbergs gelegenes Privathotel mit individuell eingerichteten Zimmern, Garten mit Sommerterrasse. **Hotel Tatra,** Nám. 1 mája 5, Tel. 59 27 21 11, Fax 52 92 35 87: in der Stadtmitte neben dem Präsidentenpalast.
Oberste Preisklasse (ab 75 €): Hotel Danube, Rybné nám. 1, Tel. 59 34 00 00, Fax 54 41 43 11, danube@internet.sk: neues Luxushotel an der Donau, modern und bis ins Detail nach amerikanischem Muster. **Hotel Devín,** Riečna 4, Tel. 54 43 44 60, Fax 54 43 08 58: Traditionshaus an der Donau, außen nicht sehr ansprechend, jedoch zeitgemäß elegant eingerichtete Zimmer, ansonsten schön viel Luster und Teppiche, hoher, großer Frühstücksraum, der zugleich als Kaffeehaus dient. **Hotel Perugia,** Zelená 5, Tel. 54 43 18 18: kleines, modernes Hotel in einer Seitenstraße des Hauptplatzes.

Youth hostel Bernolák, Bernolákova 1, Tel. 39 77 23 07, Fax 39 77 24.

Untere Preisklasse (4–6 €): Krušovická izba, Biela 5, Tel. 54 43 28 44: gute Hausmannskost. **Prešporská kúria,** Dunajská 21, Tel. 52 96 79 81: Hausmannskost, im Sommer Gartenterrasse.
Mittlere Preisklasse (6–10 €): Alžbetka, Mickiewiczova 1, Tel. 52 92 39 88: wohlschmeckende, auch viele typisch slowakische Speisen sowie gute Auswahl an slowakischen Weinen. **Aušpic,** Viedenská cesta 24, Tel. 62 25 09 16: ein Lokal im Alt-Preßburger Stil, mit schöner Aussicht am rechten Donauufer gelegen. **Crepa,** Biela 1, Tel. 54 43 22 98: eine slowakische Creperie mit kuriosen, aber schmackhaften Pfannkuchen. **Hradná vináreň,** Mudroňova ul. 1, Tel. 59 34 13 58: In den ehemaligen Ställen der Burg kann man angenehm bei Wein und guten traditionellen Gerichten sitzen.
Obere Preisklasse (ab 10 €): Slovenská reštaurácia, Hviezdoslavovo nám 20, Tel./Fax 54 43 48 83: im Hinblick auf Speisen und Service das beste Spezialitätenlokal in gepflegt-rustikalem Ambiente. **Chez David,** Zámocká 13, Tel. 54 41 38 24: einziges und ausgezeichnetes koscheres Restaurant des Landes. **Modrá guľa,** Suché Mýto 6, Tel. 58 50 40 07: Gepflegtes Lokal im obersten Stockwerk einer Bank, durch große Fenster Blick auf das Grassalkovič-Palais. **Reštaurácia Hubert** im Hotel Dukla, Dulovo nám. 1, Tel. 55 96 85 34: bietet auch ausgefallenere Jagdspezialitäten.

Untere Preisklasse (4–6 €): Café Gremium, Gorkého 11, Tel. 54 43 06 53: Beliebt bei den Einheimischen, mit traditionellen slowakischen *chlebičky* (Schnittchen).

Mittlere Preisklasse (6–10 €): Café Mayer, Hlavné nám. 4, Tel. 54 41 17 41 und **Roland Café,** Hlavné nám. 5, Tel. 54 43 13 72: Die zwei größten Cafés in der Altstadt, mit leider zuweilen gestresstem Personal. **Čajovňa,** Michalská 3, Tel. 54 41 10 79: Eine verträumte, kleine Teestube in Kellergewölben. **Café Apponyi,** Radničná 1, Mobil 09 05/70 13 63: Ein stilvolles Mini-Café im Innenhof des Apponyi-Palais'. **London Café,** Panská 17, Tel. 54 43 12 61: Ein Café mit gutem Bistro-Angebot (die größten Salate Bratislavas!) ist über die Pforte des British Council zu betreten. **U anjelov,** Laurinská 19, Tel. 54 43 27 24: Einst ein schräges, kleines Café für die Intellektuellen der Stadt, jetzt nach der Vergrößerung auch für jeden anderen ein angenehmes Café mit gutem Service.

Obere Preisklasse (ab 10 €): Le monde, Ventúrska 1, Tel. 59 22 75 18: das schickste Café (mit unverhältnismäßig teurem Restaurant).

Montana's Grizzly Bar, Michalská 19, Tel. 54 43 49 98: Ein Amerikaner eröffnete in Bratislava eine urige Bierkneipe. **Ante portas,** Michalská 14, Tel. 54 43 58 87: Ein Jugendtreff im Ethno-Stil. **Jazz Café,** Ventúrska 9, Tel. 54 43 46 61; **Aligátor,** Laurinská 7, Tel. 54 41 86 11: bieten gute Live-Musik am Abend (viel Jazz).

Die Zentrale des Slowakischen Kunsthandwerks **ÚĽUV** (s. S. 40) hat neben zwei schönen Geschäften auch einen Handwerkerhof mit Café und Restaurant (für Nicht-Raucher!) eingerichtet: Obchodná 64. Die neuesten Kreationen des ÚĽUV sind in dessen **Dizajn štúdio** auf der Dobrovičova 13 zu kaufen. Ungewöhnliche, hochwertige Mode und Accessoires bietet **Lea Fekete** in ihrer gleichnamigen Galerie weit hinten in einem Innenhof der Michalská 7, www.leafekete.com. Ähnliches, zuweilen noch schräger verkauft man in der **Galéria** in der Zámočnícka 5. Eine Fundgrube für hübsche, z. T. handgefertigte Geschenke und Kleidung ist **Twigi,** Klariská 7. Ein gutes Musikgeschäft befindet sich gleich neben der Touristen-Info, Klobučnícka 4. In der hübschen Vinothek **San Francesco** kann man sich zur Weinverkostung eine Käse- oder Wurstplatte bestellen, Sedlárska 5.

Kasino Reduta, Mostová 3, Tel. 54 43 20 21.

Einer der ersten **Golfplätze** (mit Driving range) des Landes liegt vor den Toren der Stadt: Národné golfové centrum, Čierna voda 611, Tel. 45 94 48 26.

In der Sommersaison (Mitte April–Ende Okt.) kann man reizvolle **Schiffsausflüge** unternehmen, z. B. zum Wasserkraftwerk Gabčíkovo mit Durchfahrt durch die Schleusen oder zur Burgruine Devín. Auskunft und Tickets bei: **Blue Danube Travels,** Vajanského nábr. 7, Tel. 52 92 08 86, Fax 52 92 08 90, bdt@netax.sk.

Am »Propeler«, Fajnorovo nábrežie 2, vor der Nationalgalerie, ist die Anlegestelle der **Fähre,** die einen zum anderen Donauufer mit dem J.-Kráľ-Park (s. S. 63) bringt, Saison ist vom 1. Mai bis 30. Sept., wobei die Schiffe nur im Mai und Juni außer Mo täglich 11–19 Uhr verkehren, in der übrigen Zeit nur Fr–So und an Feiertagen.

Die Anreise per **Flugzeug** geschieht meist über den Wiener Flughafen Schwechat (regelmäßige Busverbindungen nach Bratislava). Der Flughafen von Bratislava liegt etwa 9 km von der Stadt entfernt: Letisko M R. Štefánika, Tel. 48 57 33 53, Fax 43 42 30 03, lkbts @ssl.sk.

Vom Busbahnhof Wien Mitte verkehren tägl. mehrere **Busse** (ca. 1,5 Stunden) nach Bratislava, die **Züge** gehen am Wiener Südbahnhof ab, und mit dem **Schiff** kann man zweimal tägl. von der Reichsbrücke fahren und steigt am Nationalmuseum aus.

Ausflüge in die Umgebung

Im Grunde nimmt mitten in der Stadt der insgesamt 1200 km lange Karpatenbogen seinen Anfang, der im südlichen Rumänien ausläuft. Doch der »Gipfel«, der zu Bratislava zählt, **Gemsenberg** *(Kamzík)*, hat lediglich bescheidene 381 m aufzuweisen, die weitläufige Grünanlage

dort oben heißt Bergpark *(horský park)*. In der Nähe befindet sich der weithin sichtbare Fernsehturm Koliba, und hier, wie sollte es im Gebirgsland Slowakei anders sein, stehen sogar ein paar Skilifte. Im Sommer spaziert man oben in guter Waldluft und mit herrlicher Aussicht auf Stadt und Donau.

Von der rückwärtigen Seite kann man sich dem Stadtberg über das so genannte **Eisenbrünnel** *(Železná studienka)* nähern bzw. auf dieser Seite hinab steigen. Es ist ein hübscher Wanderweg entlang des Baches Vydrica, der immer wieder kleine Teiche bildet. Früher war dies ein beliebtes Ziel der Städter für ausgedehnte Wochenendausflüge, auf dem Weg nach Hause nahm man in einer mitgebrachten Flasche gern noch das stark eisenhaltige Wasser der Quelle mit, die hier entspringt. Heute sind solche Ausflugsziele alltäglicher geworden, das Eisenbrünnel nicht weniger reizvoll.

Gemsenberg: Am Grassalkovič-Palais in Bus 203 Richtung Kamzík-Koliba einsteigen.
Eisenbrünnel: Bus Nr. 43 von Patrónka.

Burgruine Devín

Ähnlich wie der Burgberg von Bratislava spielte das Felsmassiv über dem Zusammenfluss von March *(Morava)* und Donau seit Jahrhunderten eine wichtige Rolle, war strategisch vielleicht sogar noch bedeutsamer. In den ersten nachchristlichen Jahrhunderten bewachten hier römische Legionen in befestigten Grenzstationen das Imperium Romanum, doch die archäologische Forschung verweist auf noch frühere Jahrtausende. Auf deutsch Theben genannt (genau wie das griechische), erfüllt

Burgruine Devín an der Donau

die Burg *(hrad Devín)* für die Slowaken eine wichtige identitätsstiftende Funktion: Hier sehen sie in den altslawischen Ruinenresten ihre Wurzeln als eine der slawischen Nationen, die aus dem legendären Großmährischen Reich hervorging, bevor sie etwa 1000 Jahre lang ungarischer und österreichischer Herrschaft unterworfen wurde.

In den Fuldaer Annalen wird die Burg *Dowina* 864 erwähnt. Sie bestand aus der fürstlichen Burg mit Kirche und Grabstätte sowie Schutzwällen auf der *Devínska Kobyla* (514 m, Thebener Kogel). Seit dem 15. Jh. gehörte sie verschiedenen ungarischen Adelsgeschlechtern, und erst das Jahr 1809 machte sie unbewohnbar, als napoleonische Truppen sie in die Luft sprengten. Nach dem Zweiten Weltkrieg begann man mit emsiger archäologischer Forschung, die den Ursprung des nationalen Mythos wissenschaftlich untermauerte. Denn mit dem 24. April 1836, als Ľ. Štúr mit seinen Gefährten auf den Burgfelsen gestiegen war, wurde die Tradition der nationalen Wallfahrten auf den Devín begründet.

Am romantischsten wirkt der einzeln und eigentlich verloren stehende Jungfernturm über dem Abgrund zur Donau. Ein unglückliches Liebespaar soll sich von dort in die Tiefe gestürzt haben. Dennoch, die Aussicht vom Burggelände lohnt sich, beeindruckend ist vor allem die Vereinigung der beiden Flüsse und die ursprüngliche Auenlandschaft an ihren Ufern. Dahinter erstreckt sich lieblich das weitläufige Marchfeld.

Der Burghügel ist ein Naturschutzgebiet mit Resten erhaltener thermophiler Flora und Fauna. Zu sozialistischer Zeit konnte man weder ihn noch die wildromantischen Uferwege genießen. Da March und Donau an dieser Stelle die Grenze zu Österreich bilden, sprangen besonders nach 1968 einige Wagemutige in die Donau, um das gegenüber liegende, freiheitliche Ufer zu erreichen. Das Gebiet wurde zu einer der strengsten Militärzonen, auf der Donau patroullierten Tag und Nacht schwer bewaffnete Einheiten zu Schiff. Umso erfreulicher ist jetzt der Ausflug dorthin, rund um den Museumsberg lassen sich angenehme Stunden verbringen; im Gegensatz zur Stadt ist es hier immer luftig und frisch (Tel. 65 73 01 05, Mai–Okt., Di– So 10–17 Uhr).

Vom Busbahnhof am *Nový most* (Neue Brücke) mit Bus Nr. 29 bis zur zweiten Haltestelle vor der Endstation, Stadtteil Devin; Fahrt dauert etwa 30 Min.

Am besten in die Stadt zurück (ca. 7 km), vom Museumsberg der roten Markierung folgen bis zum Stadtteil Karlova Ves zu den Haltestellen der städtischen Busse.

Rusovce: Römersiedlung und modernes Kunstmuseum

Seit 1972 ist Rusovce ein Stadtteil Bratislavas und liegt im Süden der

Stadt, hinter der Siedlung Petržalka am Ufer der Donau. In der Nähe der ehemaligen Gemeinde entdeckten Archäologen die bedeutendsten Denkmäler aus römischer Zeit auf dem Gebiet der Slowakei, genannt **Gerulata** *(Antická Gerulata)*. Ein erstes Armeelager aus Holz und Lehm muss zur Regierungszeit Kaiser Domitians (81–96 n. Chr.) entstanden sein. Kurze Zeit später, Anfang des 2. Jh. erbaute man an derselben Stelle eine größere, diesmal steinerne Festung. Die am besten erhaltenen Überreste einer bereits wieder verkleinerten Anlage stammen aus dem späten 4. Jh., ihre Ausmaße betragen 30 × 29 m. Sie verfügte über eine Schutzmauer und einen rechteckigen Hof, der mit 12 mächtigen Pfeilern begrenzt war. Die Ausgrabungsstelle erreicht man von der Kirche mit Hilfe von Hinweisschildern.

In Rusovce hat das einzige staatliche **Folkloreensemble SL'UK** sein Stammhaus, gleich neben dem Schloss im Windsor-Stil, das auf seine Renovierung wartet. Südlicher von Rusovce, im Stadtteil Čunovo, befindet sich auf einer Donauhalbinsel das neueste und ausgefallenste Museumsgebäude Bratislavas. Wie ein Schiffsbug ragt die **Danubiana,** das Meulensteen Art Museum, in den spitzen Ausläufer der Insel. Vom oberen Stockwerk überblickt man wie von einer Kommando-Brücke die Donau, die sich hier scheinbar zu einem riesigen See geweitet hat. Das Museum zeigt wechselnde Ausstellungen moderner Kunst, ums Haus ist ein Skulpturenpark angelegt, innen gibt es ein hübsches Art Café mit Blick aufs Wasser.

Römersiedlung Gerulata, Bratislava-Rusovce, Gerulatská ulica 69, Tel. 62 85 93 32, Di–Fr 10–17 Uhr. **Danubiana,** Mobil-Tel. 09 03/54 52 35, Di–So 10–18 Uhr, danubiana@danubiana.sk, www.danubiana.sk.

SL'UK, Balkanská cesta 31, Tel. 62 85 91 25, Fax 62 85 92 91, den Aufführungsplan am besten im Info-Büro von Bratislava erfragen.

Nach Rusovce: Vom Busbahnhof am Nový most (Neue Brücke) mit Bus Nr. 91, Fahrt dauert etwa 30 Min.
Zur Danubiana: Mit dem Bus 91 von der Neuen Brücke bis zur Endhaltestelle Čunovo.

Kleine Karpaten und Waagtal

Weinstraße der Kleinen Karpaten

Bischofs- und Universitätsstadt Trnava

Heilbad Piešt'any

Trenčín

Am Südrand der westlichen Beskiden

Keramik aus dem Winzerstädtchen Modra

Kleine Karpaten und Waagtal

Jahrhundertealte Winzergemeinden hinter den Toren der Hauptstadt: Svätý Jur, Pezinok, Modra – Wehrhaft und schön: Burg Červený kameň – Trnava, das »slowakische Rom« – Vergessenes Weltbad: Piešťany – Trenčín und seine imposante Burg – Vom geschäftigen Žilina ins Vrátna-Tal der Kleinen Fatra – Märchenschloss Bojnice

Der gebirgige Teil der Slowakei beginnt praktisch schon in der Hauptstadt. Es scheint, als würde der Gebirgszug der Kleinen Karpaten von der mächtigen Donau gestoppt. Südlich und südöstlich davon breitet sich Ebene aus. Den Bergrücken der **Kleinen Karpaten,** der weiter nördlich vom Höhenzug der Weißen Karpaten abgelöst wird, nutzt man seit Jahrhunderten für den Weinbau. Deftiges Essen und Weingenuss können auf diesen Hängen selbst ungeübte Wanderer wieder fit machen, es gibt viele gemächliche Wanderwege.

In der transdanubischen Ebene zwischen Kleinen Karpaten und Váh (Waag), dem längsten Fluss des Landes, liegt **Trnava,** einst wichtiges geistiges und geistliches Zentrum, heute rührige Kleinstadt, die sich ihrer Werte bewusst wird. Den Váh entlang in den Norden folgt auf **Piešťany,** das berühmteste der slowakischen Heilbäder, die Stadt **Trenčín.** Auf einem steil über den Fluss ragenden Felsen scheint die Burg auch heute noch über das Treiben zu ihren Füßen zu wachen. Dem verschlungenen Weg des Váh folgt die Landstraße, streckenweise Autobahn, bis zum größten Zentrum im Nordwesten, **Žilina.** Von hier gibt es Abstecher in den **Nationalpark Kleine Fatra.** In südlicher Richtung ist das **Museums-Dorf Čičmany** zu bewundern sowie die neugotisch umgebaute **Ritterburg Bojnice.**

Weinstraße der Kleinen Karpaten

Verlässt man Bratislava im Norden in Richtung Svätý Jur, gehen die üblichen Vorstadtsiedlungen fast unmerklich in sanft ansteigende Weinhänge über. Die *Malá karpaty* (Kleine Karpaten) links von der Landstraße 502 bilden einen letzten kleinen Wall nach Westen. Sie erreichen Höhen von gut 500 bis etwa 750 m, einzelne Bergkuppen tragen kuriose Namen wie *Somár* (Esel, 649 m) bei

Limbach oder *Čertov kopec* (Teufelshügel, 751 m) bei Modra.

Geht der Wiener nach Grinzing oder Klosterneuburg zum Heurigen in eine Buschenschenke, so begibt man sich aus der slowakischen Hauptstadt traditionell in die Winzergemeinden Rača, Svätý Jur, Limbach, Pezinok oder gar nach Modra. Für den Fremdenverkehr hat man in jüngster Zeit diesen Abschnitt in die **Karpatenweinstraße** *(Malokarpatská vinná cesta)* zusammengefasst. Die Ortschaften liegen nicht parallel zur Landstraße oder bilden auf ihr ein Straßendorf. Die Hauptstraßen mit ihren Plätzen verlaufen im rechten Winkel dazu, den Berghang hinauf steigend. Von hier zweigen weitere Straßen mit ihren zum Teil noch typischen erdgeschossigen Winzerhäusern ab. Seit vielen Jahrhunderten wird Wein angebaut, und wenn manche Gemeinde heute etwas verschlafen wirkt, so hat sie trotzdem auf eine lange Geschichte zurück zu blicken.

Svätý Jur

Gleich nach Rača, dem heutigen Stadtteil von Bratislava, kommt Svätý Jur (St. Georgen), das den heiligen Georg mit Drachen in seinem Wappen trägt. Weinreben werden in den Urkunden 1270 erwähnt, doch spielte der Weinbau hier sicherlich schon viel früher eine Rolle. Der

Seit Jahrhunderten wird an den Hängen der Kleinen Karpaten Wein angebaut

Eindruck eines karpatischen Winzerstädtchens ist durch die charakteristischen Winzerhäuser erhalten geblieben, auch wenn einiges der Renovierung bedarf. Es gibt hier sogar die »vornehmeren« zweigeschossigen Winzerhäuser (wer es sich leisten konnte, richtete in der zweiten Etage prächtige Gästezimmer ein). Typisch für die Bauweise der aneinander gebauten Häuser ist ihre Anordnung zu einer L- oder U-

Form. Durch einen gemeinsamen Eingang betritt man zwei oder mehr Wohnungen und Wirtschaftstrakte, unabdingbar sind im Kellergeschoss Gewölberäume zur Lagerung des Weins.

Nahezu am Ende des Orts, hoch gelegen und mit guter Aussicht ins Tal, steht die **Pfarrkirche St. Georg.** Der frühgotische Erstlingsbau, der in seinen einfachen Formen noch zu erkennen ist, entstand Ende des 13. Jh. und wurde schrittweise um- und ausgebaut. Im Innern gilt es vor allem den Steinaltar zu bewundern, eine in der Slowakei seltene Steinmetzarbeit der Renaissance (1514–1520).

Private Weinkeller mit Weinprobe und -verkauf: **Vintour,** Prostredná 29, Tel. 02/44 97 00 77. **František Hergot,** Prostredná 32, Tel. 02/44 97 14 85.

Pezinok

Auf das traditionsreiche Winzerdorf Limbach, in dem man sich ebenfalls gut bewirten lassen kann, folgt Pezinok. Die Bezirksstadt mit ihren rund 22 000 Einwohnern lebt hauptsächlich von Weinbau und Landwirtschaft, gefolgt von der Ziegelherstellung und Keramikproduktion. Es gibt auch viele Pendler ins 20 km nahe Bratislava. Und nicht wenige Hauptstädter haben hier oder in einem der Nachbarorte ihre *chata* (Datscha) und wenigstens ein paar eigene Reben stehen, um Gästen stolz »eigenen« Wein anzubieten.

Um Wein dreht sich das ganze Jahr über nahezu alles. Höhepunkt ist das herbstliche **Weinfest,** das zur Weinlese *(vinobranie)* im September seit vielen Jahren gemeinsam mit der Nachbarstadt Modra begangen wird. Mit Reben und Weinlaub geschmückte Wagen, darin Weinköniginnen und -könige sowie Winzer in regionaler Tracht, ziehen als Prozession durch die Straßen. Großzügig wird *burčiak* ausgeschenkt, der frisch vergorene Wein (Federweißer), den man ab diesem Zeitpunkt für etwa zwei Wochen in jedem der umliegenden Gasthäuser zur regionalen Küche trinken kann.

Im **Karpatenmuseum** *(Malokarpatské múzeum)* kann man dann Näheres zur Geschichte des Weinbaus der Region erfahren. Die Exponate sind in einem schön hergerichteten Winzerhaus untergebracht, besondere Beachtung verdient das Kellergewölbe aus dem 17. Jh., in dem alte Weinfässer zu besichtigen und auf Voranmeldung (ab 7 Personen, à ca. 6 €) Weinverkostungen durchgeführt werden.

In den Straßenzügen rund um den **Rathausplatz** *(Radničné námestie)* des ehemals Bösing genannten Städtchens findet man immer noch viele der **karpatischen Winzerhäuser.** Verfallenes versucht man sachgemäß zu restaurieren. Die ehemals weltliche Dominante des Platzes bildet das niedrige alte **Rathaus** auf Grundfesten aus dem Jahr 1600. Seine breite Fassade wird durch hübsche halbrunde Erker begrenzt. Am Ende der Haupt- und Einkaufsstraße, *Štefánikova ulica,* gelangt man zu einem kleinen **Kastell** mit angeschlossenem Park. Seit dem 17. Jh. besaß es die Familie Pálffy und ließ das Renaissancegebäude 1718 barock umgestalten. Seine ausgedehnten Keller und Gewölbe werden heute noch zur Lagerung von Wein genutzt. In der Schloss-Weinstube *(Zámocká vináreň)* kann man sie dann in gemütlicher Atmosphäre kosten.

Vorwahl: 0 33

Mestské informačné centrum, Štefánikova ul. 5, 90201 Pezinok, Tel. 6 90 11 07. Mai–Sept. Mo–Fr 8–18 Uhr, Sa 8–18 Uhr, So 9–16 Uhr, ansonsten Sa bis 12 Uhr, So geschl.

Untere Preisklasse (bis 25 €): Penzión Slimáčka, Holubyho 12, Tel. 6 41 24 52: ganz kleines Familienhotel in Bahnhofsnähe, Zimmer nicht sehr groß, ländlich eingerichtet, Frau Demenová ist eine sympathische Wirtin, die sich um das Wohl der Gäste kümmert; in der dazu gehörigen Gastwirtschaft isst man gut. **Chata Istota,** Kučišdorfská dolina, Tel. 6 40 29 37, Fax 6 40 29 39: ca. 5 km außerhalb von Pezinok am Waldrand gelegen, neues Haus mit moderner Einrichtung, Sauna und Schwimmbecken. **Motel na vrchu Baba,** 90201 Pezinok, Tel. 6 40 36 36: ein neues kleines Hotel am Berg Baba oberhalb von Pezinok, Straße recht kurvenreich. Doch gibt es von hier zahlreiche, schöne Wanderwege und außer dem Restaurant eine gemütliche *koliba,* wo am offenen Feuer gegrillt wird, so dass man auch hier Karpatenwein genießen kann, ohne danach ins Auto steigen zu müssen.

Mittlere Preisklasse (bis 25–50 €): Hotel Limbach, Ulica SNP 18, 90091 Limbach, Tel. 6 47 72 81, Fax 6 47 73 61:

hübsches Hotel im Jagdhausstil, mit gutem Restaurant und Weinstube.

Zámocká vináreň, Mladoboleslavská ul., Tel. 6 41 23 59. **Vináreň u magistra**, Štefánikova 21, Tel. 6 41 30 55: hübsche kleine Weinstube mit offenem Kamin im verglasten Innenhof eines Winzerhauses.

Café Journal, Štefánikova 21, Tel. 6 41 29 36: schickes, modernes Café und Tagesbar mit großer Kuchenauswahl.

Wein: František Slezák, Rázusová 31, Tel./Fax 6 40 21 72, Mobil 09 03/24 21 72: ein Kenner der Karpatenweinlandschaft. **Víno Matyšák,** Holubyho 85, Tel./Fax 6 41 12 72. **Pavol Boris,** Hviezdoslavova 1, Tel. 6 43 30 05. **Ľudovít Tretina,** Kupeckého 51, Tel. 6 40 40 00.

Karpatenmuseum, Štefánikova ul. 4, Tel. 6 41 20 57, 6 41 33 47, Di–Fr 9–12 Uhr und 13–16 Uhr.
Galéria insitného umenia, Schaubmarov mlyn, Cajlanská 255, Tel. 6 40 40 35, Di–So 10–17 Uhr: Eine schöne alte Wassermühle, die man wieder funktionstüchtig gemacht hat, sowie eine Sammlung naiver Kunst der Slowakischen Nationalgalerie steht kurz hinter Pezinok in einem Gehöft; nach dem Ort über die Straßenüberführung nach links in die Siedlung abbiegen, dort bald darauf wieder nach links.

Slovenský Grob: Gänsebraten und »lokše«

Nur wenige Kilometer von Pezinok liegt Slovenský Grob – entweder über Viničné, auf der 503 Richtung Senec oder über Limbach (502) zu erreichen. In diesem an sich durchschnittlichen Dorf sitzen nicht selten Präsidenten und Staatsmänner in den guten Stuben der Einwohner und lassen es sich schmecken. Die Bauern verstanden es, sich sogar über die Landesgrenzen hinaus den Ruf der besten Gänsebratereien zu erwerben. Jetzt werden Gänse zugekauft, um den Andrang zu bewältigen. Das Besondere in diesem Dorf: Heute wie vor über 100 Jahren genießt man den Festtagsschmaus nicht in Wirtshäusern, sondern in Privathaushalten, die sich allerdings mit der Zeit durch gesonderte Gaststuben auf die zahlreichen Besucher eingestellt haben. Kulinarischen Schnickschnack darf man nicht erwarten, höchstens ein Stück Gänseleber vorneweg. Und dann kommt der Gänsebraten (nur mit Milch und Salz bestrichen) und *lokše* auf den Tisch, als Beilage gibt es süßsauer eingelegte Gurken oder Paprika. Gegessen wird vorzugsweise mit den Fingern. Zum Trinken werden Karpatenwein und Hochprozentiges angeboten.

Was sind *lokše?* Eine *lokša* ist ein dünner Fladen, mit den Händen aus gestampften Kartoffeln und etwas Mehl geformt, anschließend ohne Fett auf der blanken Herdplatte gebacken. Hinterher wird diese »slowakische Tortilla« natürlich mit Gänsefett bestrichen und schmeckt auch ohne Fleisch vorzüglich. Die Saison des Gansessens erstreckte sich ursprünglich von September bis

November. Der Bratenduft liegt nun bis weit in den Januar über dem Dorf und erreicht zur Weihnachtszeit seinen Höhepunkt.

Da die Privathäuser immer nur über geringe Kapazitäten verfügen, seien hier eher kleine Gasthäuser zur Orientierung angegeben, vor Ort kann man dann auch die andere Möglichkeit ausprobieren.
Mittlere Preisklasse (6–10 €): Grobská reštaurácia, Chorvátska 4, Tel. 0 33/6 47 84 31. **Pivnica U zlatej husi,** Pezinská 2, Tel. 0 33/6 47 82 25, Mobil 09 05/41 02 69. **Reštaurácia U gazdu,** Hlavná 112, Tel. 0 33/6 47 83 55.

Das obere Stadttor von Modra

Modra

Mit dem Namen des Winzerstädtchens verbinden Slowaken nicht nur Wein, sondern auch die berühmteste Keramik ihres Landes sowie den prominentesten Vertreter im Kampf um ihre nationale Selbstständigkeit im 19. Jh.: Ľudovít Štúr. Er ist in steinerner Gestalt und imposanter Pose auf dem nach ihm benannten Hauptplatz *(Štúrova ulica)* nicht zu übersehen. Wer sich näher sowohl für ihn wie für die Modra-Keramik *(modranská keramika)* interessiert, findet einige Ausstellungsstücke im Štúr-Museum. Im Haus Nr. 84, wo Štúr starb, hat man dem Dichter eine Gedenkstube eingerichtet.

Modra wirkt ruhiger als Pezinok, möglicherweise ist es wegen der fehlenden Eisenbahnverbindung von letzterem überflügelt worden. Denn in früheren Jahrhunderten stand es an vorderster Stelle der karpatischen Winzerstädte und genießt auch heute noch einen ausgezeichneten Ruf, nicht zuletzt wegen der seit gut 100 Jahren hier ansässigen Weinbauschule. Sie ist hinter dem erhaltenen, »oberen« Tor des ehemaligen Befestigungssystems (im 17. Jh. errichtet) am nördlichen Ende der Štúrova in einem ehemaligen Kastell untergebracht. Der vierflügelige Bau mit Innenhof verfügt im Erdgeschoss über Räume mit renaissancezeitlichen Gewölben. Hier ist eine kleine Ausstellung zum Weinbau vorbereitet, und man kann auch an Verkostungen schuleigener Weine teilnehmen (Tel. 6 47 21 11).

Vorwahl: 0 33

Malokarpatská TIK, Štúrova 84, 90001 Modra, Tel. 6 47 43 02.

Untere Preisklasse (bis 25 €): Hotel Zochová chata, Piesok, Tel. 6 47 01 31: Traditionsreiches Berghotel auf dem Hügel oberhalb der Stadt mit typischer *koliba,* einem großen holzgetäfelten Restaurant mit Grillspezialitäten. **Mittlere Preisklasse (25–50 €): Penzión Klub M.K.M.,** Štúrova 25, Tel./Fax 6 47 53 13: Angenehme Pension in Privathaus, mit guter Verpflegungsmöglichkeit.

Múzeum Ľudovíta Štúra, Štúrova ul. 50, Tel. 6 47 27 65, Di–Fr 8–16 Uhr, Juli und Aug. Di–Fr 8–18 Uhr, Sa 9–15 Uhr, So nach Anmeldung, Nov.–Feb. Sa u. So geschlossen.

Keramik: Slovenská ľudová majolika, Dolná 138, Tel. 6 47 29 41: ehemaliger Staatsbetrieb zur Herstellung handbemalter Traditions-Keramik, eigener Verkaufsraum, Mo–Fr 8–16 Uhr; heute versuchen Keramik-Meister, ihre Produkte selbständig zu verkaufen und haben auch einige der Keramik-Malerinnen in ihren privaten Werkstätten arbeiten. Sie versuchen in einer eigenen Zunft, mit dem Großbetrieb zu konkurrieren. Eine davon ist **Zlatica Ďureje,** Súkennícka 2, Tel. 6 47 37 44, Mobil 09 05/38 85 49.

Bei **Darina Lichnerová,** ausgebildet an der Hochschule für Kunstgewerbe, kann man (auch auf deutsch) Weben und Klöppeln lernen, Štúrova 112, Tel. 6 47 31 55.

Červený kameň – die Biberburg

Wenige Kilometer nördlich von Modra folgt immer noch an der Landstraße 502 der Ort **Častá,** darüber in den bewaldeten Kuppen erblickt man die massive Burg **Červený kameň** – übersetzt eigentlich »Roter Stein«, doch auf deutsch heißt sie Biberburg. Vor dem umzäunten Burgareal liegen flache Wiesen und eine liebliche Allee, die darauf zuführt. Die Hauptburg ist innen wie außen grundlegend restauriert worden, nun widmet man sich den umliegenden Gebäuden. Über die erste Burg an dieser Stelle weiß man sehr wenig, sie hatte mehrere Besitzer, bevor sie in den Besitz der Familie Thurzo kam. Durch die Heirat Anna Fuggers 1497 mit einem der Thurzos wurde später die reiche deutsche Kaufmannsfamilie zum Burgherrn. Etwa um 1540 erfuhr die Burg den heute noch sichtbaren großzügigen Umbau zur vierflügeligen Anlage mit je einem dicken Rundturm in den Ecken. Das Konzept für die vorbildliche Festung mit geräumigen Lagern (dreigeschossige Kellerräume) und einem speziellen Lüftungssystem in den Wehrtürmen soll Albrecht Dürer den Augsburger Händlern geliefert haben. Einige Zeit nach dem Tod Anton Fuggers erwarb den Wehrsitz der ungarische Edelmann Nikolaus Pálffy, der durch seine Erfolge in den Auseinandersetzungen mit den Türken Geschichte machte. Das Adelsgeschlecht besaß Červený kameň bis 1945, danach

Die Weine der Kleinen Karpaten

Nach der schwierigen Umstellung von großen, staatlich gelenkten Genossenschaften, die zuweilen auf Menge und nicht auf Qualität produzierten, versucht man Wege zu finden, den slowakischen Wein gegenüber qualitätsvollen ausländischen Produkten konkurrenzfähig zu machen. Spitzenweine, die neben solchen aus französischen oder italienischen Anbaugebieten bestehen könnten, wird man selten finden, dafür schon sehr anständige Mittelklasse- und eine große Auswahl an gut trinkbaren Tafelweinen. Die älteste und kompakteste Weinregion der Slowakei bilden die südwestlichen und südöstlichen Hänge der Kleinen Karpaten. Sie erstreckt sich in etwa 46 km Länge vom March-Donau-Zusammenfluss bis zu den Ausläufern des Gebirgszugs bei Orešany. Der Weinanbau nimmt eine Fläche von etwa 3500 ha ein.

Das westlichste Teilgebiet befindet sich um die Gemeinde **Devín,** aus den Zeiten Marc Aurels (121–180) sind Nachrichten über Weinberge an den Südhängen der Devínska kobyla überliefert. Die besten Bedingungen findet hier die Chardonnay- sowie verschiedene Burgundertrauben, sie benötigen steinigeren Boden mit höherem Kalziumanteil. Vermehrt werden hier Pinot gris und Pinot blanc (**Grau- und Weißburgunder,** *Burgundské sivé* und *biele* empfohlen, beide sind nicht frostempfindlich. Vom Grauburgunder werden in guten Jahrgängen ausgezeichnete Weine mit voll-würzigem Charakter und kräftiger Farbe erzeugt. Der typische Wein der Hauptstadt **Bratislava,** deren Weinbauflächen sich gegen den Wohnungsbau behaupten müssen, ist der *Rizling rynský* **(Rhein-Riesling).** Er findet hier die besten Boden- und Klimabedingungen. Für die Slowaken ist er der König unter den Weinen und kann in guter Qualität den Geschmack von Lindenblüten erreichen, was sie dann *lipovinka* nennen. Das Winzerdorf **Rača** (heute Bratislava) ist seit dem 18. Jh. für seine *Frankovka* **(Blaufränkisch)** bekannt. Diese Rotweinsorte ist in der Slowakei am weitesten verbreitet. Für das Gebiet um **Svätý Jur** wird der **Müller-Thurgau** als ergiebigstes Gewächs angesehen, er verträgt auch schwereres, nicht allzu trockenes Erdreich. In der Slowakei wird er auf 12 % der gesamten Anbaufläche gezüchtet. Das kleine Winzerdorf **Limbach,** von deutschen Siedlern im 14. Jh. gegründet, ist verbunden mit dem **Limbacher Silvaner** *(Limbašský silván).* Der grüne Silvaner wird in der Slowakei nur wenig angebaut (1,5 %), doch er ist eine typische Traube der Kleinen Karpaten. Verkosten kann man ihn auf besonders angenehme Weise in der *Limbašská koliba.* In **Vinosady** (zu dt.: Weingärten) gedeiht der **Grü-**

ne Veltliner *(Veltlinské zelené)* am besten, nach dem Rhein-Riesling ist er die häufigste Weißweinsorte (18 %), gern wird er mit diesem gemischt, um ihm mehr Säure zu verleihen. Das Städtchen **Modra** hat den Beinamen »Perle der Karpaten«. Schon im 17. Jh. hatte es ein hoch entwickeltes Winzerwesen vorzuweisen, in seiner Umgebung finden sich gute Bedingungen für nahezu alle Rebenzüchtungen. Besonders gut gedeiht die Sorte *Dievčie hrozno* **(Mädchentraube)**, die aus Ungarn stammt. Der Wein der Rebe verfügt gewöhnlich über einen höheren Alkoholgehalt, ist goldgelb und hat ein charakteristisch volles Bouquet, Säure und Süße halten sich harmonisch die Waage. In **Dubová** versucht man u. a. die rote Sorte **Alibernet** heimisch zu machen. Sie ist eine Kreuzung aus Alikante Bouchet und Cabernet Sauvignon, wie man sie im ukrainischen Odessa züchtete, und wird deshalb auch *Odešský červený* **(Odessa-Roter)** genannt. Der Wein hat eine intensive Farbe und ein Cabernet-Bouquet. **Dolné** und **Horné Orešany** bilden einen gewissen Abschluss der Karpatenweinregion. Hier ist die Handelsmarke *Orešanské červené* zu Hause, ein Wein, in dem die Sorte *Portugalské modré* **(Blauer Portugieser)** überwiegt und die sich rund um Orešany besonders wohl fühlt.

Anfang April (meist am zweiten Wochenende) werden in Pezinok *Vinné trhy* (Weinmärkte) abgehalten: eine groß angelegte öffentliche Degustation von etwa 400–500 klassifizierten und bewerteten Weinen aus der Slowakei, Tschechien, Ungarn und der Region Neusiedlersee – aus dem östlichen Mitteleuropa eben.

wurde die Burg verstaatlicht und als Museum eingerichtet. Die Verbindung von trotziger Wehrhaftigkeit und würdevoller Repräsentation sowie zahlreiche kostbare Ausstattungsgegenstände empfehlen sie wärmstens für einen Besuch.

Červený kameň: Info und Anmeldung Tel. 0 33/9 53 16, 9 51 32, Fax 9 51 32, Nov.–Feb. Mo–Fr 9–15 Uhr nur für angemeldete Gruppen über 15 Personen, März und Okt. sowie Sa, So 9–16 Uhr jeweils zur vollen Stunde auch für einzelne Besucher, April und Sept. tägl. 9–16 Uhr, Mai–Aug. tägl. 9–17 Uhr, mit kleinem Imbiss-Restaurant und Café.
Falkenhof Astur: Tel. 0 33/9 53 16–1 27, 47 82 53, Fax 47 84 42, April.–Okt. Di–So jeweils um 11.15, 14.15, 16.15 Uhr Demonstrationen mit Stein- und Steppenadlern, verschiedenen Falkenarten und Bussarden.

In der Altstadt von Trnava

Bischofs- und Universitätsstadt Trnava

Die Stadt gehört zu den größeren Städten der Slowakei, hat rund 70 000 Einwohner und verdankt ihren Ruf den dicht gedrängten historischen Gebäuden der Altstadt. Traditionell gibt es einige Großbetriebe, die landwirtschaftliche Erzeugnisse verarbeiten (Mälzerei, Brauerei, Molkerei und die Süßwarenfabrik FIGARO). Zur wirtschaftlichen Prosperität tragen jedoch maßgeblich die Betriebe der Autoindustrie, Metall- und Plastikherstellung bei. Auch die japanische Firma SONY lässt hier Einzelteile fertigen.

Geschichte

Trnava (Tyrnau) erhielt schon früh den Beinamen »slowakisches Rom«, obwohl es mit den monumentalen Bauten der italienischen Hauptstadt nicht konkurrieren kann. Als eine der ersten auf slowakischem Gebiet erhielt sie 1238 die Privilegien einer freien Königsstadt, und damit begann ihr Aufschwung. Die Stadtmauern mit einem Ringgraben, den man heute größtenteils als Stadtpark nutzt, wurden errichtet, Handwerk und Handel blühten auf. Die kirchliche Bedeutung ist auf die Türkengefahr zurückzuführen. Da sich der Erzbischof des im Süden gelegenen Esztergom dort nicht mehr sicher fühlte, verlegte er seinen Sitz 1543 nach Trnava. Und da zu dieser Zeit höhere Bildung mit den Institutionen der Kirche verknüpft war, wurde Trnava für lange Zeit nicht nur geistliches, sondern auch geistiges Zentrum. Den nächsten Abschnitt für ihr weitreichendes kulturelles Ansehen bildet die Gründung der Universität 1635 durch Kardinal Peter Pázmány, einem der großen Gegenreformatoren. Zunächst mit nur zwei Fakultäten ausgestattet (Philosophie und Theologie), kamen bald noch die juristische und medizinische hinzu. Zu einer der bedeutendsten Gelehrtengestalten von Trnava im Priesterornat wurde Anton Bernolák (1762–1813; s. S. 31). 1991 begann ein neues Kapitel Wissenschaftsgeschichte, als in Trnava erneut eine Universität eingerichtet wurde. Seither beleben wieder Studenten die Stadt.

Auf den Spuren von Priestern und Gelehrten

Vom Platz der Heiligen Dreifaltigkeit *(Námestie Svätej trojice),* mit dem Rücken zum Theater stehend, erblickt man am anderen Ende das Wahrzeichen Trnavas, die roten Spitzhauben des St. Nikolaus-Doms. Dies ist auch die Blickrichtung der drei Figuren auf der **Säule** nach der Renovierung 1993, sie sind ein Symbol des geistigen und geographischen Mittelpunkts der Stadt.

Das Säulenende zieren Gottvater, Jesus und der Heilige Geist, die Maria krönen. Früher blickten sie nach Norden auf den einsam und mächtig stehenden **Wachturm,** in dem sich heute das städtische Tourismus-Büro befindet. Er stammt aus dem 16. Jh., erhielt später eine barocke Kuppel und 1739 eine über zwei Meter hohe Figur der hl. Maria. (Besteigung: April–Sept.: tägl. 10–18 Uhr zu jeder vollen Stunde, außer um 12 Uhr).

Der Dom des hl. Nikolaus

Der katholische Dom wurde in seinen heutigen Ausmaßen auf einer ursprünglich romanischen Kirche als dreischiffiger gotischer Bau 1380–1421 errichtet. Zunächst hatte er nur einen Turm, doch bei Umbauarbeiten 1562–1567 entschloss man sich für die gegenwärtige Lösung mit den zwei Türmen, die Renaissancehelme erhielten. 1618–1632 wurde das Kirchenschiff um zusätzliche Seitenkapellen erweitert. Die an der Westseite aus dem Grundriss herausragende Kapelle mit separatem Eingang entstand 1739–1741 und ist Maria geweiht. Erzbischof Imre Eszterházy (sein Wappen befindet sich über dem Eingang) gab sie bei dem bekannten österreichischen Architekten Lucas Hildebrandt in Auftrag. Das Tafelbild auf dem Säulenaltar zeigt die segnende Jungfrau. Der Legende nach soll sie jedesmal nach tragischen Vorfällen in der Stadt oder im Land (Pest und Türkeneinfälle) echte Tränen vergossen haben, weshalb die Kapelle auch als die der Hl. Jungfrau von Trnava bezeichnet wird. Jeden Samstag wird hier ein Gottesdienst abgehalten, Anfang November findet ihr zu Ehren eine neuntägige Andacht statt, zu der Gläubige aus der ganzen Slowakei anreisen.

Tagsüber ist nur ein Blick durch den Vorraum möglich; im Pfarramt, das Gebäude rechts vor dem Hauptportal, kann man zu Geschäftszeiten (Mo–Fr 10–12 Uhr) um Zugang fragen.

Die Universitätskirche

Die Jesuitenkirche des Hl. Johannes des Täufers – kurz Universitätskirche *(Univerzitný kostol)* genannt – war das größte und künstlerisch bedeutendste Bauvorhaben der Gegenreformation in der Slowakei. Sie stellt einen bemerkenswerten frühbarocken Monumentalbau (1629–1637 von Pietro und Antonio Spazzo erbaut) dar, denen die Kirche *Il Gesù* in Rom als Vorbild diente und an der sich selbst wieder viele Kirchen der Slowakei orientierten. An der Ausschmückung der Kirche haben sich über Jahrzehnte verschiedene italienische, österreichische und einheimische Meister beteiligt. Glanzstück ist der dreistöckige hölzerne Hauptaltar von Balthasar Knilling und Veit Stadler aus dem Jahr 1640 mit der zentralen Darstellung der Taufe Christi. Er füllt die gesamte Rückwand aus, versammelt auf seinen drei Etagen 27, z. T. lebensgroße Statuen und gehört zu den schönsten Barockaltären der Slowakei. Die Kirche diente auch universitären Veranstaltungen wie der Überreichung von Abschlussurkunden.

Das Rektorat schließt sich gleich an das Kirchengebäude an, und gegenüber steht die Akademie, von J. Hausmann 1780 im klassizistischen Stil errichtet. (Kirche geöffnet: Mo–Sa 6.30–12 Uhr, 13–16 Uhr, So 8.30–12.30 Uhr, 13.30–16 Uhr.)

Dom des hl. Nikolaus

Museum statt Gottesdienst

Zwei der zahlreichen kirchlichen Gebäude sind heute zu Ausstellungsräumen umfunktioniert. Den Weg zum ehemaligen Klarissenkloster sollte man vom Dom über die *Kapitulská* zurücklegen, man wird mit dem Anblick hübsch restaurierter Bürgerhäuser und einer kleinen Grünanlage belohnt. Im Kloster ist heute das **Westslowakische Museum** *(Západoslovenské múzeum)* untergebracht. Je nach Interesse gibt es Expositionen zur Tierwelt der Kleinen Karpaten oder zur hiesigen Volkskunst. Kein Wunder, dass in dieser eng mit dem Glauben verknüpften Stadt und ihren elf Kirchen eine Ausstellung mit sakralen (auch aus Synagogen stammenden) Gegenständen hinzu kam.

Sehr engagiert und über die Grenzen der Stadt hinaus bekannt und gewürdigt sind die Ausstellungen und Installationen moderner Kunst der Galéria Jána Koniarika in der **Synagoge** an der *Halenárska ulica.* Das *Status quo* benannte Gotteshaus von 1902 beließ man in seinem verwahrlosten Zustand, der nicht durch den Zweiten Weltkrieg verursacht war, sondern durch jahrzehntelange Mißachtung des nachfolgenden Regimes. Die Frauenemporen sind jedoch begehbar gemacht, hier steht eine ständige Sammlung von Judaica. Die Synagoge lässt den Betrachter nachdenklich werden angesichts der Beschädigungen und des damit verbundenen menschlichen Leids, zugleich wird er beglückt durch erstklassige zeitgenössische Kunst auch internationaler Künstler. Die Spannung dieses Raums und der Kontrast zu den übrigen sakralen Orten der Stadt empfehlen unbedingt einen Besuch.

Die Galerie verfügt zwar selbst über kein Café, aber über die rückwärtige Seite des Gebäudes kommt man zur hübschen kleinen Espresso-Bar »Bellarossa« (ein Zugang existiert auch über einen Durchgang von der *ulica M. S. Trnavského,* die vom Dreifaltigkeitsplatz auf den Dom zuführt).

Die profane Seite der Stadt

Am Stadttheater vorbei gelangt man in die breite Einkaufsstraße und Fußgängerzone, die *Hlavná ulica.* Hier und in ihrer Verlängerung *Štefánikova ulica* jenseits des Stadtturms stehen die ältesten Bürgerhäuser Trnavas, viele haben gotische und renaissancezeitliche Gewölbe, Tore oder Stuckaturen. Nach der Gründung der Universität dienten einige davon als Konvikte und Seminargebäude. Meist betritt man durch das Vorderhaus einen drei- oder mehrflügeligen Innenhof. Das Theater aus dem Jahr 1831 ist das älteste noch erhaltene in der ganzen Slowakei, innen wurde es 1959 erneuert. Rechts davon steht das Rathaus. Auf gotischen Resten aufgebaut, erhielt der Hauptbau des Gebäudekomplexes 1683 sein heutiges barock-klassizistisches Aussehen. Die

Kapelle im Innenhof stammt vom Anfang des 19. Jh.

Vorwahl: 0 33

Trnavský informačný servis TINS, Trojičné nám. 1, 91701 Trnava, Tel. 5 51 10 22, Fax 5 50 14 55: Mo–Fr 9–15 Uhr.

Untere Preisklasse (bis 25 €): Hotel Koliba, Kamenná cesta, Tel. 5 33 44 59, Fax 5 34 01 51: etwas außerhalb an einem See gelegenes einfaches, aber gutes Landhotel, Restaurant im Haus. **Penzión Diplomat,** Šafárikova 23, Tel. 5 33 22 03: kleine (3 Zimmer), angenehme Pension, Tennisplätze nebenan. **Mittlere Preisklasse (bis 25 €): Hotel Apollo,** Štefánikova 23, Tel. 5 51 19 39, Fax 5 51 19 38: modernes Stadthotel mit kühl-blauem Ambiente, ganz nah zum historischen Zentrum.

Untere Preisklasse (4–6 €): Prachároň, Radlinského 10: Café mit Schnellimbiss, Pizza auch zum Mitnehmen. **Bageta,** Hviezdoslavova 3: Schnellimbiss auf slowakisch, liegt am Weg zum Nikolaus-Dom. **Mittlere Preisklasse (6–10 €): Poldrasco – Zelený dom,** Hlavná 40, Tel. 5 51 36 85: Trojičné nám. 2: Eckgebäude gegenüber vom Rathaus, Café und gepflegtes Restaurant. **U Michala,** Orolská 5, Tel. 5 52 77 60: etwas versteckt, doch über die Hlavná durch einen Hausdurchgang gut zu erreichen, slowakische Spezialitäten; die Einrichtung sollte nicht abschrecken, es gibt gute Hausmannskost.

Westslowakisches Museum, Múzejné námestie 5, Tel. 5 51 29 13, Fax 5 51 29 11, Juni–Sept. Di–Fr 9–17 Uhr, Sa, So 10–18 Uhr; Okt.–April Di–Fr 8–16 Uhr, Sa, So 11–16 Uhr.

Galéria Jána Koniarika, Di–Fr 9–17 Uhr, Sa, So 13–18 Uhr, Tel. 5 51 46 57, Fax 5 51 13 91, gjk@nextra.sk (Ausstellungsprospekte auch auf englisch)

Bahnhof: Tranava liegt an der Haupteisenbahnstrecke, häufige Verbindungen nach Bratislava und in den Norden und Osten. Sehr gute **Busverbindungen** zu allen größeren Städten.

Heilbad Piešťany

Es ist das berühmteste der slowakischen Heilbäder. Und obwohl es nicht die Pracht der prominenten tschechischen Kurbäder aufzuweisen hat, flanierten hier ähnlich illustre Gäste – außer Ludwig van Beethoven und Kaiserin Elisabeth auch andere habsburgische Adelige, später arabische Scheichs und indische Maharadschas. An manchen Stellen ist noch ein Hauch der ehemals mondänen Atmosphäre zu spüren. Man ist dabei, die alten Zeiten dahingehend zu reaktivieren, den Thermalort wieder zu einem attraktiven Aufenthaltsort für *tout le monde* im wahrsten Sinn des Wortes zu gestalten.

Geschichte

Seit 1945 ist Piešťany (ca. 35 000 Einwohner) eine Stadt und seit 1954 ein international anerkanntes Heilbad. Sie schuf sich ihr Stadtwappen in Gestalt eines Mannes, der seine Krücke bricht, ein seit 1898 bestehendes Wahrzeichen und Hinweis auf das jahrhundertealte Selbstverständnis. Schriftliche Nachrichten über die Heilkraft der hiesigen Quellen reichen bis ins 16. Jh. zurück. Papst Pius V. (1504–1572) ließ den Ort von seinem Leibarzt begutachten, um einen Aufenthalt zu erwägen. Seit 1720 gehörte Piešťany den Grafen Erdödy. 1889 schlossen sie mit der Firma Alexander Winter einen Pachtvertrag, danach begann der Ausbau zu einem modernen Kurbad. Die Stadt liegt am Váh (der Waag), östlich des Flusses erhebt sich der Gebirgszug Považský Inovec. Die Region gehört zu den wärmsten der Slowakei. Auf der Höhe von Piešťany spaltet sich der Seitenarm des Váh noch einmal auf und bildet eine Insel. Am Ufer des rechten Flussabschnitts soll sich der Sage nach ein lahmender Pfau mit Vorliebe aufgehalten haben. Einige Zeit später hatte er sein Leiden kuriert. Tatsache ist, dass auf der Insel zehn heiße Quellen dem Erdreich entspringen, sie haben eine Temperatur von etwa 67 °C. In einem Liter dieses Wassers sind 1300 Milligramm mineralische Stoffe und freie Gase nachzuweisen. Der zweite natürliche Heilfaktor ist der radioaktive Schwefelschlamm, der zu den besten und bekanntesten Peloiden der Welt zählt. Mit Wasser und Schlamm werden Krankheiten des Bewegungsapparats und einige organische Nervenleiden behandelt.

Im Zentrum des Kurortes Piešťany stehen noch hübsche Jugendstilbauten

Napoleonsbad

Die Bäderinsel

Es gibt eine praktische Trennung von Kurbetrieb und Kleinstadt-Leben, die nicht zuletzt der guten Atemluft förderlich sind. Die Badeanstalten und andere kurärztliche Einrichtungen befinden sich auf der **Bäderinsel** *(Kúpeľný ostrov)*. Zu erreichen ist die Insel über drei Brücken, wovon die Kolonnadenbrücke *(Kolonádový most)* nur für Fußgänger bestimmt ist, sie führt ins alte Herz der Bäderinsel. 1932 fertig gestellt, wurde sie am 2. April 1945 von deutschen Truppen bei deren Rückzug zerstört, 1956 stand sie wieder. Die Brückenarchitektur ist wohl konzipiert und bietet schöne Augenblicke des Verweilens, denn sie ist überdacht und durch eine Glaswand in zwei Promenadengänge geteilt. Je nach Sonnenstand und Windrichtung lässt sich ein geschütztes Plätzchen auf einer der Bänke finden, und man kann sich über dem glitzernden Wasser der Waag auf den Bug eines Schiffes versetzen. Es gibt hier Kioske, Eisstände und Souvenirläden, auf der Stadtseite ist die Statue des Krückenbrechers (1934 von Robert Kühmayer geschaffen) zu sehen.

Auf der Inselseite kommt man geradewegs auf das Thermia Palace zu, links davon steht das Irma-Bad, beide 1912 im Stil der Wiener Sezession errichtet. Alltäglichere, gemütliche Atmosphäre herrscht linker Hand unter den Säulengängen des alten Napoleonsbades. Den Namen erhielt es, weil verletzte Soldaten und Offiziere der Napoleonskriege zu Beginn des 19. Jh. von offizieller Seite nach Piešťany geschickt wurden. An der Stelle hölzerner Badehäuser begann Josef Erdödy 1822 mit dem Bau dieser klassizistischen Anlage mit »modernen« Wannenbädern und dem ersten Becken mit »Spiegel-Boden« (gemeint waren die uns heute selbstverständlich gewordenen Fliesen). Hinter dem Gebäude befindet sich die Hauptquelle des Kurorts, benannt nach Adam Trajan, der 1642 ihre heilende Wirkung beschrieb. Ebenfalls für verwundete Soldaten, jedoch die des Ersten Weltkriegs, war das sinnigerweise *Pro Patria* genannte Kurhaus von 1916 mit seinen 500 Betten gedacht. Wem heute die Spaziergänge auf der Insel zu viel werden, kann sich in einer Fahrradrikscha kutschieren lassen.

Die Stadtseite

Der Kernbereich der Stadtseite ist ebenfalls autofrei. Die *Winterova ulica* ist eine rege Fußgängerzone mit Geschäften und Cafés. Über ihr Ende oder gleich von der Kolonnadenbrücke rechts gelangt man in den Kurpark mit Freilichttheater und Musikpavillon. An der Uferpromenade, **Nábrežie I. Krasku,** befindet sich das **Haus der Kunst,** es ist sozusagen die Außenstelle der Slowakischen Philharmonie Bratislava, die hier regelmäßig gastiert. Im Sommer steht es dem internationalen Musikfestival zur Verfügung. Im **Balneologischen Museum** *(Balneologické múzeum),* unweit der Kolonnadenbrücke gibt es Geschichtliches zum heilsamen Baden und Kuren. Es befindet sich in der Badehalle des 1893 errichteten Kursalons, einem hübschen Bau in historistischem Stil. Das wertvollste Exponat in einer weiteren Ausstellung zu Volkskunde und Archäologie des Landkreises befindet sich leider nur als Kopie in diesem Haus. Es ist die berühmte Venus von Moravany, die 1938 ein Bauer im heutigen Stadtteil von Piešťany beim Pflügen fand. Das Aufsehen, den diese nur etwa 7,5 cm große und aus einem Mammutzahn geschnitzte Figur erregte, verdankt die Dame ihrem hohen Alter. Es wird auf nahezu 23 000 Jahre geschätzt. Das Original befindet sich auf der Burg in Bratislava, weitere Kopien in anderen Museen der Welt. Sie stellt das älteste Kunstwerk auf slowakischem Boden dar.

Vorwahl: 0 33

Mestské informačné centrum (im Hotel Eden), zugleich Reisebüro FIFO, Winterova ul. 60, Tel./Fax 77 62 76 89. Mobil: 09 05/58 76 63, incoming @ivco.sk, Mo–Fr 10–17.30 Uhr, Sa 8–12 Uhr. Organisierte Busreisen in die nähere und weitere Umgebung (bis in die Tatra) sowie Transferdienst von Wien (Bahnhof, Flughafen) oder Bratislava.
Heilbad: **Riaditeľstvo Slovenských liečebných kúpeľov** (Direktion der Slowakischen Heilbäder) Winterova ul. 29, 92129 Piešťany, Tel. 7 75 24 58, Fax 7 62 15 60, reservations.zo@healthspa.sk, www.spa-piestany.sk.

Nahezu in allen Hotels und Pensionen werden therapeutische Massagen angeboten.

Mittlere Preisklasse (25–50 €): City Hotel, Winterova 35, Tel. 7 72 54 51, Fax 7 72 46 62: hübsches Stadthotel am Ende der Fußgängerzone, mit Restaurant. **Penzión Villa Veres,** Winterova 21, Tel. 7 76 31 10, Fax 7 74 21 02, villa@pobox.sk: sehr angenehme Pension in der Fußgängerzone, nur Appartements (mit Küche), auch im rückwärtigen Teil, wo sich ein hübscher kleiner Garten befindet. **Penzión Vila Anne,** ul. Pod Párovcami 5159, Tel. 7 74 05-10, -11, Fax 7 74 05 12: am Rand des Kurparks in ruhiger Lage eine neue kleine Hotelanlage, mit Restaurant.

Gehobene Preisklasse (50–75 €): Hotel Magnólia, kpt. Nálepku 1, 921 01 Piešťany, Tel. 7 62 62 51-3, Fax 7 72 11 49: Großhotel aus den 70er Jahren, umfassend restauriert, stadtnah und am Fluss.

Camping Lodenica, Slňava I, P. O. Box C-33, 921 01 P, Tel./Fax 7 62 60 93, Mobil 09 05/32 75 04, belescak@py.internet.sk, liegt am Stausee Slňava südlich von Piešťany, 4 km von der Autobahnabzweigung.

Untere Preisklasse (4–6 €): Jazz Art Gallery, Winterova 29, Tel./Fax 7 62 55 59: im vorderen Teil ein sympathisches Café im Bistro-Stil, im rückwärtigen ein Restaurant; jeden Montag freies Jazzkonzert, freitags mit Eintritt. **Mittlere Preisklasse (6–10 €): Tosca,** Moyzesova 3, Tel. 7 62 54 68: angenehmes Kleinrestaurant in einem Privathaus. **Benátky,** Topolčianska 1, Tel. 7 72 11 89: neues Restaurant und hübsches Terrassen-Café direkt am Fluss, zugleich angenehme Pension (mittlere Preisklasse 25–50 €).

Café Korzo, Winterova 29: Café mit herrlicher Kuchenauswahl und bequemen Polsterbänken.

Balneologisches Museum, Beethovenova 5, Tel. 7 62 13 34, Di–So 9–12 und 13–17 Uhr.

Kurbad: Badezeiten im Spiegelbad Irma Mo–Fr 7–13.30, Sa 7–12.30, So 7–11 Uhr, Okt.–Dez. Mo geschl.

Piešťany ist mit Zug und Bus gut erreichbar, in beiden Fällen kommt man am Bahnhof unweit der Innenstadt an.

Die Burg Beckov

Von Piešťany weiter das Waagtal stromaufwärts folgt die Kleinstadt Nové Mesto nad Váhom. Wenige Kilometer danach führt nach rechts eine Straße nach Beckov – bedeutsam wegen seiner legendären Burg. Auf dem Gelände warteten reiche Fundstellen auf die Archäologen, sie fanden Hinweise auf eine Besiedlung in vorchristlicher Zeit. Eine zweite Bebauungsphase scheint während des Großmährischen Reichs erfolgt zu sein, was den besonderen Stolz der Slowaken auf diese Festung begründete. Das erste schriftliche Zeugnis stammt vom Notar König Bélas III. aus dem 13. Jh., der wohl auf Dokumente aus dem 11. Jh. zurückgreift. Er schildert verherrlichend die Besetzung des Territoriums der heutigen Burg durch Arpád I. Dies sind die drei

Eckdaten, die der Fortifikation ihre Bedeutung verliehen. Es folgten weitere Um- und Ausbauten, die Burg hatte ja eine strategisch sehr günstige Lage, worauf schon ihr Name hinwies. Er soll sich von *Blodinc/Bludinec* ableiten, was »Irrgarten« bedeutet und auf ihren verschlungenen Zugang über den Mäandern des Váh hindeutet. (Hrad Beckov, 913 10 Beckov, Mai–Okt. Di–So 9–16 Uhr.)

Trenčín

Egal, von welcher Seite man sich Trenčín nähert, von weitem schon erblickt man den mächtigen Donjon, den Hauptturm der **Burg** *(Trenčiansky hrad)*. Die Stadt, die zu seinen Füßen entstand, schmiegt sich teilweise sehr dicht an die Burgfelsen heran, mittlerweile hat sie sich beiderseits des Váh ausgebreitet. Westlich wird der Fluss von den Weißen Karpaten begleitet, der östliche Gebirgszug heißt *Strážovské vrchy* (Strážov-Höhen). 1996 wurde Trenčín zum Sitz des gleichnamigen Verwaltungskreises mit neun Bezirken und insgesamt 600 000 Einwohnern, in der Stadt selbst lebt knapp ein Zehntel davon. Auf eine weit zurückreichende Tradition blickt besonders die Textil- und Bekleidungsindustrie sowie etliche kleine Schneidereibetriebe. Wegen der jährlichen Mode-Messe nennt man Trenčín gern »Stadt der Mode«. Passend dazu haben neben der Schmuckherstellung auch die Leder verarbeitenden Produktionsstätten eine lange Kontinuität aufzuweisen.

Malerisch gelegen: die Burg Beckov

Aus der Geschichte des Burgsitzes

Ein besonderer Stolz nicht nur der Trenčíner gründet sich auf eine unscheinbare Steinplatte mit wenigen eingeritzten lateinischen Worten. Sie stammt aus dem Jahr 179 und legt Zeugnis ab vom Aufenthalt römischer Truppen aus der Regierungszeit von Kaiser Marc Aurel (161–180). Hier hatten sie die germanischen Quaden siegreich geschlagen und das befestigte Lager Laugaricio gegründet, »885 Soldaten der II. Legion widmeten [die Tafel] aus Anlass der Siege ihrem Kaiser, angefertigt von Marcus Valerius Maximianus«. So in etwa ließe sich der Inschriftentext wiedergeben. Die nächsten Beweise einer Besiedelung des Burgberges reichen ins 11. Jh. zurück; es ist der **große Wachturm** *(Csáky-Turm)*, das heute noch sichtbare Wahrzeichen, dessen Grundmauern auf vorromanische Zeit zurückgehen. Wenig später hat sowohl das Äußere der Burg wie ihre geschichtliche Bedeutung der ungarische Magnat Matúš Csáky (um 1260–1321, slowak. meist Čák geschrieben) geprägt. Nachdem die

Tataren 1241 den Burgsitz selbst zwar nicht hatten einnehmen können, rundherum jedoch wüteten, ließ er die Burg noch weitreichender befestigen. Der legendäre Csáky herrschte etwa zwei Jahrzehnte über zwei Drittel des heutigen Staatsgebiets, weshalb man ihn den »Herrn über Waag und Tatra« nannte.

Die sich unterhalb des Felsens herausbildende Vorburg *(Podhradie)*, die heutige Altstadt, erhielt ihre königlichen Privilegien 1324. Der nächste bedeutende Burgherr, Ján Zápoľský, konnte im Jahr 1528 weder Burg noch Stadt vor der Erstürmung durch die habsburgischen Truppen bewahren. Dagegen verstanden es die Bewohner, 1663 die Türken erfolgreich in die Flucht zu schlagen. Nach einem großen Brand 1790 wurden nur Teile der

Burg restauriert, und sie versank in einen langen Dornröschenschlaf. Nach dem Zweiten Weltkrieg setzte eine Generalsanierung ein, heute dient die Burg nicht nur musealen Zwecken. Durch das kleine Amphitheater in luftiger Höhe bezieht man sie wieder ins städtische Leben mit ein: Es gibt historische Ritterspiele, Fechtvorführungen, »Festgelage«. Die Burg ist nur zu Fuß über die **Pfarrstiegen** *(Farské schody)* zu erreichen.

In der Altstadt

Die bedrängte Lage zwischen Burgfelsen und Flussufer ließen die Entstehung eines rechteckigen Hauptplatzes nicht zu. Der Friedensplatz *(Mierové námestie)* ist deshalb eher zungenförmig und läuft am nördlichen Ende spitz zu. Hier steht das ehemalige, spätbarocke Komitatshaus, das **Museum des Trenčíner Kreises** *(Trenčianske múzeum)* ist darin untergebracht. Neben archäologischen Funden gibt es viel Mittelalterliches zu Stadt- und Burggeschichte sowie zur Entwicklung des Komitats und der hiesigen herrschenden Adelsfamilien, v. a. die der Illésházys, der letzten Burgbesitzer.

In Verlängerung des Platzes gelangt man durch eine schmale Straße zum repräsentativ hergerichteten **Hotel Tatra,** einem Jugendstilgebäude von 1901. Es lohnt nicht nur aus kulinarischen Gründen ein Besuch im Innern (beide Restaurants des Hauses sind zu empfehlen). Das Hotel ist so eng an den Felsen gebaut, dass man nur von hier im ersten Stock einen Blick auf die berühmte Inschriftentafel der römischen Legionäre werfen kann.

Wieder zurück auf dem *Mierové námestie,* vorbei an schmucken

Friedensplatz mit Piaristenkirche

Bürgerhäusern, erreicht man kurz vor dem letzten noch erhaltenen Stadttor die **Piaristenkirche des hl. Franz Xaver.** Die ehemalige Jesuitenkirche entstand 1657 als einschiffiger Bau mit Seitenkapellen, nach dem Vorbild der Universitätskirche von Trnava. In den Nischen der Fassade sind die Heiligen Peter und Paul zu sehen. Ihr üppig geschmücktes Innere weist sie als ein Meisterwerk aus der Blütezeit des Barock aus. Die Fresken mit Motiven aus dem Leben des Kirchenpatrons schuf 1713 Christoph Tausch, ein Schüler des Begründers der barocken Illusionsmalerei, Andrea Pozzo. An die Kirche schließt sich das Klostergebäude an, beide Gebäude übernahmen 1776 die Piaristen. Jetzt ist hier die **M.A. Bazovský-Galerie** *(Galéria M.A. Bazovského)* untergebracht. Hauptsächlich seinem Werk (die Galerie besitzt etwa 1000 Bildwerke) sind die Ausstellungsräume zur Kunst des 20. Jh. gewidmet. Miloš Alexander Bazovský (1899–1968) verbrachte seine letzten sechs Lebensjahre in Trenčín. Die Darstellungen des bäuerlichen Lebens erreichen bei ihm einen hohen Grad an eigenständiger, moderner Ausdruckskraft. Seit den 1990er Jahren wird sein Können wieder entdeckt und entsprechend gewürdigt. Nach viel pathetischem Folklorismus in sozialistischer Zeit ist seine abstrahierende und zuweilen kritische Bearbeitung dieses zentralen Themas in der slowakischen Kunst wohltuend. Der Gang durchs Museum ist auch wegen der zart stuckierten Klostergewölbe lohnend. Nicht selten gibt es Wechsel-Ausstellungen zu Mode und Schmuck.

Die Fußgängerzone setzt sich noch weit über das Stadttor hinaus fort, die Gebäude werden zunehmend neuer. Gleich links an der Piaristenkirche vorbei führt eine rechtwinklige Gasse zur stattlichen Synagoge (erbaut 1901–1912). Hier vermischen sich orientalische mit neuromanischen und spätsezessionistischen Stilelementen zu einem klaren Gesamteindruck. Das Gebäude wird für kulturelle Veranstaltungen genutzt.

Vorwahl: 0 32

Kultúrno-informačné centrum (KIC), Štúrovo nám. 10, 911 01 Trenčín, Tel./Fax 7 43 35 05, kic@trencin.sk, 15. April–14. Okt. Mo–Fr 8–18 Uhr, Sa 8–13 Uhr, 15. Okt.–14. April Mo–Fr 8–17 Uhr, Sa geschl., sehr hilfsbereites Team, gut informiert über Aktivitäten von Stadt und Umgebung.

Untere Preisklasse (bis 25 €): Hotel Brezina, Lesopark Brezina, Tel. 65 28 17-1/-2, Fax 6 52 81 73: modernes Hotel im Waldpark von Trenčín, mit Restaurant. **SOU Železničné,** Školská 66, Tel. 6 50 82 16: einfache Touristenunterkunft, aber in neuem Gebäude.
Mittlere Preisklasse (25–50 €): Penzión Evergreen, Kubranská 13, Tel. 7 44 16 71, moderne Stadtpension. **Penzión Tiberia,** Kukučínova 13, Tel. 7 44 15 84, Fax 7 44 11 38, tiberia@t.sknet.sk, http: www.sknet.sk\tiberia: kleine Pension in renovierter Villa, 10 Min. Fußweg ins Zentrum.

Gehobene Preisklasse (50–75 €): Hotel Tatra, ul. M.R. Štefánika 2, Tel. 6 50 61 11, 6 50 61 02, Fax 6 53 42 26: renoviertes Prachthotel aus der Jahrhundertwende, angenehm geräumige Zimmer, guter Service. Das Hotel bietet attraktive Wochenend-Preise. **Penzión pod hradom,** M. Čáka 23, Tel. 4 74 25 07: neue, kleine Pension unterhalb der Burg.

Autocamping, nur im Sommer, auch »chaty« (kleine Holzhäuschen) sind zu vermieten, P.O. Box 10, 911 01 Trenčín, Tel. 7 43 40 13, autocamping.tn@mail.pvt.sk.

Domov mládeže, Staničná 6, Tel. 6 52 23 80.

Untere Preisklasse (4–6 €): Diamant, Námestie sv. Anny, Tel. 6 52 74 97: gute Küche, niedrige Preise. **Mittlere Preisklasse (6–10 €): Slovenská reštaurácia** und **Vináreň** im Hotel Tatra (s. Hotels): slowakische Spezialitäten in gepflegtem Ambiente. **Lanius,** Mierové nám. 20, Tel. 7 44 23 65: Traditionslokal. **Fatima,** M. Čáka 60, Tel. 7 44 21 10: neues slowakisches Spezialitätenrestaurant, im Sommer Terrassenbetrieb mit schöner Aussicht auf die Altstadt. **Koliba,** Mládežnícka 3182, Tel. 7 44 35 13: slowak. Spezialitäten in Zentrumsnähe, v. a. Grillgerichte, traditionelle Zigeunermusik. **Maritim,** Sládkovičova ul. 5, Tel. 7 44 35 73: Restaurant befindet sich im ganz neuen Schwimmbad mit Ausblick auf das Schwimmbecken, bei jungen Menschen beliebt.

Kaviareň Sissi: Café im Hotel Tatra (s. Hotels). **Astor caffé,** Mierové nám. 33: hübsche kleine Espresso-Bar. **Čajovňa pod hradom,** Mierové nám. 6: angenehme Teestube.

Burg von Trenčín, Mai–Sept. Di–So 9–18 Uhr, Okt.–April Di–So 9–16 Uhr, mit obligatorischer Führung, jede halbe Stunde. Wenn man nur das Burgareal besichtigen will, muss man am Einlasstor keine Karte lösen.
Museum des Trenčíner Kreises, Mierové nám. 46, Tel. 7 43 44 31, Di–So 9–16 Uhr.
M.A. Bazovský Galerie, Mierové nám. 16, Tel. 7 43 47 16, Mo–Fr 9–17 Uhr.

In der Umgebung

Sagt man Trenčín, muss man an **Trenčianske Teplice** denken; und tatsächlich gehörte das Heilbad viele Jahrhunderte lang dem jeweiligen Herrn auf der Burg. Der Ort

Typische Kurhausfassade in T. Teplice

liegt ein wenig abseits vom Váh und höher in einem Seitental der Strážov-Höhen. Den berühmten **Hammam** (ein türkisches Bad) ließ Ifigenia Illésházy 1888 in orientalischem Stil erbauen. Sie war Mitglied jener Familie, die die Kuranlagen des Orts ausbaute und damit das Heilbad zu einem Begriff im alten Ungarn machte. Die Familie war es auch, die 1750 ein Kastell im Renaissancestil an jener Stelle errichten ließ, wo die drei Hauptquellen entspringen. Trentschin Teplitz, wie man auf deutsch sagte, ist eine kleine Kurstadt mit Bahnanschluss, die sich wieder um in- und ausländische Gäste bemüht. Ihre 36–40 °C heißen Wasser heilen Gelenkerkrankungen und Sportverletzungen, im Sommer kann man zusätzlich ein Thermalfreibad nutzen.

Vorwahl: 0 32

Kultúrno-informačné stredisko, 17. novembra 2, 914 51 Tenčianske Teplice, Tel. 6 55 91 28, Fax 6 55 29 75.
Kurverwaltung: **Slovenské liečebné kúpele,** 17. novembra 1, Tel. 6 55 22 88, 6 55 22 89, Fax 6 55 29 60, slkas@psg.sk, www.psg.sk/prezenta/slkas.

Untere Preisklasse (bis 25 €): Hotel Adria, Hurbanova 21, Tel. 55 34 72, Fax 55 23 10: modernes Stadthotel am Hügel über dem Kurpark, mit Restaurant.
Mittlere Preisklasse (25–50 €): Hotel Margit, T.G. Masaryka 2, Tel. 6 55 10 28, Fax 6 55 10 29: komplett renovierte Villa der Jahrhundertwende am Hauptplatz neben der Kirche.
Gehobene Preisklasse (50–70 €): Hotel Flóra, 17. novembra 14, Tel. 6 55 29 81/82: Renoviertes Gebäude aus den 1970er Jahren am Ende des Kurparks, Vináreň mit live-Musik. **Penzión Vila Tereza,** 17. novembra 19, Tel. 6 55 30 51: alte Villa am Fluss Teplička und in der Nähe des Kurparks.

Untere Preisklasse (4–6 €): Guter Tagesimbiss: Pivný bar **U Beznáka,** Hurbanova 18.
Mittlere Preisklasse (6–10 €): Am besten isst man in den Hotels und Pensionen.

Slovenské sklárske múzeum, 020 61 Lednické Rovne, Tel. 0 42/4 60 14 17, Mo–Fr 8–15 Uhr, Führungen auch auf deutsch möglich.
Ein für die gesamte Slowakei zuständiges **Glasmuseum** befindet sich in **Lednické Rovne,** flussaufwärts kurz vor Považská Bystrica. 1882 gründete Josef Schreiber eine Glasbläserei, heute produziert hier die Aktiengesellschaft LR CRYSTAL Glas für Tisch und Haushalt. Das Museum befindet sich unweit der allzu prosaischen Betriebsgebäude in einem schlichten, aber hübschen Renaissanceschlösschen, umgeben von einem Park. Es dokumentiert die Entwicklung des Glashandwerks auf dem Boden der Slowakei von den ältesten vorhandenen Zeugnissen bis in die Gegenwart. In einem Museums-Shop kann man Erzeugnisse aus dem aktuellen Sortiment der Glashütte kaufen.

Gestüt: **Žrebčín Motešice,** 913 26 Motešice, Tel. 6 59 42 44, Fax 6 59 42 13, Mobil 09 03/79 12 14: Ausritte, Reitunterricht; im Gestüt sind neue Unterkünfte (Appartements) erbaut, Übernachtung auch in Mehrbettzimmern (pro Person ca. 4 €), Verpflegung (Halb- und Vollpension) möglich.

Am Südrand der westlichen Beskiden

Die letzte größere Stadt, bevor es vom Waagtal nur noch etwa 40 km zur polnischen Grenze in den westlichen Beskiden ist, heißt **Žilina**, ehemals deutsch Sillein. Es waren deutsche Kolonisten, die zur Stadtwerdung beitrugen. Als die deutschen Bürger im Stadtrat allzu bestimmend wurden, erließ Ludwig d. Gr. 1381 das Privilegium *Pro Slavis,* so dass daraufhin die Sitze paritätisch zwischen Deutschen und Slowaken verteilt waren. Das Dokument ist im **Schloss Budatín** *(Budatínsky zámok)* zu besichtigen, wo das **Waagtal-Museum** *(Považské múzeum)* untergebracht ist. Ende des 19. Jh. kam der industrielle Aufschwung der Stadt, Banker und Filialen größerer Betriebe siedelten sich hier an. Žilina wurde zu einem wichtigen Zentrum der Nordwestslowakei und ist es heute mit seinen etwa 87 000 Einwohnern immer noch.

Den Kern von Žilinas Altstadt bildet der rechteckige **Marienplatz** *(Mariánske námestie)* mit malerischen Bürgerhäusern aus vielen Jahrhunderten und Laubengängen, die auf renaissancezeitliche Konzeptionen zurückgehen. Der Platz mit Mariensäule und kleinem Bassin lädt zum Verweilen ein, dann kann man auch von einer Bank aus die unterschiedlichen Fassaden gelassen in Augenschein nehmen. Dominante des Platzes ist eindeutig die hellgelb-

Auf dem Marienplatz

Ein beliebtes Wandergebiet: das Vrátna-Tal

barocke Jesuitenkirche (1743) nebst Kloster. Die Hausnummer 1 mit dem hohen pyramidenförmigen Dach war das ehemalige Rathaus.

Die Straßen und Gassen der Altstadt gruppieren sich in kleinen Rechtecken um diesen Mittelpunkt, und man kann in ihnen Reizvolles entdecken: nicht nur Gebäude aus der Zeit des Jugendstils, sondern auch aus den 20er und 30er Jahren des 20. Jh., wo Art deco in architektonischen Kubismus überging und hier in einer ostmitteleuropäisch kleinteiligeren Variante gelungene Ausprägungen fand.

Vorwahl: 0 41

CK Selinan (Reisebüro), Burianova medzierka 4, 010 01 Žilina, Tel. 5 62 07 89, Fax 5 62 31 71, selinanck@bb.telecom.sk, www.selinan.sk.

Untere Preisklasse (bis 25 €): Penzión Májovey, ul. Jána Milca 3, Tel. 5 62 41 52: preiswerte und gute Pension in Bahnhofsnähe.
Mittlere Preisklasse (25–50 €): Hotel Astória, Národná ul. 1, Tel. 5 62 47 11, Fax 5 62 31 73: modernes Stadthotel im Zentrum, mit Restaurant. **Hotel Slovakia,** Nám. L'. Štúra 2, Tel. 7 64 56 72, Fax 5 12 46 07: erneuertes 70er-Jahre-Hotel mit gutem Restaurant.

Untere Preisklasse (4–6 €): Gazdovský hostinec, Horný Val 37, Tel. 5 64 36 62 und **Gastro Novúm,** Závodská cesta, Tel. 7 24 76 63: gute Hausmannskost.
Obere Preisklasse (ab 10 €): Vox Reštaurant, Sládkovičova 164, Tel. 5 62 64 01: das angeblich beste Esslokal der Stadt.

Waagtalmuseum, Budatín, Tel. 5 62 19 43, Di–So 8–16 Uhr; liegt ein wenig abseits des Zentrums, ohne Auto zu erreichen in 20 Min. zu Fuß vom Bahnhof oder von dort mit Bus 22.

Floßfahrten auf der Waag. Unterhalb der Burg Strečno (s. S. 106) kann man zu Flößern ins Boot steigen, in 50 bis 80 Minuten legt man ca. 7 km zurück (ca. 4 €/ Person). Zugleich ist hier ein **Rafting-Verein** (Tel. 5 69 76 73, www.strecno.sk) ansässig, der einem Tipps zum Selberfahren gibt.

Ausflüge in die Kleine Fatra

Hinter Žilina in östlicher Richtung erhebt sich gleich der nächste Gebirgszug; waren die Höhen am Waagtal um 1000 m hoch, geht's hier schon bis etwa 1400 m. Es ist die **Kleine Fatra** *(Malá Fatra)*, die sich »schräg« vor das Hochgebirgsmassiv der Tatra schiebt und nur dank des Váh einen Durchlass dorthin gewährt.

Östlich von Žilina liegt das Vrátna-Tal mit seinem Zentrum **Terchová,** dem Geburtsort des berühmt-berüchtigten Jánošík. Das Tal mit seinen nahezu ineinander übergehenden Fremdenverkehrsorten erstreckt sich längs der Nordflanke des Nationalparks Malá Fatra, der zu den schönsten Wandergebieten der

Nationalheld Juraj Jánošík

Der Räuber *(zbojník)* Juraj Jánošík ist der unbestrittene Nationalheld der Slowaken. Das entscheidende an ihm sind nicht seine kriminellenTaten, sondern sein Bemühen um ausgleichende Gerechtigkeit: *bohatým bral a chudobným dával* (den Reichen nahm er, den Armen gab er) – also ein Robin Hood der slowakischen Bergwälder. In der Zeit der größten Unterdrückung der Leibeigenen wurde er zum Symbol des Aufstands des machtlosen einfachen Mannes. Die Phantasie des Volkes stattete ihn mit märchenhaften Eigenschaften aus – ungewöhnlicher Kraft und Geschicklichkeit sowie abenteuerlichen Taten. Er wurde zum Helden vieler Volkslieder, Sagen und Tänze. Das Sinnbild Jánošík war eine große Motivationsquelle im Prozess der nationalen Emanzipation und inspirierte eine Reihe von Künstlern in allen Bereichen der Kunst. Der Romantiker Ján Botto z. B. schrieb ein Verspoem über die letzten Stunden vor dem Tod des Räuberhauptmanns, wo er sich an manche seiner Taten erinnert, *Smrt' Jánošíkova* (Der Tod Jánošíks, 1862). Die Jánošík-Tradition erhielt durch die Ereignisse des Zweiten Weltkriegs einen neuen Impuls. Die ersten bewaffneten Widerstandstruppen 1942 nannten sich Jánošík-Banden, und später während des organisierten Partisanenkampfes erhielt eine der Einheiten seinen Namen. Die jüngste Wiederkehr des nationalen Mythos sah ein Teil der Bevölkerung im slowakischen Premier Vladimír Mečiar, der die Stilisierung zum rechtschaffenen Slowaken, der bei den »Oberen« für Gerechtigkeit sorgen wird, bewusst für seine Wahlerfolge einsetzte.

Geboren wurde Jánošík am 25. Januar 1688 in Terchová, unweit von Žilina, in der Familie eines armen Leibeigenen. In den Jahren 1706–08 kämpfte er im Kurutzenheer von Franz II. Rákóczy, später sogar in der kaiserlichen Armee. Während seiner Dienste dort kam er in Kontakt mit dem eingesperrten Räuberhauptmann Tomáš Uhorčík, dem es gelang zu fliehen. 1711 übernahm er von ihm in Terchová eine eigene Räuberbande. Ihre Mitglieder überfielen in der Nordslowakei reisende Adelige, Händler, doch auch Bauern und andere Menschen aus dem Volk. Juraj Jánošík und seine Mannen waren nicht die einzigen, Räuberbanden waren ein typisches Phänomen der höheren Karpatenregion (also auch in Polen), wo es gute Versteckmöglichkeiten und wenig Wege gab, die die Reisenden benutzen mussten. Besonders beliebt war das Auflauern an gängigen Handelsstraßen, und mancher Geschäftsmann wurde zuweilen, sofern man ihm nicht sofort alles abnahm, bis zu seiner Ankunft am

Zielort mehrfach beraubt. Doch Jánošík hatte nicht nur Mitleid mit armen Menschen und gab ihnen Golddukaten, damit sie ein neues Leben beginnen konnten. Auch Händler, die glaubhaft versichern konnten, an selber Stelle zum wiederholten Male ausgeraubt worden zu sein, ließ er unbeschadet weiterziehen. Es spricht nicht nur für Jánošíks menschliche Seite, sondern zeugt von gewisser Schläue. Was nutzte ihm ein ruinierter Geschäftsmann, wenn er nicht mehr des Weges kam?

Zur Jánošík-Tradition gehören einige Attribute, die inzwischen vermarktet werden. Sein wichtigstes Kennzeichen ist die *valaška,* eine Axt mit langem Stiel. Sie wird vom einfachen Kinderspielzeug bis hin zu aufwendig intarsierten Exemplaren aus edlem Holz angeboten. Außerdem gehörte zu den Räubern immer eine Räuberhütte oder -höhle, eine *zbojnícka koliba,* sowie offenes Lagerfeuer. Ob mit »Räuber«-Zusatz oder ohne, im ganzen Land gibt es *koliby* als gastronomische Lokale. Charakteristisch sind holzgetäfelte Räume mit offenem Kamin, Spezialität sollten Grillgerichte sein. 1712 wurde Jánošík zum ersten Mal gefangen genommen, dank bestochener Wächter konnte er fliehen. Als man ihn ein Jahr später neuerlich fasste, wurde er in Liptovský Mikuláš in strengeren Gewahrsam genommen und dort am 18. Dezember 1713 zum Tod am Haken verurteilt.

Slowakei zählt. In Terchová selbst geht es am stählern-stolzen Jánošík-Denkmal in das **Alte Tal** *(Stará dolina),* an dessen Ende man zu Fuß oder per Seilbahn den höchsten Gipfel, den Veľký Kriváň (1709 m), erreicht. Und von hier kann man von Gipfel zu Gipfel »springen«, d. h. entlang der Bergkämme in den Süden bis zum malerischen Waagdurchbruch bei Strečno mit seiner verwitterten Burg oder im Norden bis ans Ende des Tales bei Zázrivá gelangen.

Vorwahl: 0 41

Združenie turizmu Terchová, 013 06 Terchová, ul. sv. Cyrila a Metoda 96, Tel./Fax 5 69 53 07.

Untere Preisklasse (bis 25 €): Hotel Mak, Holúbkova Roveň, Tel./Fax 5 69 59 37/-9 42 www.mak.sk: einfaches, aber neues Berghotel. **Chata Energetik,** Tel. 5 69 53 66: modernes Holzhaus in würziger Waldluft. Nette Familienpension: **Penzión Malá Fatra,** Tel./Fax 5 69 54 13, Mobil 09 03/ 52 23 89.

Mittlere Preisklasse (25–50 €): Hotel Terchová, Tel. 5 69 56 25, Fax 5 69 56 30: zentral im Dorf gelegenes neues Hotel mit Restaurant.

Mittlere Preisklasse (6–10 €): Reštaurácia Starý majer, Tel. 5 69 54 19: gute slowakische Küche in großem Einfamilienhaus, Sommerterrasse.

Das **Jánošík-Museum,** Tel. 5 69 52 56, zeigt neben Geschichtli-

»Märchenschloss« Bojnice

Jagd: Privates Jagdrevier vergibt Lizenzen zum Jagen: Starý majer, Tel./Fax 5 69 54 77.

chem Exponate zu volkstümlichen Bräuchen (die Faschingsverkleidungen sind besonders interessant).

Waghalsig über den engen Flussschleifen der Waag liegt die **Burg Strečno,** die auch von der Fernstraße zu sehen ist (mit der Fähre kann man zu ihr übersetzen). Mit dem Bus fährt man von Žilina Richtung Martin und steigt an der gleichnamigen Haltestelle aus (Tel. 5 69 74 00, Jan.–März und Okt.–Dez. Mo–Fr 8–15 Uhr, April, Mai, Sept. Di–So 9–17 Uhr, Juni–Aug. Di–So 9–18 Uhr).

Das Tal, das die Fatra südlich von Žilina herausgebildet hat, stellt eine frequentierte Verbindungsachse zur Stadt Prievidza dar. An ihrem westlichen Rand steht die vieltürmige Burg **Bojnice.** Auch wenn sie auf den ersten Blick wie ein wahrgewordener historistischer Traum vom Ende des 19. Jh. aussieht, die Burgannalen verweisen auf das Jahr 1113. Sein heutiges Aussehen erhielt sie durch Ján Pálffy in der zweiten Hälfte des 19. Jh. Es entstand ein romantisches Märchenschloss, bei dem sich verschiedener Stile bedient wurde. Seit 1950 besteht das Museum Bojnice, zu den eindrucksvollsten Räumen gehört der türkische Saal aus dem 17. Jh., den man aus Serbien hierher transportierte. Die Schlosskapelle mit Gruft und Sarkophag von Ján Pálffy sowie eine Tropfsteinhöhle gehören ebenfalls zu den Höhepunkten der Besichtigungstour. Der Park weist alten Pflanzenbestand auf, es gibt zahlreiche Bänke, da er zugleich als Kurpark genutzt wird. Einer der ältesten Bäume ist die gut 600-jährige Matej-Linde. Ebenfalls Bestandteil des Parks ist ein kleiner Zoo.

Unweit des Schlosses steht ein modernes Kurmittelhaus, die hiesigen Thermalquellen werden seit dem 16. Jh. für Heilzwecke genutzt. Im Sommer ist das Thermalfreibad Čajka zu empfehlen, in Schlossnähe befinden sich drei Becken mit 26–33 °C warmem Wasser (ul. Rybníčky, 6, Tel. 0 46/ 5 43 08 43).

Vorwahl: 0 46

Untere Preisklasse (bis 25 €): Zwei nette Familienpensionen befinden sich im Ortskern von Bojnice: **Penzión Juko,** Sládkovičova 15, Tel. 5 43 03 03, Fax 5 42 25 77. **Penzión Alena,** Cintorínska 10, Tel. 5 41 65 53, Fax 5 43 18 09.

Múzeum zámok Bojnice, 972 01 Bojnice, Tel. 5 43 06 33, Fax -0 51, Mai–Sept. Di–So 9–17 Uhr, Okt.–April Di–So 9–15 Uhr.

Auf dem Weg nach Bojnice liegt eines der malerischsten, weil reich bemalten Dorfreservate. Kurz hinter Fačkov biegt man nach **Čičmany** ab. Im Haus Nr. 40 kann man sich die Wohnverhältnisse von innen ansehen. Im Radena-Haus ist ein Museum zur Geschichte des Orts eingerichtet, die Trachten und Stickereien von Čičmany galten von jeher als etwas Besonderes. Juni–Aug. tägl. 10–19, Mai und Sept. Di–So 10–17, Okt.–April Mi–So 11.30–16.30 Uhr. Hübscher kleiner Museums-Shop, wo man auch Unterkünfte vermittelt, Tel. 0 41/9 21 20, cicmany@pobox.sk, www.cicmany.viapvt.sk.

Traditionelle Hausverzierung der Bauernhäuser von Čičmany

In die Tatra

Zum Orava-Stausee

Rund um Liptovský Mikuláš: Liptauer Stausee und Niedere Tatra

Die Hohe Tatra

Auf dem Kamm der Roháče in der West-Tatra

In die Tatra

Kleines Zentrum der ursprünglichsten der Tatra-Regionen: Dolný Kubín – Das »Meer« der Slowaken: der Orava-Stausee – West-Tatra, Anziehungspunkt für Naturliebhaber und Bergwanderer – Liptovský Mikuláš als städtisches Zentrum der Tatra – Das bekannteste Tal der Niederen Tatra, Demänovská dolina – Die Hohe Tatra mit den Hochgebirgsorten Štrbské Pleso, Smokovce und Tatranská Lomnica

Die Tatra ist das touristische Aushängeschild der Slowakei, und man muss hier drei Unter-Regionen unterscheiden: Der Hochgebirgszug im Norden wird in **West-Tatra** *(Západné tatry)* und den östlichen Teil des Bogens als **Hohe Tatra** *(Vysoké tatry)* unterteilt. Durch das breite Waagtal getrennt liegen südlich davon die Hänge und Täler der **Niederen Tatra** *(Nízke tatry)*.

Die West-Tatra ist das touristisch »jüngste« Gebiet, seit dem Bau des Orava-Stausees 1953 macht man in der bäuerlich-ursprünglichen und lieblichen Orava gern Ferien. Alpine Winter- und wandernde Sommerurlauber heißt man in der Hohen Tatra seit mehr als 150 Jahre willkommen. Hier und in der Demänovská dolina der Niederen Tatra stehen die großen Sporthotels mit ihren Restaurants und Discos. Das gesamte Tatra-Gebiet bietet nicht nur etliche Kilometer an Wanderwegen und Skipisten; man ist auf Mountainbiker und Wildwassersportler ebenso eingerichtet wie auf Segler und Surfer an den beiden großen Stauseen. Badegäste, die lediglich in warmem Thermalwasser plantschen wollen, finden dieses Vergnügen in einigen Thermalfreibädern.

Zum Orava-Stausee

Von Martin weiter Richtung Liptovský Mikuláš verlässt man die E 50 bei Kraľovany Richtung Dolný Kubín, um ins Gebiet **Orava** zu gelangen. Mit Orava bezeichnete man früher die rechts und links des Flusstals der Orava liegenden Gebirgszüge bis zur polnischen Grenze im Norden und der Region Liptov im Osten. Westlich davon wird es durch den Gebirgszug der Malá Fatra begrenzt, die von der Oravská Vrchovina und dahinter liegenden Oravská Magura abgelöst wird, noch weiter nordwestlich zieht sich der Kamm der slowakischen Beskiden. Südöstlich des Tals liegen die Chočské Vrchy mit ihrem höchsten Gipfel Choč (1607 m), und weiter nördlich erheben sich die ersten hohen Gipfel der West-Tatra.

Orava, das steht in der Slowakei immer noch für einfache, natürliche Lebensweise, blühende Bergwiesen oder verschneite Kuppen und einen unverdorbenen Menschenschlag. Nicht immer so idyllisch und vereinfacht hat das Leben hier eine Reihe namhafter Literaten beschrieben, allen voran der bedeutende Pavel Országh Hviezdoslav (1848–1921).

Ganz so weltvergessen, wie es die Fama verbreitet, ist die Region nicht mehr. Richtig ist jedoch, dass die Industrialisierung (Metall- und Holzverarbeitung) hier erst nach dem Zweiten Weltkrieg in größerem Maßstab Einzug hielt. Zuvor lebten die Menschen jahrhundertelang von Schaf- und Rinderhaltung zur Käseherstellung sowie im Handwerk hauptsächlich von Leinweberei und -färberei. Das bildete die wichtigsten Einnahmequellen der hiesigen Bevölkerung. Die gebirgige Landschaft und die langen Winter führten früher immer wieder zu existenzbedrohendem Hunger. Eine Gemeinde im oberen Tal heißt nicht umsonst Hladovka (von *hlad* = Hunger). Neue, immer noch wachsende, Er-

In der Tatra

Der Höhenzug Kubínska Hol'a

werbsmöglichkeiten ergaben sich nach Schaffung des Orava-Stausees (1954). Die Region wird seither und mit besonderer privater Initiative seit 1989 für den Fremdenverkehr ausgebaut.

Dolný Kubín

Die größte Stadt der Orava zählt knapp 20 000 Einwohner. 1638 verlegte man den Sitz des Komitats von der unweit gelegenen Burg hierher, und der Hauptplatz erhielt einige städtische Fassaden. So ist das Komitatshaus am *Hviezdoslavovo námestie* (wie könnte der Platz anders

heißen) vom Ende des 17. Jh. eine der interessantesten Bauten, außen am Wappen zu erkennen. Es wird von der *Oravská galéria* genutzt; man kann also nicht nur das schön restaurierte Gebäude von innen besichtigen, sondern auch Kunst des 15.–20. Jh. sowie des volkstümlichen Schaffens. Immer wieder sind engagierte Ausstellungen zeitgenössischer Künstler zu sehen. Gleich nebenan steht die evangelische Kirche (1893) und darauf folgt das Hviezdoslav-Museum *(Oravské múzeum Pavla Országha Hviezdoslava)* mit Exponaten zu Leben und Werk des gefeierten Dichters sowie die Bibliothek von Vavrinec Čaplovič, eines Mitbegründers der *Matica slovenská*.

Der Vollständigkeit und Bedeutung Hviezdoslavs halber sei erwähnt, dass er im gegenüber liegenden Haus lebte und arbeitete (eine Gedenktafel weist darauf hin) und auf dem historischen Friedhof an der *Aleja slobody* begraben liegt.

Oravská galéria, Hviezdoslavovo nám. 11, 026 01 Dolný Kubín, Tel. 0 43/5 86 32 12: Di–So 10–17 Uhr.
Hzievdoslav-Museum, Hviezdoslavovo nám. 4, Tel. 0 43/5 86 47 80, Mai–Sept. Di–So 8–16 Uhr, Okt.–April Mo–Fr 8–16 Uhr.

Auf dem Weg zum Orava-Meer

Wenige Kilometer flussaufwärts erreicht man die kleine Gemeinde **Oravský Podzámok,** seit Jahrhunderten dominiert von der waaghalsig auf steile Felsen gebauten **Burg Orava** *(Oravský hrad).* Sie gehört zu den kulturhistorischen Attraktionen der Nordslowakei. Als *castrum Arva* (daher die deutsche Bezeichnung für Fluss und Region: Arwa) wird sie 1267 erwähnt, da gehörte sie König Béla IV. 1370 wählte man sie als Komitatssitz, und die wechselnden Burgherren versahen bis 1713 von hier aus ihr erbliches Amt als Gespan. Die Gebäude des Komplexes folgen dem Felsenverlauf und weisen aus ihren verschiedenen Bauabschnitten Elemente der Romanik, Gotik, Renaissance sowie Neugotik auf. 1611 war die heute sichtbare und bekannte Silhouette abgeschlossen (Fritz Lang wählte sie als Hintergrund-Kulisse für seinen berühmten »Nosferatu«-Film). Die bedeutendste Familie im Zusammenhang mit Burg und Region ist die der Thurzos. Durch ihre Anteile an den mittelslowakischen Bergwerken reich geworden, erwarb sie 1556 die Burg mit weitläufigem Landbesitz und konnte somit den Weg ihrer Waren nach Polen selbst überwachen. In der Burg sind nicht nur historische Interieurs zu besichtigen, es gibt auch archäologische und naturkundliche Sammlungen zur Region Orava – als wertvollstes Exponat wird der Eistaucher *(Gavia immer)* genannt. Im Sommer finden auf der Burg Musikveranstaltungen und Ritter-Spektakel statt.

Nach weiteren Flussbiegungen auf der gut ausgebauten Straße erreicht man **Podbiel,** ein typisches Orava-Dorf, wo in den denkmalgeschützten Blockhäusern, meist auf farbigem Mauersockel, das Leben seinen alltäglichen Gang geht. Weiter auf der E 77 folgt als nächster Ort kurz vor dem Stausee **Tvrdošín.** Hier lohnt es sich, die gotische Allerheiligen-Kirche aus Holz aufzusuchen. Sie liegt auf einem kleinen Hügel inmitten des Friedhofs und stammt vom Ende des 15. Jh.; im 17. Jh. passte man sie dem Stil der Renaissance an. Besonders schön ist der barocke Altar, die vorbildliche Rekonstruktion des Innenraums wurde 1993 mit der Plakette »Europa nostra« gewürdigt.

Der Orava-See: ein beliebtes Badeziel

CS-Tours, 027 44 Tvrdošín, Tel. 0 43/1 61 86, Fax 5 32 31 11, Mobil 09 03/50 68 41, cstours@mailviapvt.sk: die aktive Leiterin Frau Dr. Cabadová gibt gern Tipps für Unternehmungen.

Burg Orava, Tel. 0 43/5 89 31 22, Fax 5 89 32 99, Mai–Okt. tägl. 8.30–17.30 Uhr (immer mit Führung, letzte um 16.30 Uhr), Nov.–April nur angemeldete Besuche ab 15 Personen. **Allerheiligenkirche Tvrdošín,** Juli–Sept. tägl. 9–17 Uhr, in der übrigen Zeit im Info-Büro am Zugang fragen.

Orava-Stausee

Die *Oravská priehrada* ist mit 35 km² der größte slowakische Stausee und entwickelte sich zu einem Zentrum vielfältiger Sportaktivitäten. Nachdem die Wasser der Weißen und Schwarzen Orava immer wieder für Überschwemmungen sorgten, erwog man bereits im 18. Jh. den Bau eines (damals hölzernen) Staudamms. Erst der Baustoff Beton machte eine Realisierung möglich, die jedoch durch die Ereignisse des Zweiten Weltkriegs noch einmal hinausgeschoben werden musste. 1954 war es dann soweit, nachdem fünf Dörfer und ein Teil von Námestovo geräumt worden waren. Sobald man vom Süden das »Oraver Meer« erreicht, säumen private und kommerzielle *chaty*, Ferienwohnungen und Hotels die Straße. Der See fügt sich wie selbstverständlich in die Landschaft und weist inzwischen einen reichen Bestand an Fischen und

Wasservögeln auf. Erstere kann man angeln, letztere beobachten, u. a. auf der Vogelinsel. Eine natürliche Insel *(Slanický ostrov)* bildet der ehemalige Hügel eines Dorfes, auf dem eine Kapelle aus barocker Zeit (1843 klassizistisch umgebaut) stand und die somit erhalten werden konnte. Im Sommer verkehren hier Schiffe zu regelmäßigen Rundfahrten auf dem See, die Insel ist also mühelos erreichbar. Bei der Siedlung *Slanická osada* und dem Hotel Goral befinden sich Schiffsanlegestellen und Strandbäder. (Hafen: *Prístav Oravská priehrada,* Schiffe verkehren Mai–Aug., Rundfahrt dauert ca. 1 Stunde.)

Fast am unteren Ende des Sees, da, wo ihn die Schwarze Orava verlässt und das Wasserkraftwerk steht, geht es über eine Brücke nach **Námestovo,** dem kleinen Mittelpunkt der nördlichen Teilregion. Das Städtchen war einst Zentrum verschiedener Handwerkszünfte, allen voran der Leinweber. Früher gab es hier kaum eine Familie, die nicht Flachs und Hanf anbaute, um ihn selbst zu verarbeiten. Von hier gibt es auch noch weiter nördlich hübsche Ausflugsziele. Über Zubrohlava und Rabča, von wo ein Straßendorf ins andere übergeht, erreicht man die Abzweigung nach **Slaná voda.** Es ist der beste Ausgangspunkt für Touren auf die *Babia hora* (1723 m), den höchsten Gipfel der Oraver Beskiden und Grenzkamm zu Polen. Wer auf der gelben Markierung den Weg zum Gipfel – streckenweise ist ein naturkundlicher Lehrpfad eingerichtet – überwunden hat, wird entsprechend belohnt: Es bietet sich ein fantastischer Rundblick über die polnischen Beskiden hin zur Magura und bis zu den verschneiten Wipfeln der West-Tatra.

Vorwahl: 0 43

Informačné centrum Námestovo, Nábrežie 1038, Tel. 5 52 35 52, Fax 5 52 37 77, infono@bb.telecom.sk, Mo–Fr 8–17 Uhr, Sa 9–12.30 Uhr, 15. Juni–15. Sept. auch So 9–12.30 Uhr.

Untere Preisklasse (bis 25 €): Neue Hotels: Hotel Tyrapol, Oravská Lesná 293, Tel. 5 59 31 52, Fax 5 59 31 42. **Penzión Biela Farma,** Sihelné (über Oravská Polhora), Tel. 5 59 51 35. **Penzión Hrubjak,** Oravská Polhora, Tel. 5 59 52 33, Fax 5 59 53 30, Pferde vorhanden. **Chata Kriváň,** Oravská osada, Tel. 5 52 39 46, Fax 5 52 38 31: Sympathische Pension mit holzgetäfelten Zimmern, mit direktem Zugang zum See. Vorbildlicher Hof der **Agrotouristik,** mit Pferden zum Reiten: Václav Jurky, Vasil'ov č. 152, 029 51 Lokca, Tel./Fax 5 59 12 91.

Autocamp Stará hora, Tel. 5 52 22 23, Fax 5 52 23 52, mit Bungalow- und Caravan-Verleih.

Untere Preisklasse (4–6 €): Marína, Hviezdoslavova 1, Tel. 5 58 20 57: gutes Restaurant mit Bar und abends Disco, im ersten Stock. **U Griešov,** Bernolákova, Tel. 5 52 30 20. Gute Küche im **Hotel Slanica,** Slanická Osada, Tel. 5 52 24 90.

Ein bekannter volkstümlicher **Holzschnitzer** (v. a. christliche Motive) lebt in Babín (Hausnr. 222), den Weg erklärt das Info-Büro.

Einen **organisierten Gemeinschaftsaufstieg** auf die Babia hora gibt es in der ersten Septemberwoche sowie zu Neujahr.

Auf der gesamten Fläche des **Orava-Stausees** kann man surfen und mit kleinen Motorbooten (werden verliehen) fahren. Gute Zugangsstrände sowie Verleih von Surfbrettern beim Hotel Studnička (Slanická osada) und an der Stadtseite von Námestovo.
Die Fahrt mit einer **historischen Eisenbahn,** die früher die gebirgigen Regionen Orava und Kysuce verband, ermöglicht schöne Ausblicke auf die abgeschiedene Landschaft. Fahrzeiten im Info-Büro erfragen.

Die **Bahn** fährt bis Tvrdošín (und weiter bis Trstená), nur wenige Kilometer vom Stausee entfernt. Wer gleich bis Námestovo will, steigt bei der Orava-Burg in Oravský Podzámok aus und nimmt von hier den **Bus,** der auch entlang des Sees hält.

Erhabene Dolomiten: West-Tatra

Die Ski- und Wandergebiete der West-Tatra *(Západné Tatry)* sind weit weniger bekannt als jene im Süden oder Osten des Tatra-Gebirgszugs. **Habovka** und **Zuberec** (760 m) haben sich zu kleinen Zentren des Tourismus entwickelt, in denen es Unterkunft lediglich in kleinen Pensionen oder privaten Häusern gibt. Beide Orte konnten sich dadurch ihren dörflichen Charakter bewahren, nahezu jedes Haus hat ein Schild mit »Zimmer frei« (auf deutsch!) am Gartenzaun hängen. Viele haben ihre Häuser modern ausgebaut. Von diesen Orten aus kann man zu den Zweitausendern vordringen. Der Hauptkamm der West-Tatra ist etwa 32 km lang und weist 20 Gipfel mit über 2000 m auf, wenige der übrigen sinken auf unter 1900 m. Nachdem sich in der gesamten Tatra im Kalkgestein auch ein Hochgebirgskarst herausgebildet hat, findet man durch die typischen Schluchten und Cañons weitere wunderschöne Augenblicke des Naturerlebens eröffnet. Die imposanteste Dolomitengruppe östlich von Zuberec heißt Roháče (etwa: die Gehörnten), der Primus ist Baníkov (2178 m), gefolgt von Pachol'a (2166 m) und Tri kopy (2154 m) jeweils an einer Seite.

Auf dem Weg von Zuberec in das hoch gelegene Kalte Tal *(Studená dolina)* steht das Orava-Freilichtmuseum. Auf malerischem hügeligem Gelände, durch das wie im Märchen ein klarer Bergbach fließt, wurden die unterschiedlichen und charakteristischen Häusertypen der gesamten Orava versammelt.

Vorwahl: 0 43

Turistická informačná kancelária, 027 32 Zuberec 289, Tel. 5 39 51 97, Fax 5 39 53 59, info@zuberec.sk, www.zuberec.sk, Juli, Aug., 26 Dez.–2. Jan., 1. Febr.–15. März Mo–Fr 8–18, Sa

Umgeben von einer imposanten Berglandschaft: das Tal Žiarska dolina

Wie viele Gipfel hat die Tatra?

In der Tatra sind große Berge und verschiedene Täler. Niemand hatte diese Berge zählen können. Einmal machten sich zwölf Studenten in die Tatra auf und wanderten dort einen ganzen Sommer umher, und wie sie so von Tal zu Tal zogen, nun da irrten sie sich immer wieder: Auf welchem waren sie denn nun gewesen, und wo waren sie nicht gewesen? Und sie konnten die Berge nicht zählen, wie viele ihrer dort sind. Ja, und eines Tages überraschte sie nun auf einem Berg die Nacht. Sie machten schließlich eine Stelle ausfindig, wo es eine Wiese, so einen kleinen ebenen Platz gab, und da sammelten sie ein bisschen Holz und machten Feuer. Dort aßen sie ihr Abendbrot und wollten sich nun zum Schlafen niederlegen. So suchten sie ein Nachtlager am Feuer. Aber es fanden nicht alle Platz, denn es waren ihrer zwölf. Da fassten sie den Plan, dass alle sich mit dem Kopf zum Feuer hinlegen sollten und Beine streckten sie alle von sich.

Da – ungefähr um Mitternacht, es mochte also um die zwölfte Stunde sein – kam plötzlich, hast du nicht gesehen, ein Ungeheuer mit zwölf Köpfen und sieht sich das an, die zwölf Studenten und spricht: »Na«, sagt es, »ich bin ja auch ein Ungeheuer, über alle Gipfel der Tatra bin ich schon gewandert, über siebenundsiebzig Berge bin ich gezogen, alle möglichen Ungeheuer habe ich bereits gesehen, aber so eines noch nicht. Mit vierundzwanzig Köpfen, und dass ihm am Hintern ein Feuer brennt, das habe ich noch nicht gesehen!« Von den Studenten war einer

9–17, So 14–16 Uhr. Ansonsten: Mo–Fr 8–16, So 14–16 Uhr. Der Leiter des Büros, Herr Hudec, spricht gut deutsch, ist kompetent und hilfsbereit, wenn es um Unterkunft und Freizeit geht. Privatunterkünfte können vorab über ihn vermittelt werden.

Untere Preisklasse (bis 25 €): Hotel Primul'a, 027 32 Zuberec, Tel./Fax 5 39 50 01: kleines Berghotel mit gutem Restaurant am unmittelbaren Rand des Nationalparks, bereits abseits des Orts auf dem Weg zu den Roháče. **Penzión Hruboš,** 027 32 Habovka 304, Tel. 5 39 50 30: neue, hübsche Familienpension am Bach mit Terrasse.

Nový dvor, 027 32 Habovka, Tel. 5 39 55 80: in der Scheune eines Bauernhofes hübsche Verkaufsgalerie für geschmackvolle Leder- und Holzwaren.

Orava-Freilichtmuseum, Tel. 5 39 51 49, täglich geöffnet: Juli–Aug. 8–18 Uhr, Juni und Sept. 8–17 Uhr; in der übrigen Zeit Di–So 8–16 Uhr. Besonderes Erlebnis (sommers wie winters) sind Abendführungen.

Anfang April findet der **Ski-Wettlauf** »Gorálsky klobúk« (Goralenhut) statt, an dem jeder teilnehmen kann. Am Peter- und Pauls-Tag (29. Juni) wird seit 1938 der **Feiertag der Bergwelt** begangen. Von Zuberec geht man gemeinsam durchs wach geblieben, so dass er alles hörte. Ja, und dann sagte das Ungeheuer noch: »Wenn das so ist, lass ich mich mit dir auf nichts ein, denn«, sagte es, »ich sehe ja, dass du vierundzwanzig Köpfe hast und dass du mich auch mit dem Hintern verbrennen kannst.« So trollte sich also das Ungeheuer mit den zwölf Köpfen davon, aber dem Studenten, der nicht schlief, hatte es doch sein Wissen übermittelt, denn der wusste nun, wie viele Berge in der Tatra sind.

Als sich am Morgen die Studenten vom Schlaf erhoben, frühstückten sie, und wie sie mit dem Essen fertig waren, sagte jener eine zu ihnen: »Nun, meine Herren, jetzt sagt mir doch mal, wer von euch in dieser Nacht wach war, wer etwas weiß. Wer war denn bei uns in der Nacht?« Da blickten sie einander an: »Was weißt du denn? Wer war bei uns?« So fragten sie einander. »Na, wenn ihr nichts wißt, so will ich es euch sagen. Es war nämlich ein Ungeheuer mit zwölf Köpfen hier bei uns. Es hat gesagt, dass es schon über alle Berge der Tatra gewandert ist, aber ein solches Ungeheuer mit vierundzwanzig Köpfen habe es noch nie gesehen, und dass bei dem auch noch Feuer aus dem Hintern brennt. Siebenundsiebzig Berge hat die Tatra!« Da freuten sich alle miteinander und wünschten ihm gute Gesundheit, weil er nicht geschlafen hatte und weil sie nun nicht weitergehen mussten. So, und seitdem weiß man, wie viele Berge die Tatra hat.«

Leicht gekürzt aus: Slowakische Volksmärchen. Gesammelt und herausgegeben von Viera Gašparíková. Übersetzung Wilfried Fiedler. München (Diederichs Verlag) 2000.

Kalte Tal bis zur Berghütte Zverovka, wo unter freiem Himmel ein Gottesdienst stattfindet.

Das **Roháče-Folklore-Festival** findet in der 2. Augustwoche statt.

Rund um Liptovský Mikuláš

Der Knotenpunkt der Region Liptov führt dessen Bezeichnung im Ortsnamen. Und auch wenn diese heute keiner offiziellen Verwaltungseinheit entspricht, hat sie dennoch landläufig Gültigkeit. Liptovský Mikuláš (Liptauer St. Nikolaus sagte man auf deutsch) liegt in der breiten Senke zwischen den Gebirgskämmen der Hohen und Niederen Tatra. Die Stadt war seit jeher eine wichtige Station an der Durchgangsstraße zwischen West und Ost, zugleich bildete sie einen Drehpunkt für jene, die in Nord- und Südrichtung in den Bergen lebten und hierher kamen, um ihre Produkte vor Ort zu verkau-

Liptauer Stausee

fen oder sie Händlern für den Weiterverkauf anzubieten. Heute sind im Tal Industriebetriebe ansässig, die Menschen kommen zumeist hierher zum Arbeiten oder sind in der ständig wachsenden Tourismusbranche beschäftigt. Denn der in den Jahren 1970–75 entstandene **Liptauer Stausee** *(Liptovská Mara)* hat die etwa 31 000 Einwohner zählende Stadt und ihre Umgebung noch attraktiver gemacht: eine glitzernde Wasserfläche von ca. 21 km^2 und herrliches Gebirgspanorama zu beiden Seiten.

Liptovský Mikuláš

Das älteste Gebäude der Stadt am noch schmalen Fluss Váh ist die St. Nikolaus-Kirche. Die erste Siedlung, die in ihrer Nähe entstand, wurde nach ihr benannt. Um die Kirche gruppiert sich seit jeher das Zentrum des Ortes, heute sind hier Fußgängerzonen eingerichtet. Auf dem Platz neben der Kirche *(Námestie osloboditel'ov)* steht zentral das einstige Komitatshaus, das, 1793 errichtet, 1907 sein jetziges Aussehen erhielt. Die aufstrebende Stadt war von verschiedenen Handwerkszünften geprägt, angeführt von den Gerbern und Kürschnern und den damit zusammenhängenden weiteren Handwerken wie Schuh- und Stiefelmachern. Einen nachhaltigen Impuls gaben nicht nur dem Wirtschaftsleben die Juden, die sich seit Beginn des 18. Jh. verstärkt hier niederließen und vorwiegend als Händler tätig waren. (Ein Hinweis für Literaturinteressierte: Der Jude Samuel Fischer, Begründer des legendären, heute noch erfolgreich tätigen S. Fischer Verlags in Frankfurt, war aus Liptovský Mikuláš gebürtig.) Im Hinblick auf breitere Volksbil-

dung (die erste slowakische öffentliche Bibliothek wurde 1826 hier eröffnet) und Nationwerdung schrieb die Stadt in mehrfacher Hinsicht Geschichte. Erwähnt sei nur eine der wichtigsten Etappen, die »Žiadosti slovenského národa« (Forderungen des slowakischen Volkes) von 1848, eine Petition, durch die sich die Slowaken erstmalig politisch als Volk verstanden wissen wollten. Zu sehen ist sie in der alten evangelischen Pfarrei, in einer Parallelstraße östlich von der Nikolaus-Kirche.

Im ersten Sitz der Komitatsverwaltung, der Illésházy-Kurie am *Nám. osloboditel'ov* 31, ist das **Janko Kráľ-Museum** *(Múzeum J. Kráľa)* untergebracht. Janko Kráľ ist ebenfalls eine Abteilung gewidmet wie dem Rebellen Jánošík (s. S. 104f.). Folter- und Hinrichtungsgegenstände, deren Wirkung er selbst erfahren musste, sind in dem Haus ausgestellt, in dem er zum Tode verurteilt wurde, da hier zu seiner Zeit auch Gericht gehalten wurde.

Vorwahl: 0 44

Informačné centrum mesta, Nám. mieru 1, 03101 Liptovský Mikuláš, Tel. 5 52 24 18, Fax 5 51 44 48, infolm@trynet.sk www.liptovskymikulas.sk, 15. Juni–15. Sept., 15. Dez.–31. März, Mo–Fr 8–19 Uhr, Sa 8–14 Uhr, So 12–18 Uhr; ansonsten Mo–Fr 9–18 Uhr, Sa 8–12 Uhr.

Untere Preisklasse (bis 25 €): Hotel Bocian, Palúčanská, Tel. 5 54 12 76: kleines Hotel in einer restaurierten Villa aus dem 19. Jh. In Liptovský Hrádok: **Hotel Borová sihot',** Tel. 0 44/5 22 40 31, Fax 5 22 40 55, liegt an der E 85 Richtung Osten kurz vor Liptovský Hradok, gutes, einfaches Hotel (komplett renoviert) mit Campingplatz und Hüttensiedlung *(chaty).*

Untere Preisklasse (4–6 €): Liptovská izba, Nám. osloboditeľov, Tel. 5 51 48 53: traditionell eingerichtetes, sympathisches kleines Restaurant mit ausgezeichneten slowakischen Spezialitäten.
Mittlere Preisklasse (6–10 €): Salaš Dechtáre, Mobil 09 05/35 77 30, Mo–So 7–19 Uhr: »Almhütten«-Restaurant mit slowakischen Spezialitäten; auf der Autobahn Richtung Ružomberok nach ca. 8 km Abfahrt Dechtáre.

Expozícia Tatrín in der evang. Pfarrei, ul. Tranovského, Tel. 5 52 25 46: Di–Fr 8–14 Uhr, Sa, So n. Vereinbarung.
Janko Kráľ-Museum, Nám. osloboditeľov 30, Tel. 5 52 25 54, Juni–Sept. Di–Fr 9–16 Uhr, Sa, So 10–17 Uhr. Ansonsten Sa geschlossen.
Die klassizistisch umgebaute **Synagoge** von 1731 an der Hollého ulica ist wie folgt geöffnet, Juli, Aug. Di–So 10–17 Uhr, sonst nach Anmeldung im Kráľ-Museum.
Museum für Umweltschutz und Höhlenforschung *(Slovenské múzeum ochrany prírody a jaskiniarstva),* Školská ul. 4, Tel. 5 52 20 61, April–Okt. Mo–Fr 8–12 Uhr u.12.30–16.30 Uhr, Sa, So 10–16.30 Uhr. In der übrigen Zeit am Wochenende geschl.: Das Museum informiert über die geschützten Landschaften und die darin lebenden Arten der gesamten Slowakei unter besonderer Berücksichtigung der Karstgebiete, ihrer Höhlen und Mineralien.
Galéria Petra M. Bohúňa, Tranovského 3, Tel. 5 52 27 58, Di–So 10–17 Uhr: eine der ältesten regionalen Galerien, neben einem Überblick über die Kunst in der Slowakei vom 15.–20. Jh. zeigt sie eine eigene Schau der Werke von P. M. Bohúň (1822–1879), einem bedeutenden Maler des 19. Jh.

Das Wildwasser-Areal (Areál vodného slálomu) für **Rafting- und Kanufahrten** kann man mieten (2 Stunden ca. 17 €), nähere Infos erteilt der Kanoe Tatra klub, Herr Piaceka, Tel. 5 52 02 18, Fax 5 52 02 17, ansässig im Hotel Lodenica. Auf der Waag kann man zwischen Kráľová Lehota und Podtureň (ca. 10 km), je nach Wasserstand, Rafting in Begleitung eines erfahrenen Führers machen. Pro Person ca. 15 €, Kontakt über das Info-Büro in Liptovský Mikuláš.
Das Info-Büro in L. Mikuláš hat einen detaillieren Führer (mit kleinen Karten und auf deutsch!) für **Radler und Mountainbiker** herausgegeben: Fahrradtouren durch Liptov.

Ins Wasser oder auf den Berg?

Im Sommer und Herbst steht man vor dieser Entscheidung, denn die Umgebung von Liptovský Mikuláš hat sowohl den Sportlern als auch den eher gemütlichen Urlaubern beides zu bieten. Zunächst ist da der Stausee, wo man von Liptovský Trnovec zu einer gemächlichen Rundfahrt aufbrechen kann. (Juli, Aug. tägl. 10–16 Uhr, alle 2 Stunden Abfahrt, Fahrt dauert ca. 1 Std.)

Unweit davon im Ort **Bešeňová** gibt es ein neu erbautes Thermalbad *(Termálne kúpalisko Bešeňová).* In fünf Bassins mit Temperaturen von 30–40 °C kann man sommers wie winters in mineralreichem Wasser die Bergkulisse beim Plantschen genießen. (Mo–So 10–21 Uhr)

Am nördlichen Ufer liegt in einer Art Bucht der Ort **Liptovský Trnovec.** Er ist beliebter Ausgangspunkt für Wanderungen in die Südhänge der West-Tatra und entwickelte sich zu einem Zentrum für Segler, Surfer und andere Wassersportler.

Mittlere Preisklasse (25–50 €): Hotel Termál, Bešeňová, Tel./Fax 0 44/4 39 24 29, schöne, helle Zimmer; direkter Zugang zu den Thermalbassins.

Autocamping, 03222 Liptovský Trnovec, Tel./Fax 0 44/5 59 73 00, 1. Mai–31. Okt. geöffnet: Campingplatz mit *chata*-Siedlung, Strandbad.

Der bekannteste und für Gebirgstouristen bestens ausgebaute Startpunkt ist das **Demänova-Tal** (*Demänovská dolina*) in der **Niederen Tatra** *(Nízke Tatry),* von Liptovský Mikuláš in südlicher Richtung in 12 km zu erreichen. Bereits nach dem Ersten Weltkrieg stellte man hier die ersten *chaty* auf, 1964 schlossen sich die hiesigen Gemeinden zum oben genannten Ort zusammen, die Erschließung weiterer Höhlen kurbelte den Tourismus zusätzlich an. Der Verbund der **Demänova-Höhlen** *(Demänovské jaskyne)* bildet eine Gesamtlänge von 21 km. Zum ersten Mal wurden Teile dieser Höhlen 1299 erwähnt und 1723 vom Historiker Matej Bel ausführlich beschrieben. Bisher sind insgesamt nur wenige Kilometer für die Öffentlichkeit zugänglich, man ist bemüht, zusätzliche Gänge begehbar zu machen.

In der **Eishöhle** *Demänovská l'adová jaskyňa* geht es zunächst 40–50 m in die Tiefe, um in der untersten der drei Entwicklungsetagen zu den verschiedenen Eisformationen vorzudringen.

Um in die nächste Höhle zu gelangen, muss man nach oben steigen bzw. den Sessellift nehmen. Die **Höhle der Freiheit** *(Demänovská jaskyňa Slobody)* liegt 870 m hoch. Seit 1924 dürfen hier Besucher hinein, beeindruckend sind hauptsächlich die vielfältigen Seeformationen aus Sinter, ungewöhnlich bizarre Stalaktiten und massive »Wasserfälle« aus Sinter. Seit 1993 legen sich Menschen mit Atemwegserkrankungen zu Therapiezwecken in die Höhlen, um während einer Kur deren mineralreiche Luft einzuatmen.

Auch per Kutschenfahrt lässt sich die Tatra erkunden

Am Ende des Tals gibt es etliche Wanderwege (im Winter Skilifte und Loipen) und bequeme Fußwege für Spaziergänger. Von **Jasná** gelangt man (zu Fuß oder per Seilbahn) auf die höchsten Gipfel der Niederen Tatra, den Chopok (2024 m) und Ďumbier (2043 m), und kann sozusagen über den »Rand« der Tatra hinausgucken. Es bietet sich ein herrlicher Ausblick bis tief in die Mittelslowakei hinein.

Vorwahl: 0 44

Im Tal Demänovská dolina, neue, hübsche Pensionen:
Untere Preisklasse (bis 25 €): Penzión Limba, Tel. 5 54 82 05, eine Gruppe von drei Holzhäusern. **Penzión Adriana,** Tel. 5 52 51 28, Mobil 09 03/50 24 85. **Chata Vierka,** Tel. 5 54 81 11, Mobil 09 03/ 34 01 39. **Chata Záhradky,** Tel. 5 59 14 66, Mobil 09 05/47 45 95. **Hotel Repiská,** Tel. 5 59 15 76, Fax 5 59 15 27.
Mittlere Preisklasse (25–50 €): Hotel Junior Jasná, Tel. 5 59 15 71/-72: großes Hotel aus den 70er Jahren, die Zimmer sind wie kleine Berghütten gestaltet; erneuert, nicht komplett restauriert. Direkt am Vrbické pleso: **Mikulášska chata,** Tel./Fax 5 59 16 72, Tel. 5 59 16 76: schönes Traditionsberghotel, komplett saniert.
Gehobene Preisklasse (50–57 €): Am Talende in Jasná: **Grand Hotel,** Tel. 5 59 14 41, Fax 5 59 14 54, modernes, außen nicht unbedingt schönes Standardhotel.

In allen Hotels und in vielen Pensionen.
Mittlere Preisklasse (6–10 €): Chata koliesko, Tel. 5 59 16 74, Mo–So 11–21 Uhr, in Jasná am Hotel Družba vorbei noch ca. 5 Min. Fußweg: Spezialitätenküche mit Atmosphäre (Kamin und Live-Musik). **Slovenská koliba,** Tel. 5 59

Wie aus alten Zeiten:
das verträumt wirkende Dorf Vlkolínec

16 47, Mo–So 16–24 Uhr, in Jasná 50 m vom Hotel Liptov.

Eishöhle Demänova, Di–So Führungen zu folgenden Zeiten: Juni–Aug. stündl. 9–16 Uhr; Sept. und 16.–31. Mai 9, 11, 12.30, 14 Uhr. Okt.–15. Mai geschlossen.
Höhle der Freiheit, Tel. 5 59 16 73, Di–So Führungen: Juni–15. Sept. stündl. 9–16 Uhr; 16. Sept.–15. Nov., 15. Dez. –31. Mai 9–14 Uhr (16. Nov.–14. Dez. geschlossen).

Angehaltene Zeit: Vlkolínec und Pribylina

Eines der zauberhaftesten »Reservate« für Volksarchitektur befindet sich, wenn man aus Liptovský Mikuláš kommt, südlich im Tal kurz vor Ružomberok. Es ist die Verbindungsstraße E 77 nach Banská Bystrica, bei Biely Potok biegt man nach **Vlkolínec** ab. Am Fuß des Sidorovo, eines Bergrückens der Großen Fatra, liegt das verträumte Dorf in hügeligem, teilweise steilem Terrain. Da es noch bewohnt ist, kann man sich nur im *Rol'nícky dom* (Bauernhaus) von 1886 in vergangene Zeiten zurück versetzen und ein Originalinterieur besichtigen. *(Skanzen Vlkolínec,* Tel. 044/4 32 22 00, April–Jun , Sept.–März Mo–Fr 13–16 Uhr; Juli/Aug. Mo–Fr 10–17, Sa, So 10–16 Uhr.)

Dichter und umfassender sind die Informationen über das Leben auf dem Land zu feudaler Zeit im **Liptauer Museumsdorf** *(Múzeum Liptovskej dediny).* Es befindet sich im Osten der Liptauer Region. Von der Autobahn nach Poprad zweigt man dorthin bei Liptovský Peter in Richtung Pribylina bzw. Štrbské Pleso ab. Der *skanzen* (Freilichtmuseum) befindet sich hinter **Pribylina** am Waldrand links von der Straße. Seinen Bestand bilden viele Verlagerungen oder Nachbauten der wegen des Liptauer Stausees gefluteten Gemeinden. In repräsentativen und detailreich bestückten Einzelhäusern werden die Wohn- und Lebensverhältnisse vom einfachsten Lohnknecht bis hin zum Grundherren im rekonstruierten Kastell mit Jagdzimmer und Teesalon anschaulich gemacht. Im Dorf werden Schafe, Ponies, Hühner, Gänse, Enten und Katzen gehalten, um die Szenerie zu vervollständigen und den Besuch auch für Kinder attraktiv zu gestalten. Zur weiteren Belebung trägt eine reiche Palette von Veranstaltungen und Workshops bei (Jagdatmosphäre bei Hirschversteigerungen, Demonstrationen aus der Käserei, Ostereiermalen, Web- und Klöppelkurse etc.)

Liptauer Museumsdorf, Tel. 0 44/5 29 31 63, jeweils Mo–So, letzter Einlass 1 Stunde vor Schluss: 16. Mai–30. Juni 9–16.30 Uhr, 1. Juli–15. Sept. 9–18.30 Uhr, 16. Sept.–31. Okt. 9–16 Uhr, 1. Nov.–15. Mai 9–15.30 Uhr.

Im Ort Východná: großes Folklore-Festival am ersten Juli-Wochenende.

Die Hohe Tatra

Kurz hinter Pribylina beginnt mit Podbanské die nach Westen offene Sichel der durchgängigen Straße entlang des Südhangs des Tatramassivs. Sie endet an der polnischen Grenze im Norden bei Tatranská Pol'ana. Der südöstliche, größere Teil des gebirgigen Gürtels ist die eigentliche **Hohe Tatra** *(Vysoké Tatry)*, einen gewissen Abschluss im Nordosten bildet die waagrecht dazu verlaufende **Belaer Tatra** (*Belianske Tatry*), bevor sich noch weiter nördlich nach einer Senke die **Zipser Magura** *(Spišská Magura)* und danach die **Pieninen** *(Pieniny)* erheben. Die Ortschaften an diesem Halbkreis sind durch die oben erwähnte »Straße der Freiheit« *(Cesta slobody)* verbunden; die Bezeichnung verweist wieder einmal auf Partisanenkämpfe während des Zweiten Weltkriegs, die hier bis in luftige Höhen geführt wurden. Man kann einen großen Teil dieser Rundung erwandern, ohne immer dem Straßenverlauf folgen zu müssen. Oberhalb des Fahrwegs schuf man 1949 einen ersten zusammenhängenden Wanderweg von Podbanské bis Tatranská Kotlina. Heute ist die **Tatra-Magistrale** *(Tatranská magistrála)* etwa 70 km lang, und man kann sie in mehreren Tagen am Stück zurücklegen, da sie so angelegt ist, dass man immer wieder an Hütten vorbei kommt, in denen man nächtigen kann (im Winter sind einige Streckenabschnitte wegen Lawinengefahr geschlossen).

Ein weiteres Bindeglied zwischen den Tatra-Gemeinden bildet ihre touristische Nutzung zum Teil seit mehr als 200 Jahren. Neben der Alm- und Forstwirtschaft forderte dieser Teil des slowakischen Hochgebirges die Menschen als einer der ersten dazu heraus, im Fremdenverkehr eine Erwerbsquelle zu suchen. So verfügt das Gebiet sowohl über eine jahrzehntelange Infrastruktur (z. B. verkehrt die elektrische Tatra-Bahn seit 1912) sowie über ein reiches Angebot an sportlichen Vergnügungen, die über traditionelles Wandern im Sommer und Skifahren im Winter hinaus reichen. Zugleich sind die Hänge von einer Vielzahl von geschützten Zonen und Reservaten durchzogen, allen voran der große **Tatra-Nationalpark.** Manche der Reservate sind zu Beginn der 90er Jahre des 20. Jh. neu geschaffen worden, da ihr ökologisches Gleichgewicht durch den Tourismus erheblich gelitten hatte.

Entlang der »Straße der Freiheit«

Einer der prosaischsten Orte ist **Podbanské,** eine ehemalige Bergmannssiedlung, die im Namen darauf verweist, dass sie »unterhalb der Bergwerke« lag. Der höchstgelegene Stollen *Teresia* befand sich nur knapp 50 m unterhalb des Gipfels des Kriváň. Die ersten Touristen kamen gegen Ende des 18. Jh. und fanden bei ihren Wanderungen bescheidene Unterkunft in den Hütten der Hirten im **Stillen Tal** *(Tichá dolina).* Eine weite Strecke (die ersten 8 km) des Tals kann auch von ungeübten Wanderern begangen werden, da es in sanften Hängen mäßig ansteigt. Zugleich ist es mit seinen etwa 14 km Länge und gut 50 km² das weitläufigste Tal der Hohen Tatra. Über das von hier abzweigende, östlicher gelegene Tal *Kôprova dolina* erreicht man den höchsten Wasserfall, *Kmeťov vodopád* (80 m), und kann sich je nach Kraft und Stimmung dem **Kriváň** (2334 m) nähern. Von weit her ist er schon auf der Landstraße an seinem schiefen Gipfel zu erkennen. Daher auch seine deutsche Bezeichnung »Krümmling«, die sich jedoch nicht durchsetzen konnte. Und natürlich entstanden rund um diese »Abnormität« verschiedene Legenden. Eine davon erzählt, dass Gott einen Engel ausschickte, um die Welt an manchen Stellen mit besonderen Naturschönheiten zu versehen. Der göttliche Bote unterschätzte die Höhe des Gebirges, blieb mit dem Sack, der das wertvolle Gut enthielt, am Kriváň hängen, so dass er es an dieser Stelle ausschüttete – die Spitze des Gipfels blieb seit diesem Zusammenstoß schief.

Und vielleicht ist es gerade die »Unvollkommenheit« des Berges, die die Menschen in besonderem Maße anzog. Denn der Kriváň wurde im Lauf der Zeit zum »heiligen Berg« der Slowaken, sozusagen ihr Olymp. In Zeiten der größten nationalen Unterdrückung unternahm man regelmäßige »nationale Wall-

fahrten« dorthin, und der Kriváň fand Eingang sowohl in die Volkspoesie wie in die hohe Literatur.

Mittlere Preisklasse (25–50 €): Hotel Permon, Podbanské 18, 03242 Podbanské, Tel. 0 52/4 71 01 11, Fax 4 49 01 33, permon@tatry.sk, modernes Hotel mit Swimmingpool und Tennisplätzen.

Einige Serpentinen von der Straße der Freiheit nach oben folgt **Štrbské Pleso** (Tschirmer See, 1335 m), die höchste Siedlung der Tatra, zugleich an einem ihrer schönsten Bergseen gelegen. Das Auto muss man am Ortseingang auf dem großen Parkplatz lassen, daneben hat auch die elektrische Tatrabahn ihre Endstation. *Pleso* bedeutet »Bergsee«, und davon gibt es in diesem Teil des Tat-

»Slowakischer Olymp«: der Kriváň

ra-Kamms eine ganze Menge, viele davon sind erst nach mehr oder weniger aufwendigen Wanderungen zu erreichen. Dieser bildet eine wunderbare Ausnahme, er ist im Grunde Mittelpunkt des nach ihm benannten Orts und lässt sich auf einem bequemen Promenadenweg umrunden. Seit Ende des 19. Jh. ist Štrbské Pleso Luftkurort, es verfügt über Kurhäuser und große Hotels. Sein schwierig auszusprechender Name ist seit langer Zeit auch mit professionellem Wintersport verbunden. Im »Areal der Träume« *(Areál snov)* in der *Mlynická dolina* gibt es außer Ski-Liften und Loipen zwei Sprungschanzen, die 1970 und 1998 für Weltmeisterschaften genutzt wurden, 1935 versammelten sich hier zum ersten Mal Sportler aus aller Welt. Im Sommer ist der Aufstieg zu den Schanzen ein beliebtes Ziel, man hat von hier einen schönen Blick auf den dunkelblauen See. Das Besondere an den Tatraseen ist ihre Tiefe, manche sind bis zu 40 m tief. Die unglaubliche Tiefe und der meist fehlende Zu- und Abfluss führten zu der volkstümlichen Vorstellung, dass sie über eine unterirdische Verbindung zu den Weltmeeren verfügten, und man nannte sie daher *morské oko* – Meeresauge.

Alle in 05985 Štrbské Pleso; **Mittlere Preisklasse (25–50 €): Hotel Panoráma,** Tel. 0 52/4 49 21 11, Fax 4 49 28 10: großes Hotel aus den 70er Jahren, mit wunderbarem Ausblick auf die Gebirgsmassive, ein wenig aufgemöbelte Standardeinrichtung.

Gehobene Preisklasse (50–75 €): Hotel FIS, Tel. 0 52/44 92-2 21: im Sportareal gelegenes Hotel mit großem Swimmingpool und vegetarischem Restaurant. **Hotel Patria,** Tel. 0 52/44 92-5 91/-5 92, Fax -5 90, bendzala@pp.internet.sk, traditionsreiches Haus direkt am See mit traumhafter Aussicht und geschmackvollen Zimmern; nicht renovierte Zimmer: DZ ca. 30 €.

Starý Smokovec (1010 m) war einst die mondänste Tatra-Gemeinde und bildet heute den Mittelpunkt von Smokovce (im Plural) der vier mittlerweile vereinten und bis auf Dolný Smokovec zusammenhängenden Ortsteile. Es hat den Status einer Stadt, ist Verwaltungssitz aller hiesigen Hochgebirgsgemeinden und damit ihr Zentrum. Mineralquellen, fünf an der Zahl, sorgten auch hier (wie in Štrbské Pleso und Tatranská Lomnica) für den Aufbau eines Kurbetriebs. Smokovce zieht sich die Straße entlang, und im alten Ortskern sind noch prächtige Bauten der Jahrhundertwende wie die Heilanstalt Palace oder das Grand Hotel (1904) zu bewundern.

Begonnen hat alles 1793 mit einer Jagdhütte der adeligen Familie Csáky, die bald zu einem gern besuchten Ausflugsziel für den Zipser Adel wurde. Eines der gut 40 Jahre später gebauten ersten Kurhäuser, die Villa Flora, steht heute noch (hinter dem Grand Hotel) und dient kulturellen Veranstaltungen. Bereits Mitte des 19. Jh. begann man alljährlich die Sommersaison in den Bergen mit einer Junifeier zu eröffnen. Die entscheidende Initiative für den Ausbau zu einem Kurort mit weitreichenden Ambitionen erfolgte durch den Schweizer Arzt Nikolaus

Das Grand Hotel in Starý Smokovec

Szontagh. Er machte sich neue Erkenntnisse in der Balneologie und hauptsächlich in der Behandlung von Tuberkulose-Kranken zunutze, um hier seine Vision von einem zweiten Davos Wirklichkeit werden zu lassen. 1876 kamen die ersten Patienten an – man erkennt die für sie bestimmten Gebäude an den tiefen Balkonen, auf die sie mitsamt ihren Betten geschoben wurden.

Ein Muss für jeden Besucher ist die kurze Fahrt mit der Bodenseilbahn, die (immer wieder modernisiert) seit 1908 zum *Hrebienok* (Kämmchen) hinauffährt. Abfahrt ist hinter dem Grand Hotel. Oben angekommen, kann man sich entweder nur auf den Terrassen des Restaurationsbetriebs in die Sonne setzen und die Aussicht genießen. Oder man macht sich auf, durch dichten Wald, aber auf gut markiertem Weg, zum *Studený potok* (Kalten Bach) vorzustoßen, der sich teilweise in schönen Wasserfällen seinen Weg durch die Felsschluchten sucht. Im Winter wird dieser Weg auch als Loipe genutzt. Als schnellste Abfahrt von Hrebienok nach Starý Smokovec gibt es im Winter eine Rodelbahn. Hrebienok ist der Ausgangspunkt für einige weitere Ausflüge, u. a. zur Spitze des Slávkovský štít (2452 m).

Vorwahl: 0 52

Tatranská informačná kancelária, Dom služieb, P. O. Box 7, 06201 Starý Smokovec, Tel./Fax 4 42 31 27, Tel. 4 42 34 40, zcr@tatry.sk, Juli, Aug.: Mo–Fr 8–17.30 Uhr, Sa, So 8–13 Uhr. Sept.–Juni 8–16.30 Uhr. Saison: 1. Jan.–14. März/Ostern/1. Juli–15. Sept./Weihnachten; Nebensaison 15. März–30. Juni/16. Sept.–18. Dez.: in dieser Zeit reduzieren sich die Zimmerpreise um 20–30 %.

Untere Preisklasse (bis 25 €): Horský Hotel Hrebienok, Tel. 4 42 27 62, Fax 4 42 50 63, hrebienok@sorea.sk: an der Bergstation des Hrebienok gelegenes, neues Berghotel. **Penzión Villa Gerlach,** 062 01 Nový Smokovec 40, Tel. 4 42 25 77, Fax 4 42 32 80: Familienpension in alter Villa.

Mittlere Preisklasse (25–50 €): Hotel Smokovec, 06 201 Starý Smokovec, Tel. 4 42 51 94, smokovec@pp.internet.sk: neues, hübsches Hotel gegenüber vom Hotel Grand. **Hotel Bellevue,** 062 01 Starý Smokovec, Tel. 4 4 2 29 41/-9 42, Fax 4 42 27 19, bellevue@pp.pag.sk: außen eher unscheinbares Hotel aus den 1970er Jahren, innen komplett rekonstruiert, mit sehr angenehmen, hellen Zimmern, am Ortsrand gelegen.

Gehobene Preisklasse (50–75 €): Grand Hotel, 06 201 Starý Smokovec, Tel. 4 42 21 54, Fax 4 42 21 57, grandhotel@posta.sk: Luxushotel aus der Jahrhundertwende; darauf achten, das man renovierte Zimmer bekommt, sie kosten genauso viel wie die alten, die ihren Preis nicht wert sind.

Oberste Preisklasse (ab 75 €): Hotel Hubert, 059 42 Gerlachov 302, Tel. 4 42 52 62/-263, Fax 4 42 27 34, hubert@isternet.sk: neues Luxushotel unterhalb des Berges Gerlach, unweit von Starý Smokovec.

Kaum 6 km weiter von Smokovce liegt **Tatranská Lomnica** (850 m), als eine der letzten Gemeinden erst Ende des 19. Jh. entstanden. Mit staatlicher Unterstützung wurde hier zu Beginn des 20. Jh. das erste staatliche Kurbad errichtet, es folgten auch hier repräsentative Hotelbauten (z. B. Grand Hotel Praha, Lomnica, Slovenský dom). 1895 kam der Bahnanschluss hierher, um 13 Jahre

Tatranská Lomnica bietet eine Vielzahl sportlicher Aktivitäten

früher als nach Starý Smokovec. Doch wie es im nachhinein scheint, sollte in Tatranská Lomnica trotz weltläufiger Anwandlungen eher der Sport als der Kurbetrieb im Mittelpunkt stehen. Bereits zwischen den Weltkriegen wandelten sich Sanatorien zu Hotels und Pensionen. Am westlichen Ortsrand befindet sich das Sportgebiet *Na jamách* mit zwei Sprungschanzen und der ersten künstlichen Rodelbahn der Tatra. Den Höhepunkt in Tatranská Lomnica bildet im wahrsten Sinne des Wortes die Fahrt mit der Kabinenseilbahn zum Lomnický štít, mit 2632 m der zweithöchste Gipfel der Hohen Tatra. Von der Plattform an der Spitze überblickt man das gewaltig-schöne Gebirgspanorama mit den umliegenden Zweitausendern, ganz im Süden ist der höchste Gipfel zu erkennen, der Gerlachovský štít (Gerlsdorfer Spitze 2655 m), der über Starý Smokovec thront. Im Ort hat die Nationalpark-Verwaltung TANAP neben einer Forschungsstation 1969 ein Museum eingerichtet, das in naturwissenschaftliche, historische und ethnografische Abteilungen gegliedert ist. Ein herausragendes Exponat ist das Pflanzenbuch des Mönchs Cyprián vom Kloster Červený kláštor (s. S. 143). Zum Museum gehört ein botanischer Garten mit typischen Pflanzen des Hochgebirges.

Vorwahl: 0 52

Alle 059 60 Tatranská Lomnica: **Mittlere Preisklasse (25–50 €): Hotel Slovakia,** Tel. 46 79 61, Fax 46 79 75: geräumige Zimmer mit 70er Jahre-Atmosphäre. **Hotel Willi,** Tel. 4 4 6 77 61, Fax 4 46 82 29: 70er Jahre-Hotel noch mit sozialistischem Flair, obwohl erneuert, gutes Restaurant mit offenem Feuer und Live-Musik.

Gehobene Preisklasse (50–75 €): Grandhotel Praha, Tel. 4 46 79 41/-9 42, Fax 4 46 78 91, grandpraha@tatry.sk: imposantes Jahrhundertwendehotel, auch hier sollte man auf renovierte Zimmer achten; man ist der Meinung, sie seien ebensoviel wert wie die schon abgewohnten alten; gute Nebensaison-Angebote. **Villa Beatrice,** (je nach App.-Größe) Tel. 4 46 73 13, Fax 4 46 71 20: schicke Hotelpension mit geräumigen Appartements, Restaurant im Haus. **Slnečný dom,** Tel. 4 46 70 46, Fax 4 46 70 47: ganz kleine, modern-rustikal eingerichtete Pension.

Autocamp Jupela, Tel. 4 42 25 88, nach Tatranská Lesná ein Stück talwärts Richtung Veľká Lomnica.

Mittlere Preisklasse (6–10 €): Am besten in den Hotels und Pensionen; besonders zu empfehlen ist das kleine Restaurant des **Slnečný dom:** geschmackvolle modern-rustikale Einrichtung. **Zbojnícka koliba** (auf dem Weg zum Grandhotel Praha): urige »Räuberhütte« mit slowak. Grillspezialitäten.

Múzeum TANAP, Tel. 4 46 81 81, Sept.–Juni Mo–Fr 8–16 Uhr, Sa, So 8–12 Uhr, Juli, Aug. Mo–Fr 8–17.30 Uhr, Sa, So 8–15 Uhr.

Der TANAP organisiert **pflanzenkundliche Wanderungen** durch die *Dolina siedmich prameňov* (Tal der Sieben Quellen), wo es eine besonders reiche Vielfalt an Pflanzen zu bewundern gilt. Die Bergführer der Tatra bieten allein im Winter 15 geführte **Skitouren** sowie sog. **Skiausflüge** (geringerer Schwierigkeitsgrad) an. **Klettern** kann man mit ihnen im Sommer und im Winter (auch im Eis), je mehr Teilnehmer (bis zu 5), umso preisgünstiger (Ganztagestouren ca. 70–25 €/Person). Bergführer-Büro (*Kancelária horských vodcov*) in Starý Smokovec, Tel. 4 42 20 66, Mobil 0905/42 8 1 70, shv@tatry.sk. Über ihre Angebote kann man sich detailliert informieren unter dem Stichwort »Activities« bei www.tatry.sk. Dort findet man auch Skischulen, die 12 schönsten **Wandertouren** sowie eine kleine Karte der für **Mountainbiker** offenen Gebirgsstraßen mit kurzer Streckenbeschreibung.

Als letzte größere Gemeinde, schon am Nordhang der Belianske Tatry, ist **Ždiar** (896 m) zu erwähnen. Es war eine typische Goralengemeinde – Goralen sind vor allem im polnischen, aber auch im slowakischen Teil der Beskiden lebende Bergbauern, die sich ihr traditionelles Brauchtum zum Teil bewahrt haben. Heute sind noch an einigen der denkmalgeschützten Blockbauten ihre charakteristischen Verzierungen zu erkennen, die an Kreuzstichmuster erinnern. Von Ždiar gibt es Ausflugsmöglichkeiten in die Hänge der nördlich davon ansteigenden Spišská Magura mit ihren berühmten »Heidelbeerteppichen«. Oder man nähert sich über Tatranská Kotlina sozusagen »von hinten« den hohen Gebirgskämmen, über Wanderwege, die über Sattel führen und sich dabei teilweise alte Schmugglerwege zunutze machen.

Untere Preisklasse (bis 25 €): Penzión Koliba, 059 54 Tatranská Kotlina, Tel. 0 52/4 46 82 74, Fax 4 42 22 04: neu errichtetes Holzhaus im traditionellen Stil, mit sehr gemütlicher Restaurant-Stube (offener Kamin) und hübschen Zimmern.

Über die Zips ins Slowakische Paradies

Kežmarok

Die nördliche Zips

Levoča, die Königin der Zips

Spišská Nová Ves

Slowakisches Paradies: Himmlische Wanderwege

Stadtburg von Kežmarok (Detail)

Über die Zips ins Slowakische Paradies

Malerisches Kežmarok mit seiner berühmten Artikularkirche – Eine Floßfahrt zum Kartäuserkloster Červený kláštor – Levoča, die Königin der Zips – Kirchenstädtchen Spišská Kapitula und die Zipser Burg, eine der größten Burganlagen Europas – Spišská Nová Ves, Mittelpunkt der Zips – Klettersteige und wildromantische Schluchten in den Zentren des Slowakischen »Wander«-Paradieses Čingov und Dedinky

Die Bezeichnung **Zips** (slowakisch: *Spiš*) für das Gebiet, das sich von Poprad entlang des gleichnamigen Flusses nach Nordosten bis zur polnischen Grenze und östlich bis zur natürlichen Grenze des Bergrückens Branisko erstreckt, ist wieder eine historische. Die Zips ist ein Landstrich, der aufgrund von Städtezusammenschlüssen besonders geschlossen von den deutschen Kolonisten geprägt wurde, die hier im Mittelalter (11.–13. Jh.) eine neue Heimat fanden. Durch Handwerk und Handel machten sie aus ehemals slawischen Siedlungen prosperierende Städte. Und oft sind die heutigen slowakischen Städtenamen entweder nur lautliche Angleichungen an die deutschen ohne eigentliche Bedeutung (Käsmark, der Käsemarkt, wurde zu Kežmarok) oder ihre wörtliche Übertragung (Spišský Štvrtok hieß Donnersmark, weil donnerstags Markt war). Bereits 1317 bildeten auf der Grundlage der 1271 erteilten Stadtprivilegien 30 der größeren Gemeinden einen ersten Bund der Zipser Sachsen. Zu Beginn des 14. Jh. verkleinerte er sich zur berühmten »Provinz der 24 Zipser Städte«. Verwaltet wurden die Kommunen nach der sog. »Zipser Willkür«, einem von den eingewanderten Zipser Sachsen mitgebrachten und durch die madjarischen Einflüsse abgewandelten Verwaltungsrecht. Als König Sigismund 1412 in finanzielle Schwierigkeiten geriet, verpfändete er 16 der wohlhabenden Zipser Städte an den polnischen König Wladislaw II., der ihm dafür Bares zur Verfügung stellte.

Die Städte selbst mussten mehr als 350 Jahre einen Großteil ihrer Erlöse an den polnischen Herrscher abführen und schafften es trotz dieser Belastung, sich wirtschaftlich weiterzuentwickeln. Dies vermittelt sich heutigen Reisenden immer noch auf eindrucksvolle Weise. Die Zips ist eine wahre Schatzkammer besonders gotischer Kunst, touristisch durch die so genannte **Gotische Straße** *(Gotická cesta)* markiert; die Hinweisschilder mit dem großen »G« sind nicht zu übersehen.

Kežmarok

Nähert man sich über Liptovský Mikuláš, fährt man an Poprad vorbei, heute eines der wichtigsten Zentren der östlichen Tatra-Region mit viel Industrie und einem eigenen Flughafen. Etwa 15 km weiter nördlich liegt Kežmarok, Bezirksstadt mit 17 000 Einwohnern, einst mit Levoča um den ersten Platz unter den Zipser Städten wetteifernd. In den Altstadtkern darf man mit dem

Die Zips
und das Slowakische Paradies

Auto hineinfahren, aber nur, um es sofort gebührenpflichtig an den Straßenrand zu stellen.

Rund ums Rathaus

Selbstbewusster Mittelpunkt ist das frei stehende Rathaus, das mit seinem flachen Dach und dem aufgesetzten Turm italienisch anmutet, obwohl aus der Zeit der Renaissance nur noch wenig vorhanden ist: Teile des Portals und die Treppe in den ersten Stock. Turm und zweite Etage kamen bei der klassizistischen Umgestaltung 1799 hinzu. Dennoch, das südländische Flair bleibt erhalten, und wenn im Sommer die Straßencafés am *Hlavné námestie* geöffnet haben, könnte man sich leicht in südliche Gefilde versetzt fühlen, ragten nicht hinter dem Rücken die schneeverschneiten Spitzen der Hohen Tatra auf. Doch gerade diese Silhouette macht den besonderen Zauber des Städtchens aus.

Am unteren Ende geht der Hauptplatz in die **Burgstraße** *(Hradná ulica)* über. Auf der linken Seite ist eine Reihe Bürgerhäuser zu sehen, mit der für die Tatragegend typischen abgesetzten Giebelfront, die eher einen dörflichen denn städtischen Eindruck macht. Ursprünglich diente die Fassade nur als Durchgangspassage zu einer weit nach hinten reichenden bebauten Parzelle, die weitere seitliche Zugänge hatte. Das Innere des Hauses 55 zeigt Beispiele für Zipser Wohnkultur. (Juni–Sept. Di–So 9–17 Uhr, Okt.–Mai Di–Fr 8–16.30 Uhr, Tel. 0 52/452 29 06.)

Die Stadtburg *(Kežmarský hrad)*

Das massive Bollwerk der Burgbefestigung trägt einen nahezu zierlichen Abschluss an Renaissance-Zinnen, die für den Landstrich so typisch sind. Die ältesten Nachrichten über die Burg gehen auf das Jahr 1463 zurück. Die rückwärtige Burgmauer war zugleich Teil der Stadtmauer. Da Käsmark 1412 nicht zu den verpfändeten Städten gehörte, konnte es sich ungehindert entfalten und eine Zeitlang die Rivalin Levoča überflügeln. 1720 gelang es den tüchtigen Bürgern, ihre Stadt vor jeglicher Bevormundung frei zu kämpfen. Der letzte und wohl berühmteste der Burgherren, Imre Thököly, war der Anführer einer der großen Aufstände gegen die Habsburger und musste ins türkische Exil flüchten, wo er 1705 starb. Erst 1906 konnten seine sterblichen Überreste in die Heimatstadt überführt werden. Die Burg ist als Museum eingerichtet.

Heilig-Kreuz-Kirche

Von weitem ist der ungewöhnliche, massiv-schlichte Turm mit Wehrgang der Heilig-Kreuz-Kirche *(Kostol sv. Kríža)* zu sehen, der eigentlich gar nicht an ein Gotteshaus denken

Uneinnehmbar wirkt
die massive Stadtburg von Kežmarok

lässt. Sie ist ein Zipser Hallendom und entstand 1444–1498 an der Stelle einer älteren Kirche. Der Hauptaltar datiert von Beginn des 16. Jh., die Gestalten aus der Passionsgeschichte werden Schnitzern aus dem Umkreis von Meister Paul aus Leutschau zugeschrieben. Besonders reizvoll ist der frei stehende Glockenturm im Stil der Zipser Renaissance (1591) mit reicher Sgraffito-Verzierung und dekorativer Attika. Zurück Richtung Hauptplatz passiert man die klassizistische Redoute aus dem Jahr 1818, auch sie Ausdruck bürgerlichen Stolzes.

Geballter protestantischer Geist

Die nebeneinander stehenden protestantischen Gotteshäuser könnten verschiedener nicht sein. Während die hölzerne Artikularkirche ein kunsthistorisches Kleinod darstellt, ist die neue evangelische Kirche ein erwähnenswertes Kuriosum.

Auf einem Sockel aus Mauerwerk steht auf dem Grundriss eines griechischen Kreuzes die **Artikularkirche** (*Artikulárny kostol*), in ihrer heutigen Gestalt 1717 nach den Plänen von Georg Müttermann fertig gestellt. Die regionaltypischen Giebelfronten, der fehlende Turm und die kleinen Fenster weisen sie nicht unbedingt als Kirche aus. So schlicht sie von außen ist, so atemberaubend prächtig ist ihr Inneres. Üppige barocke Schnitzereien tragen mit reicher und farbenfroher Malerei auf hölzernen (!) Wänden und Emporen zu einem erhabenen, harmonischen Raumerlebnis bei. Über dem Eintretenden öffnet sich ein »paradiesischer« Himmel: strahlend blau mit vielen duftigen Schäfchenwolken, was will man mehr? Die geschnitzten Glanzstücke, den Altar und die Kanzel, schuf Johannes Lerch im ersten Drittel des 18. Jh.

Vor dem Hintergrund des Tatra-Panoramas sieht die **neue evangelische Kirche** (*Nový evanjelický kostol*) mit kräftig ziegelroten Mauern bizarr aus. Sie wurde im neobyzantinischen Stil 1898 errichtet. Eine Geschichte erzählt, dass sie nicht hier, sondern im orientalischen Jerusalem stehen sollte. Nachdem die Kirchengemeinde nicht genügend Geld für einen Neubau beisammen hatte, nahm sie das Angebot des Architekten Theofil Hansen gerne an, bereits fertige Pläne ohne zusätzliche Kosten umsetzen zu dürfen. Hier steht auch der Sarkophag des heimgeholten Imre Thököly.

Vorwahl: 0 52

Kežmarská informačná agentúra, Hlavné nám. 46, 060 01 Kežmarok, Tel./Fax 4 52 40 47, infokk@kk.sinet.sk.

Untere Preisklasse (bis 25 €): Penzión Regent, Starý trh 65, Tel. 4 52 42 58, Fax 4 52 42 48: etwas versteckt liegende, angenehme Pension mit gutem Restaurant.
Mittlere Preisklasse (25–50 €): Hotel Club, MUDr. Alexandra 24, Tel. 4 52 40 51, Fax 4 52 40 53: hübsches Stadthotel in historischem Gebäude in der Nähe der Heilig-Kreuz-Kirche, Restaurant bietet Zipser Küche.

Untere Preisklasse (4–6 €): U troch apoštolov, Hlavné nám. 9, Tel. 4 52 32 72: gepflegtes Restaurant mit gutem Service. **Tiffany,** Hlavné nám. 40, (ohne Tel.): einfaches kleines Lokal, im Sommer Gartenbetrieb.

Stadtburg, Hradné nám. 42, Tel. 45 22 26 18, Juni–Sept. Di–So 9–16 Uhr, Okt.–Mai Di–Fr 8–15 Uhr.
Artikularkirche und **neue evang. Kirche,** Besichtigung nur mit Führung (auch auf deutsch), Tel. 4 52 23 02, Mai–Okt. 9–12 und 14–17 Uhr, Nov.–April Di, Fr 10–12 Uhr und 14–16 Uhr.
Bibliothek des Evangelischen Lyzeums, Hviezdoslavova 18, Mo–Fr 8–15 Uhr.

Im August sehr schöner **Handwerkermarkt,** wo die einzelnen Künste auch demonstriert werden, begleitet von reichem Volkskultur-Programm.

Die nördliche Zips

Die nördlichste Stadt der Zips ist **Stará Ľubovňa,** sie gehört ebenfalls zu ihren ältesten. Als Grenzposten spielte die Burg Ľubovňa *(Hrad Ľubovňa,* 1302–1308), malerisch auf einem Felsen über dem Poprad gelegen, immer wieder eine Rolle im polnisch-oberungarischen Kontakt. 1412 unterschrieb hier der Ungarn-König Sigismund mit dem polnischen Herrscher Wladislaw II.

einen Friedensvertrag. Und zwischen 1655 und 1667 diente sie als Versteck für die Insignien der polnischen Macht, also für die Kronjuwelen, da die Schweden das Land besetzt hielten. Von den Ausstellungen im Burgmuseum ist besonders jene hervorzuheben, die sich der Verpfändung der Zipser Städte an Polen widmet.

Informačné centrum, Nám. sv. Mikuláša 12, 064 01 Stará Ľubovňa, Tel. 0 52/32 17 13, Fax 32 30 33, 15. Juni–15. Sept.: Mo–Fr 8–17 Uhr, Sa 10–14 Uhr, So 13–17 Uhr. In der übrigen Zeit: Mo–Fr 8–15.30 Uhr. Hier auch Auskünfte über die Floßfahrten auf dem Dunajec.

Burg Ľubovňa, Tel. 0 52/4 32 24 22, Mai–Sept. Mo–So 9–17.30 Uhr, Okt.–April Mo–Sa 10–15 Uhr.

Stará Ľubovňa ist im Grunde das Zentrum für die westlich davon liegende Bergkette der **Pieninen** *(Pieniny)*. Kurz vor der Stadt zweigt nach Hniezdne die Straße in jenes Tal ab, das hinter der Zipser Magura (Spišská Magura) liegt und deshalb Zamagurie (etwa: »hinter der Magura«) genannt wird. Auch hier gibt es wieder Möglichkeiten zum Wandern und für Wintersport oder einfach die Natur zu bewundern im Nationalpark Pieninen, der in Polen seine Fortsetzung findet. Die größten Attraktionen dieses hintersten Tales sind jedoch zum einen das Kloster **Červený kláštor,** zum anderen eine Floßfahrt auf dem Dunajec, der hier über einige Kilometer den Grenzfluss bildet. Die Gründung des Ordenssitzes am Durchbruch des Dunajec geht auf das Jahr 1319 zurück, es wurde einfach »Rotes Kloster« genannt, da es aus Ziegeln bestand. Die Kartäuser waren seine ersten Bewohner, sie wirtschafteten erfolgreich, und Mitte des 16. Jh. unterstanden ihnen zwölf Gemeinden und Weiler. Anfang des 18. Jh. richtete man in den Mauern des Klosters eine für damalige Zeiten beachtenswerte Apotheke ein. Hier ist der Mönch Cyprián (1724–1774) zu erwähnen. Er widmete sich intensiv der Heilpflanzenkunde – schönstes Zeugnis ist sein zwischen 1765 und 1771 angelegtes Herbarium, das er mit den Pflanzen der umliegenden Bergwelt anlegte, heute im TANAP-Museum (s. S. 135) zu sehen. Das Kloster mit der gotischen St. Anton-Kirche dient nun als Museum *(Múzeum Červený kláštor)*. Im Park davor stehen 19 geschützte alte Linden.

Ängstlichkeit ist fehl am Platz, wenn man zu einem der Goralen, einer Volksgruppe der polnischen Beskiden, ins Floß steigen will. Die Flöße bestehen aus schmalen, langen »Schiffchen«, die lediglich vorn und hinten miteinander verbunden werden und auf diese Weise das Floß bilden. Beim Sitzen ist meist das eine Bein in einem der Schiffchen, das andere im nächsten und durch den Spalt sieht man ins Wasser. Doch sollte man sich während der etwa 9 km langen Fahrt von Červený kláštor bis Lesnica auf die herb-schöne Landschaft konzentrie-

ren. Manche der Flößer beginnen zu singen, so dass auch in engen Flussschleifen mit hoch aufragenden Felsen für beruhigende Entspannung gesorgt ist. An den Anlegestellen werden im Sommer regelmäßig Feste im Freien veranstaltet, mit Spießbraten und Kesselgulasch am offenen Feuer sowie volkstümlicher Musik.

Museum Červený kláštor, Tel. 0 52/432 23 55, Mai–Sept. Mo–So 9–17 Uhr, Okt.–April Di–Sa 10–16 Uhr.

Floßfahrten auf dem Dunajec, Flößer-Saison: 15. April–31. Okt., täglich 8–18 Uhr.

Levoča, die Königin der Zips

Auf dem Weg von Kežmarok oder direkt von Poprad nach Levoča kommt man an der E 50 an **Spišský Štvrtok** vorbei. Hier ist schon von

Rathaus und Kirche von Levoča

der Landstraße aus die **Ladislaus-Kirche** mit der wertvollen Zápoľský-Kapelle (*Kaplnka Zápoľských*) zu erkennen, die 1473 angebaut wurde. Die reich ausgeschmückte Grabkapelle der Adelsfamilie gehört zu den bedeutendsten gotischen Werken der Zips. Von Poprad geradewegs in den Osten durch die Senke des Hornád erreicht man nach knapp 30 km Levoča (dt.: Leutschau), eine der unbestritten schönsten Städte der Zips und der gesamten Slowakei. Die heutige Kleinstadt mit etwa 14 000 Einwohnern scheint sich darauf einzurichten, von ihren kunsthistorischen Schätzen zu leben. Das Wichtigste findet sich gebündelt am oder um den Hauptplatz, hier nach dem berühmtesten Künstler der ganzen Region *Námestie majstra Pavla* (Meister-Paul-Platz) benannt.

Pfarrkirche St. Jakob

Im Gebäude gegenüber des Kirchenportals gibt es die Eintrittskarten für eine 20-minütige Besichtigungstour durch St. Jakob (auch auf deutsch, auch bei Individualbesichtigung ist eine Karte zu lösen). Die gotische St. Jakobs-Kirche gehört nicht nur zu den Höhepunkten Levočas, sondern im Bereich der sakralen Kunst auch zu jenen der gesamten Slowakei. Zu ihrer hochrangigen Bedeutung trägt die Innenausstattung bei. Der dreischiffige Bau mit Kreuzgewölbe sowie die Kapelle des hl. Georg errichtete man bis zum Jahr 1400. Die südlichen und nördlichen Vorbauten entstanden etwas später, ebenso die Wandmalereien im Presbyterium und in den Kirchenschiffen (14.–17. Jh.). Der Turm ist neugotisch, da der ursprüngliche 1848 durch einen Brand zerstört worden war.

Und innerhalb der Mauern wieder ein Superlativ, diesmal bezogen auf den ganzen Erdball: Der Haupt-

Hauptaltar des hl. Jakob

altar des hl. Jakob d. Ä. stellt mit seiner Gesamthöhe von 18,62 m den höchsten erhaltenen gotischen Altar der Welt dar. In den Jahren 1508–1517 wurde er in der Werkstatt des Holzschnitzers Meister Paul aus Levoča unter dessen künstlerischer Leitung angefertigt. Er hat in diesem Gotteshaus vier weitere der insgesamt 15 Altäre geschaffen, die zum überwiegenden Teil aus der Gotik stammen.

Der Jakobs-Altar entstand 1508-1510, von Meister Paul persönlich stammen die drei Hauptplastiken sowie die Predella. Von hier bis zu den filigranen Spitzen in schwindelnder Höhe verwirklicht er sein Konzept, das insgesamt den Aposteln gewidmet ist. Zentrale Figur bleibt jedoch die Gottesmutter mit Kind, als Frauengestalt mit 2,47 m die Heiligen Jakob (2,32 m) und Johannes (2,30 m) neben sich überragend. Alle drei sind jeweils am Stück aus Lindenholz geschnitzt. In der ausgesprochen schönen Madonna sehen die Fachleute das Vorbild des »Lehrers« Veit Stoß und dessen Krakauer Marienaltar. Einen Kontrast im Ausdruck bildet die Plastik des Kirchen- und Stadtpatrons. Mit der obligaten Muschel am Hut und dem Pilgerstab scheint er mit seinem rot glänzenden, ein wenig faltigen Gesicht wie aus dem Leben dorthin gestellt. Ein weiteres exzellentes Beispiel der lebensnahen Ausdrucksfähigkeit Meister Pauls ist sein Letztes Abendmahl in der Predella, ebenfalls schon vom Geist der Renaissance geprägt. Die Jünger sind in entspannter Haltung dargestellt, als befänden sie sich in einem Wirtshaus. Nur Petrus rechts neben Jesus und Judas mit dem umgehängten Geldsack und scheinen die Worte des Heilands zu vernehmen: »Einer von euch wird mich verraten«. Dies ist der Moment, den Meister Paul vollendet festhält.

Eine weitere Arbeit Meister Pauls ist der schon deutlich von der Renaissance beeinflusste Altar der vier hll. Johannes', auf das Jahr 1520 datiert. Der Altar der hl. Katharina gehört zu den ältesten erhaltenen Altären der Kirche, er besteht aus wertvollen Tafelbildern, die auf das Jahr 1400 zurückgehen. Außerdem verdient der hölzerne Drachentöter St. Georg in der nach ihm benannten Kapelle besondere Aufmerksamkeit. Höchstwahrscheinlich hat auch ihn Meister Paul geschaffen (um 1515). Zu den bedeutendsten Adelsfamilien Levočas zählten die Thurzos, ihren Mitgliedern sind demnach die meisten der schönen Epitaphe an den Kirchenwänden gewidmet.

Weitere Gebäude am Meister-Paul-Platz

Hinter der Jakobs-Kirche steht das verspielt wirkende **Rathaus** mit seinen vielen, auf zwei Etagen verteilten Arkadenbögen, das es als einen Bau der Renaissance ausweist – Baubeginn war 1550, 1615 wurde es vollendet. Die verzierten Dachgiebel stammen vom Ende des 19. Jh. und sind damit ein Umbau im Neorenaissance-Stil. In seiner Üppigkeit stellt das Rathaus ein angemessenes Symbol bürgerlichen Stolzes dar. Vom Vorgängergebäude aus gotischer Zeit ist nur das Eingangsportal erhalten, die Malereien auf der Südseite versinnbildlichen bürgerliche Tugenden. Der frei stehende Glockenturm ist barockisiert worden und erhielt sein endgültiges Aussehen 1824. Seit 1955 zeigt das

Die weiße Frau von Levoča

Wer durch Levoča schlendert, begegnet ihr sozusagen auf Schritt und Tritt, nicht *in natura,* aber als eine Art Markenzeichen, das Gäste und Besucher anlocken soll. Oft kopiert und auf Postkarten (im Stadtmuseum ist das Original zu besichtigen) zu haben ist ihr Bildnis, wie sie in weißem Kleid an einer Tür stehend den Betrachter mit dem Finger zu sich winkt. Die Geschichte der weißen Frau aus Levoča erzählt im Grunde nichts Neues, es ist die uralte Geschichte um Liebe und Verrat. Und weil es über das Leben der realen Juliana Korponay-Géczy (um 1680–1714) einige Unklarheiten gab, konnte die Legendenbildung Raum greifen, gut genährt durch den historisch nicht immer korrekten und viel gelesenen Roman des ungarischen Schriftstellers Mór Jokai (1825–1907).

Die Stadt, ein treuer Verbündeter der aufständischen Gefolgsleute von Franz II. Rákóczy, war seit November 1709 von kaiserlichen Truppen umstellt. Doch die Chancen standen gut für Levoča, und man dachte nicht daran aufzugeben. Einige Monate später zeigt die kaiserliche Heeresleitung Interesse an Friedensverhandlungen, Levoča war dabei natürlich bemüht, ihre königlichen Privilegien und die Stadtkasse nicht strapazieren zu müssen. Ab hier vermischen sich Legende und Realität (denn Levoča kapitulierte schließlich). Der Anführer des aufständischen Kurutzenheeres Stefan Andrássy nahm an den geheimen Verhandlungen teil, er war der Geliebte der angesehenen und verheirateten Adeligen Juliana. Sie soll in der Nacht des 13. 2. 1710 den kaiserlichen Truppen in Levoča Einlass gewährt haben und damit sowohl ihre Heimatstadt als auch ihren Geliebten verraten haben, – angeblich um sich auf kaiserlicher Seite finanzielle Vorteile zu schaffen. Das Motiv wirkt nicht sehr überzeugend, zumal sie aus wohlhabendem Hause war. Und noch ein Steinchen passt nicht ins Mosaik: Am 25. 9. 1714 wurde sie aufgrund eines kaiserlichen Gerichtsurteils in Györ enthauptet. Sie hatte immer noch gute Kontakte zu den aufständischen ungarischen Adeligen, und man bezichtigte sie der Teilnahme an einer antihabsburgischen Verschwörung.

Rathaus Exponate zur Geschichte der Stadt, die lange Zeit von ihrer Vorrangstellung unter den Zipser Städten geprägt war. Somit kann man es von innen besichtigen: im Vestibül gotische Gewölbe, bruchstück- aber zauberhafte Fresken sowie den Sitzungssaal mit Kasettendecke und einem Luster aus Bergkristallen, das Geschenk einer ebenfalls selbstbewussten Stadt: Venedig.

Als südlichstes Gebäude steht am Platz die **evangelische Kirche** auf dem Grundriss eines gleichschenkligen griechischen Kreuzes. Es ist ein byzantinisch angehauchter Zentralbau in klassizistischem Stil (1825–1837). Da an dieser Stelle früher eine hölzerne Kirche stand, sind einige der Ausstattungsgegenstände aus früheren Jahrhunderten vorhanden, so z. B. das renaissancezeitliche Taufbecken und die barocke Orgel.

Nahezu alle der zahlreichen Adels- und Bürgerhäuser um diesen lang gestreckten rechteckigen Platz wären eine Erwähnung wert, doch sollen hier nur die wichtigsten genannt werden. Beginnen wir wieder am nördlichen Ende, wo sich statt des ehemaligen Marktplatzes ein kleiner Park befindet, von dem aus man auch sitzend die eine oder andere der schönen Häuserfronten auf sich wirken lassen kann. An der schmalen Nordseite des Platzes stehen nebeneinander das so genannte **kleine** und **große Komitatshaus.** Das erstere (rechts) erhielt in der Renaissance seine jetzige Gestalt und diente bis zur Errichtung des neuen, im Stil des Empire (1805–1831) erbauten Gebäudes als Amtssitz des jeweiligen Zipser Gespans.

Auf der Ostseite des Platzes, immer noch nördlich, steht das beeindruckende **Thurzo-Haus** (Hausnr. 7). Die Fassade in ochsenblutrot, die reichen Sgraffiti und die vielen wie Wimpel aufgesteckten Giebelzinnen treffen den Stil der italienischen Renaissance in einer eigenen, ostmitteleuropäischen Ausprägung. Das Gebäude entstand als Umbau zweier gotischer Häuser tatsächlich in dieser Epoche, doch das Äußere mit allen entsprechenden Attributen verdankt es einer Neugestaltung von 1904 und ist somit als Neorenaissance zu klassifizieren. Ein Stück südlicher folgt das **Haus des Meisters Paul** (*Dom Majstra Pavla,* Hausn. 20), es ist weniger prächtig, dafür das Entstehungsdatum 1520 umso glaubwürdiger. Hier wohnte und arbeitete (auch im Hof) der berühmte Zipser Holzschnitzer und Altarkünstler, und man kann sich anhand von zahlreichen Duplikaten in die Glanzzeit seines Schaffens zurückversetzen.

Am südlichen Ende auf der Westseite des Platzes steht ein zuletzt barock umgebautes Gebäude (Hausnr. 40) mit Empirefassade. 1752 brachte man hier das **evangelische Lyzeum** unter, das Levočas Ruf als wichtige Bildungsanstalt und »Schmiede« der slowakisch-nationalen Elite des 19. Jh. befördern sollte. Zu den interessantesten Stücken des jetzigen Museums *(Expozícia výtvarnej kultúry na Spiši)* gehören Bücher und Drucke, die in Levoča im 17.–19. Jh. hergestellt wurden. Im Bereich der kunsthistorischen Sammlung ist ein Abriss der künstlerischen Entwicklung von der Gotik bis zum 19. Jh. zu sehen. Und wieder einmal gilt: Das Gebäude selbst ist allein einen Besuch wert (schöne Wandmalereien).

Fast ganz im Norden an der Westseite ist im **Hotel Satel** einer der typischen Innenhöfe der einst gotischen Häuserparzellen zu bewundern, mit Pawlatschengang, Arkaden und hübschen schmiedeeisernen Gittern. Im Atrium ist im Sommer ein Café eingerichtet, man kann ihn also in Ruhe auf sich wirken lassen.

Vorwahl: 0 53

Kultúrno-informačné centrum, Nám. Majstra Pavla 58, 054 01 Levoča, Tel./Fax 4 51 37 63, tiklevoc@nextra.sk, 15. Mai–30. Sept.: Mo–So 9–18, 1. Okt.–14. Mai: Mo–Fr 8.30–16.30 Uhr.

Untere Preisklasse (bis 25 €): Hotel FAIX, Probstnerova cesta 22, Tel. 4 51 23 35, Fax 4 51 35 54. **Penzión Texon,** Francisciho 45, Tel. 4 51 44 93, Mobil 09 05/34 93 60: neue, hübsche Pension. **Penzión pri košickej bráne,** Košická 16, Tel. 4 51 28 79, Fax 4 51 27 69: in restauriertem Gebäude.
Mittlere Preisklasse (25–50 €): Hotel Satel, Nám. Majstra Pavla 55, Tel. 4 51 29 43, Fax 4 51 44 86: gutes Stadthotel, hübsch ist der Zugang zu den Hotelzimmern über den Pawlatschengang, gutes Restaurant. **Hotel Arkáda**, Nám. Majstra Pavla 26, Tel. 4 51 23 72, Fax 4 51 22 55: gutes Stadthotel, Fenster auch zum Innenhof und im hinteren Anbau, Restaurant in altem Gewölbekeller.

Autocamping Kováčova vila, Tel./Fax 4 51 27 05: schön gelegen im Tal Levočská dolina, mit *chata*-Siedlung und Restaurant.

Untere Preisklasse (4–6 €): Vináreň Biela pani, Nám. Majstra Pavla 36, Tel. 4 51 15 86, hübsche kleine Weinstube mit Speisenauswahl. Zwei gute Standardrestaurants: **U troch apoštolov,** Nám. Majstra Pavla 11, Tel. 4 51 43 52; **U Jozefa Janusa,** Kláštorska 22, Tel. 4 51 45 92. Ein kleiner vegetarischer Imbiss: **Vegetarián,** Uhoľna 3, Tel. 4 51 45 76. Etwas außerhalb, aber als Spezialitätenlokal mit stimmungsvollem Ambiente unbedingt zu empfehlen: **Spišský Salaš,** in Spišské Podhradie, Levočská cesta 11 (an der Abzweigung der Landstraße aus Levoča in den Ort), Tel. 4 54 12 02, tägl. 9–20 Uhr.
Mittlere Preisklasse (6–10 €): Restaurants der Hotels Arkáda, Barbakan und Satel (s. unter Hotels).

Pfarrkirche St. Jakob, Tel. 4 51 23 47, Mai–Okt. Di–Sa 9–17 Uhr, So 14–17 Uhr, Mo 13–17 Uhr, Nov.–April Di–Sa 8–16 Uhr, jeweils zur vollen Stunde.
Rathaus: Museum, Nám. Majstra Pavla 2, Tel. 4 51 24 49, Mai–Okt. Di–So 9–17 Uhr, Nov.–April Di–So 8–16 Uhr.
Haus des Meisters Paul, Nám. Majstra Pavla 20, Tel. 4 51 34 96, Mai–Okt. Di–So, 9–17 Uhr, Nov.–April Di–So 8–16 Uhr.
Zipser Museum im evang. Lyzeum, Nám. Majstra Pavla 40, Tel. 4 51 27 86, Mai–Okt. Di–So 9–12 Uhr u. 12.30–17 Uhr, Nov.–April Di–So 8–12 Uhr u. 12.30–16 Uhr (deutsche Audiocassetten).

Etwa 15-minütige **Zug**fahrt von Spišská Nová Ves, das an der Haupteisenbahnstrecke liegt, Züge nach Levoča verkehren mehrmals am Tag. Regelmäßige **Bus**verbindungen von Poprad und Spišská Nová Ves.

Rund um die Zipser Burg

Etwa 16 km von Levoča weiter Richtung Osten erreicht man auf der Landstraße 18 **Spišská Kapitula** (Zipser Kapitel). Stadtrechte verdankt das Zipser Kapitel seiner hier ansässigen kirchlichen Macht, die es seit jeher prägt. Die Anfänge des Ortes gehen auf ein befestigtes Kloster aus dem 11. Jh. zurück, das sich direkt an der *Via magna,* einer Handelsstraße nach Polen, befand. 1198 entstand eine Probstei, aus der sich bald ein Kapitel entwickelte. Die Konzentriertheit des Ortes auf seine geistliche Aufgabe ist heute nahezu unverändert, es scheint, als hätten ihn seine gut erhaltenen Mauern vor dem hektischen Zugriff der Zeit bewahrt. Außer der Kathedrale gibt es gegenüber dem Eingang das Bischofspalais, hinter dem Kirchengebäude am Platz das Priesterseminar, und an der relativ kurzen Hauptstraße stehen etliche Kanoniker-Häuser, fast alle in gotische Zeit zurückreichend.

Die **St. Martins-Kathedrale** errichtete man 1245–1275 im Stil einer dreischiffigen romanischen Basilika mit Westchor und zwei Türmen. Die Kapelle Corpus Christi wurde dem Bau rund 100 Jahre später angefügt, Ende des 15. Jh. arbeitete man sie als Grabkapelle der Adelsfamilie Zápoľký um. Aus spätromanischer Zeit stammen die Säulen, deren Kapitelle mit Beerenfrüchten geschmückt sind und die Schiffsgewölbe tragen. Eine der bedeutendsten Plastiken aus dieser Epoche ist der *Leo albus* aus dem zweiten Drittel des 13. Jh., auf slowakischem Boden sind diese Skulpturen sehr selten. Leider führten die Regotisierungsmaßnahmen Ende des 19. Jh. zu keinem befriedigendem Ergebnis. Sie konnten dem Hauptaltar seine authentische Gestalt nicht wieder geben. Viel wertvoller sind dafür drei Seitenaltäre, die die Anbetung der Drei Könige, den hl. Michael und den Tod der Jungfrau Maria zum Thema haben, sie stammen aus der zweiten Hälfte des 15. Jh. Der Altar mit der Krönung Mariens in der Zápoľský-Kapelle datiert von 1499 und ist ebenfalls ein schönes Beispiel gotischer Altarkunst. Beachtenswert sind die Wandmalereien der Kathedrale (um 1317), ungewöhnlich ein Teil ihrer weltlichen Motive: Es wird die Krönung 1310 Karl Roberts von Anjou zum ungarischen König dargestellt.

Die Zipser Burg

Von Spišská Kapitula bereits sichtbar, mit ihr und dem ihr zu Füßen liegenden Ort Spišské Podhradie (Kirchdrauf) eine historische Dreiheit bildend, erhebt sich auf einem lang gezogenen Travertinfelsen (634 m hoch) die Zipser Burg *(Spišský hrad)* aus der Niederung. Sie gehört zu den meist abgelichteten und dargestellten Motiven der Zips und kann wohl aufgrund ihrer Jahrhunderte zurückreichenden Geschichte und ihres zwar kargen, aber nicht weniger imposanten Mauerwerks (zum großen Teil ebenfalls aus Travertin) als das ursprüngliche Zentrum der Macht in dieser Region betrachtet werden. Zu erreichen ist sie über Spišské Podhradie, Hinweisschilder führen zum Parkplatz, von

Eine der größten Burganlagen Mitteleuropas: die Zipser Burg

wo man den Weg auf den Burgfelsen zu Fuß zurücklegen muss.

Lange und intensive archäologische Forschung konnte eine Besiedelung bis in die jüngere Steinzeit nachweisen. Das früheste schriftliche Zeugnis gibt es aus dem Jahr 1209, als die Burg bereits politischer und kultureller Mittelpunkt der Zips war. Bis 1464 gehörte sie dem jeweiligen Herrscher über Ungarn, danach wechselten sich ungarische Adelsfamilien als Besitzer ab. Doch eigentlich begann die Bedeutung der Burg mit dem Aufblühen der Zipser Städte im Mittelalter abzunehmen. Und natürlich war sie mit ihrer Lage nahe der Nordgrenze des Reiches immer auch Ziel feindlicher Übergriffe. Im Lauf der Jahrhunderte kam es zur schrittweisen Erweiterung der Burg, so dass sie zum Schluss auf mehr als 4 ha umbauter Fläche stand und heute zu den größten Burgkomplexen Mitteleuropas zählt.

Folgerichtig sind auch fast alle europäischen Stilepochen vertreten. Ende des 12. Jh. stand ein erster steinerner Wohnturm, Mitte des 13. Jh. baute man ein romanisches Herrenhaus mit zwei Stockwerken, den Palas. Die Befestigungsanlagen wurden immer wieder um einen zusätzlichen Ring erweitert. Die Zápoľskýs (1464–1528) ließen die Burg zu einem komfortablen Familiensitz ausbauen, die Thurzos richteten ihn später an der herrschenden Stilrichtung der Renaissance aus. Nach einem großen Brand 1780 begann sie zur Ruine zu zerfallen. Dieser Prozess wurde 1970 gestoppt, als man weitreichende Renovierungsarbeiten in Angriff nahm. Seit 1983 ist das Burgareal für die Öffentlichkeit wieder zugänglich gemacht und nicht zuletzt wegen der sich von hier bietenden Aussicht einen Besuch wert. 1993 kam die Burg auf die UNESCO-Liste des Weltkulturerbes. Im Sommer finden am Burghang Ritterspiele und andere Spektakel statt. Tel. 0 53/4 44 13 36, Mai–Okt. Di–So 9–18 Uhr)

Erkundungen im Travertingestein

Eine schöne Gelegenheit, die Umgebung der Burg auch landschaftlich zu genießen, bietet **Hodkovce.** Von Spišské Podhradie aus gesehen, liegt der Ort hinter dem Felsenriff der Burg. Zu erreichen ist er am besten, indem man sich von dort wieder auf die Fernstraße 18 (E 50) begibt und in Richtung Prešov schon sehr bald in Richtung Spišské Vlachy abbiegt. In Hodkovce beginnt ein 1,4 km langer Lehrpfad und führt zum Dreveník (609 m), dem landesweit größten Travertinkamm in Form eines Tafelberges. Auf dem markierten Wanderweg werden dem Besucher in acht Stationen die Charakteristiken des Travertingeländes näher gebracht, das zu einem typischen Phänomen der Zips gehört und ebenfalls von der UNESCO als biosphärisches Reservat geschützt ist. Travertin ist dichterer Kalktuff: Aus kalkhaltigem fließendem Wasser entsteht durch Entweichen von Kohlensäure poröser Kalkstein. Auf dem Weg zum Dreveník ist immer wieder ein schöner Blick auf die benachbarte Burg möglich.

Frühgotisches Kleinod: Žehra

Eine nicht allzu große Kirche mit markantem Zwiebelturm wird zunehmend Ziel vieler Besucher, zu erreichen ist sie von Hodkovce weiter auf der Straße in Richtung Spišské Vlachy. Die aus Travertinstein in der Frühgotik um 1270 fertig gestellte Hl.-Geist-Kirche ist überreich an wertvollen Wandmalereien aus der Zeit vom 13. bis zum 15. Jh. Das Vertrackte an den farbenfrohen und Wärme ausstrahlenden Fresken ist, dass sie oft in mehr als zwei Schichten übereinander aufgetragen sind. Wollte man eine tiefere Schicht ganz enthüllen, ginge die darüberliegende verloren. An den frühen Darstellungen christlicher Glaubensvorstellungen bezaubert zuweilen deren kindliche Naivität. So ist z. B. die Dreieinigkeit als überbreite Frau mit drei eng aneinander geschmiegten Köpfen wiedergegeben. (An der Kirche steht mehrsprachig, wo im Dorf der Pfarrer bzw. seine Vertretung zu finden ist. Es wird Eintritt verlangt, man hat deutsche Erläuterungen parat.)

Spišská Nová Ves

An den Ufern des Hornád am nördlichen Rand des Slowakischen Paradieses liegt Spišská Nová Ves (Zipser Neudorf), mit etwa 40 000 Einwohnern eine lebhafte und geschäftige Bezirksstadt. Mit vielen anderen Zipser Städten teilt sie eine Menge aus deren geschichtlicher Entwicklung. Durch den Anschluss an die Eisenbahn im letzten Drittel des 19. Jh. hatte sie einigen der einst bedeutenderen unter ihnen einen entscheidenden Vorteil voraus und konnte sich deshalb auch im 20. Jh. wirtschaftlich weiterentwickeln. Wichtig waren seit jeher – ebenso wie für das benachbarte Gelnica – die im Mittelalter erteilten Schürfrechte, da es vor den Toren der Stadt bedeutende Eisen-, Kupfer- und Silbererze gab. Ab 1778 befand sich in Spišská Nová Ves die Verwaltung der Provinz der 16 Zipser Städte. Im prächtigen, mit Rokokostuckatur und allegorischen Reliefs versehenen Provinzhaus ist heute das **Heimatmuseum** *(Vlastivedné múzeum)* untergebracht.

Den Mittelpunkt der Stadt bildet ein typischer spindelförmiger Platz, in seiner Ausdehnung mit dem von Prešov vergleichbar. Die Straßenzüge, die durch ihn an seinem Rand gebildet werden, stellen wahre Sonnen- und Schattenseiten dar. Da die Achse des Platzes in West-Ost-Richtung verläuft, sind die nördlichen Fassaden den ganzen Tag von der Sonne beschienen und stehen an der *Letná* (Sommerstraße), während sich die südlichen an der *Zimná* (Winterstraße) fast den ganzen Tag selbst Schatten machen. Tagsüber herrscht auf diesen beiden Straßen buntes Treiben.

Auf dem **Rathausplatz** *(Radničné námestie)* findet sich wieder ein charakteristisches Ensemble an Gebäuden. Das älteste ist die katholische **Pfarrkirche Maria Himmelfahrt.** Sie entstand in gotischer Zeit, durchlief einige Veränderungen, bis man sie Ende des 19. Jh. zu regotisieren versuchte. Manches trug erfolgreich zum authentischen Bild bei, wie z. B. die Freilegung der polychromen Steinquader oder der Wandmalereien mit Darstellungen der Evangelisten aus der Zeit der Frührenaissance. Der mächtige Turm erhielt sein heutiges Aussehen und soll mit 86 m der höchste Kirchturm der Slowakei sein. Und wie könnte es in der Zips anders sein, die Innenausstattung kann einige wertvolle Werke aus gotischer Zeit aufweisen. Da sind zum einen die gotischen Tafelmalereien in den Altären der Jungfrau Maria und des *Vir dolorum,* geschaffen von Meister Martin um 1490. Meister Paul aus Levoča ist hier auch vertreten, mit einer anrührenden Kalvariengruppe aus den Jahren um 1520. Gegenüber dem Provinzhaus steht das klassizistische Rathaus ebenfalls frei auf dem Platz. Ähnlich klar und selbstbewusst wirkt die im selben Stil erbaute evangelische Kirche (1790–1796) etwas weiter westlich. Ein letztes und das jüngste der sehenswerten Bauwerke am Platz steht am entgegengesetzten Ende, doch der ganze Platz ist im Grunde eine kleine Parkanlage. Die **Redoute** aus den ersten Jahren des 20. Jh. scheint sich die Pariser Oper zum Vorbild genommen zu haben, zumindest erinnert die große Kuppel vor hoch aufstrebender Risalitfassade mit ihrer aufgesteckten, golden schimmernden

Figur sehr daran. Das imposante Gebäude mit neuklassizistischen und sezessionistischen Stilelementen wird vom Zipser Theater genutzt und verfügt über ein kleines Café, das tagsüber geöffnet ist.

Vorwahl: 0 53

Informačné centrum, Nám. M. R. Štefánika 10, 052 01 Spišská Nová Ves, Tel./Fax 4 42 82 92, brantner@spisnet.sk.

Untere Preisklasse (bis 25 €): Penzión Šefčík-Vitex, Levočská 66, 053 01 Harichovce, Tel./Fax 4 49 62 83, vitex@bisnet.sk: etwas außerhalb, Richtung Levoča, doch hübsche neue Familienpension.

Mittlere Preisklasse (25–50 €): Hotel Metropol, Nám. M. R. Štefánika 2, Tel. 4 42 22 41, Fax 4 42 36 28: rekonstruiertes modernes Stadthotel.

Untere Preisklasse (4–6 €): Slovenská kuchyňa, Letná 29, Tel. 4 42 53 33. **Fontána,** Zimná 34, Tel. 4 42 60 05.

Mittlere Preisklasse (6–10 €): Sonáta, Radničné nám. 4, Tel. 4 42 83 70, befindet sich im Theatergebäude.

Heimatmuseum, Letná ul. 50, Tel. 4 42 37 57. Juni–Sept. Di–So 9–17 Uhr, Okt.–Mai Di–Fr 8–16.30 Uhr, Sa 9–13 Uhr, So 12–16 Uhr.

Nur wenige Kilometer südöstlich von Spišská Nová Ves steht das hübsche **Rokoko-Schlösschen Markušovce**. Im anschließenden Park kann man im **Lustschlösschen Dardanely** eine reiche Musikaliensammlung besichtigen: Tel. 9 82 12, Juni–Sept. Di–So 8–17 Uhr, Okt.–Mai Mo–Fr 8–16.30 Uhr.

Slowakisches Paradies: Himmlische Wanderwege

Das Slowakische Paradies *(Slovenský raj)* ist Bestandteil des *Gemerský kras,* eines Karstgebiets, das weiter im Süden im *Slovenský kras* (s. S. 212) seine Fortsetzung findet. Es ist in den 1990er Jahren zum Nationalpark erklärt worden und zeichnet sich durch die typischen abrupt abbrechenden Schneisen sowie schmale und steile Schluchten *(rokliny)* aus, die die Gebirgslandschaft durchschneiden. Die Assoziation zum Himmel ergibt sich im Slowakischen Paradies nicht allein aufgrund des Namens. Beim Wandern auf den zahlreich vorhandenen, markierten Wegen helfen Holzsteige und Stege, an unendliche Himmelsleitern erinnernd, kaskadenartig fallendes Gelände zu überwinden. Nicht selten steigt man an Wasserfällen entlang, die es hier zuhauf gibt. Nach Trockenperioden können sie jedoch zu dünnen Rinnsalen versiegen. Beliebter Ausgangspunkt für Ausflüge ins Slowakische Paradies von Spišská Nová Ves ist **Čingov,** Stadtteil des 3 km südwestlich von der Stadt gelegenen Ortes Smižany. Der Ort ist ganz auf Touristen und Ausflügler eingerichtet, neben Hotels stehen hier auch etliche *chaty,* die man mieten kann. Eine der häufig besuchten Trassen ist ein Rundwanderweg von ca. 4 Stunden, bei dem man bereits die Charakteristika der Landschaft kennen lernen kann.

Bis zum **Thomas-Ausblick** (*Tomašovský výhľad)* führt der Weg entlang des Flusses Hornád, im ersten Abschnitt als Naturlehrpfad eingerichtet. Auf einer steil abfallenden Terrasse in 687 m Höhe hat man herrliche Rundumsicht bis zu den Gipfeln der Hohen Tatra. Kurz darauf erreicht man den Cañon des Hornád-Durchbruchs, der Fluss schlängelt sich über mehrere Kilometer unter wildromantischen Felsformationen und eng am Weg entlang durch die Schlucht. Beim Seilsteg, der am Ausgang der Schlucht *Kláštorská roklina* angebracht ist, wendet man sich vom Hornád in südliche Richtung, um durch eben diese hinaufzusteigen – wichtig ist es, der grünen (und nicht der gelben) Markierung zu folgen. Die Reihe von Wasserfällen in der steilen und kurzen Kluft helfen Leitern und Seile zu überwinden. In **Kláštorisko** angekommen, sollte man sich Zeit nehmen für eine Besichtigung der mühevoll rekonstruierten Ruinen eines Kartäuserklosters, das hier auf einer Waldlichtung um das Jahr 1305 entstanden war. 1543 wurde es zerstört, nachdem die Mönche den Ort verlassen hatten. In unserer Zeit war es viele Jahre lang Forschungsstätte für Archäologen. Zahlreiche Freiwillige halfen mit, die Mauerreste so aufzubauen, dass man sich die Klosteranlage zumindest vorstellen kann. Über die *Čertova sihoť* gelangt man in der Nähe des *Tomašovský výhľad* wieder zum Hornád, von hier geht es auf bekanntem Weg zurück nach Čingov.

Untere Preisklasse (bis 25 €): Alle in 053 11 Smižany, Stadtteil Čingov, Ortsvorwahl 0 53, alle mit Verpflegungsmöglichkeit (Halb- oder Vollpension): **Hotel Flóra,** Tel. 4 49 11 31, Fax 4 49 11 30: einfach, aber neu eingerichtet und gut. **Hotel Čingov,** Hradisko 1090, Tel./Fax 4 43 36 63: am Hang gelegen, mit großem Park und schöner Aussicht. Gute Touristenherberge: **Športhotel Relax,** Hradisko, Tel. 4 43 30 81.

Weitere touristische Zentren mitten im Nationalpark Slowakisches Paradies sind **Mlynky** und **Dedinky** im Süden von Spišská Nová Ves (ca. 25 km). Der letztgenannte Ort liegt am Stausee *Palcmanská Maša,* so dass außer Wandern auch Wassersport und Fischfang möglich sind. Mountainbiker sind auf markierten Wegen ebenso willkommen wie im Winter auf den zahlreichen Loipen Langläufer. Östlich des Stausees hinter dem Ort Stratená befindet sich die beeindruckende **Eishöhle Dobšiná** *(Dobšinská ľadová jaskyňa),* die größte der slowakischen Eishöhlen mit sehr schönen gefrorenen Formationen. Man schätzt die hier im Berg liegenden Eismassen auf etwa 145 000 m^3. Der größte Raum darin – *Veľká sieň* (Großer Saal) – misst 72 m in der Länge, die größte Eissäule ist 9 m hoch. Vom Parkplatz ist die Höhle in ca. 20 Min. auf einer Höhe von 971 m zu erreichen (15. Mai–30. Juni und Sept. 9, 11, 12.30, 14 Uhr; Juli– Aug. 9–16 Uhr, jeweils zur vollen Stunde).

Auf dem Thomas-Ausblick

In der Mittel-slowakei

Banská Bystrica

Kremnica

Banská Štiavnica

Nitra

Banská Bystrica:
Blick auf die Stadtburg und den Uhrenturm (rechts)

In der Mittelslowakei

Pulsierendes Zentrum der Mittelgebirge: Banská Bystrica – Täler und Wälder zwischen Fatra und Tatra – Kremnica, die »Goldene« – Kleinod zwischen Hügeln und Bergmannsteichen: Banská Štiavnica – Nitra, »Mutter der slowakischen Städte« – Romanisches Kirchlein und stattliche Sommerresidenz: Kostol'any pod Tribečom und Topol'čianky

Durch die Landesmitte der Slowakei ziehen sich etliche Bergzüge: Von Norden schieben sich Große Fatra und Niedere Tatra in die wenigen Täler, daran schließen sich niedrigere Erhebungen rund um die berühmtesten slowakischen Bergbaustädte an: **Kremnica, Banská Štiavnica, Banská Bystrica.** Einst waren sie in ganz Europa begehrte Standorte für den Abbau edler Metalle wie Gold, Silber und Kupfer, die von dort auch ins weit entfernte Ausland expediert wurden. Heute sind diese Städte dabei, den Glanz vergangener Tage zu nutzen und Besucher durch die in Jahrhunderten angehäuften kunsthistorischen Schätze anzulocken.

Eine der lebendigsten Städte ist Banská Bystrica. Nicht zuletzt als Zentrum des ruhmreichen Slowakischen Nationalaufstands nähme sie am liebsten den Hauptstadttitel für sich in Anspruch. Ganz in der Nähe der ehemaligen Minenstädte gibt es viele Möglichkeiten zum Wandern und Skifahren. Kaum eine halbe Autostunde von Banská Bystrica entfernt, atmet man im bekannten Erholungsort **Donovaly** wunderbar frische Bergluft und kann sich staubige Stadtstraßen nicht mehr vorstellen. Die so genannten *tajchy* (Teiche) bei Banská Štiavnica dienten früher der Entwässerung der Bergbauschächte, heute genießt man dort im Sommer die erfrischende Abkühlung.

In südwestlicher Richtung erreicht man **Nitra.** Es ist eine der größeren Städte des Landes und in historischer Hinsicht interessant. Auf dem Weg nach **Topol'čianky,** dem einstigen Sommersitz der tschechoslowakischen Präsidenten, liegt **Kostol'any pod Tribečom,** ein in der Slowakei seltenes Beispiel erhaltener romanischer Kirchen.

Banská Bystrica

Die Stadt bezeichnet sich selbst gern als Metropole der Mittelslowakei; nach westeuropäischen Maßstäben mag dies etwas vollmundig klingen, doch muss man zugeben, dass hier mehr Dynamik und Aufgeschlossenheit herrschen als in vergleichbaren anderen slowakischen Städten. Sie liegt an den Ausläufern der Großen Fatra und Niederen Tatra an der Mündung des Flusses Bystrica in den *Hron* (die Gran), der schließlich in die Donau fließt. Sowohl von Norden über Ružomberok als auch über den Süden ist Banská Bystrica (Neusohl) sehr gut zu erreichen. Im Hinblick auf die Einwohnerzahl (85 000) steht die wirtschaftlich prosperierende Stadt an sechster Stelle im Land. Die meisten Menschen sind im Banken- und Finanzwesen sowie in der Textil- und Bauwirtschaft, in der pharmazeutischen Industrie und im Fremdenverkehr beschäftigt. Landwirtschaft fällt hier kaum ins Gewicht. Nicht zuletzt trug die Ansiedelung einiger gesamtstaatlicher und internationaler Institutionen zu einer weltläufigeren Atmosphäre bei. 1992 öffnete die neu gegründete, moderne Matej Bel-Universität ihre Pforten,

Mittelslowakei

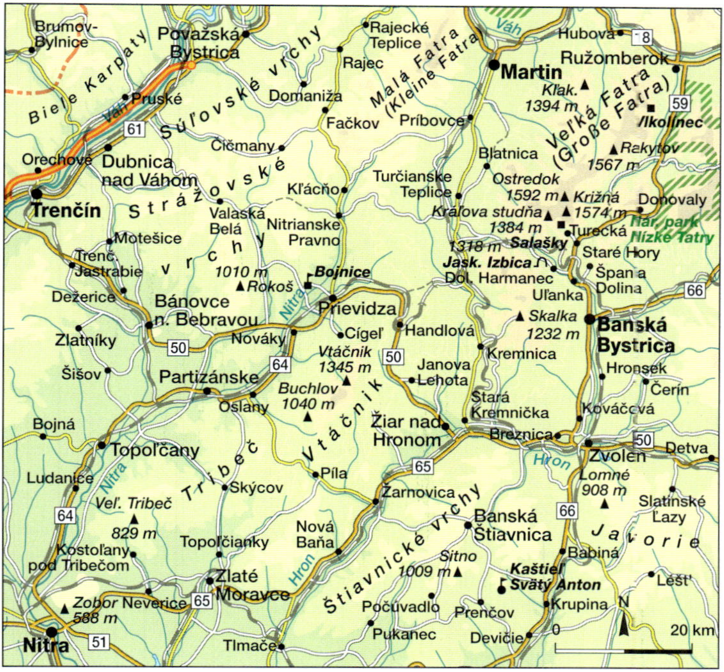

SNP

Der Slowakische Nationalaufstand 1944

Egal, in welcher Ecke der Republik man sich bewegt, man wird auf das Kürzel SNP stoßen. Es steht für *Slovenské Národné Povstanie* und verweist auf den heldenhaften Kampf der slowakischen Bevölkerung und ihrer Verbündeten gegen die Okkupation durch Nazi-Deutschland Mitte des Jahres 1944. In der internationalen Bewertung wird der Slowakische Nationalaufstand zu den wichtigen Widerstandsaktionen gegen die Hitler-Diktatur in Europa gezählt.

Die Voraussetzungen für ein bewaffnetes Eingreifen wurden Ende 1943 durch die tschechoslowakische Exil-Regierung in London geschaffen, die eine Vereinbarung mit der Sowjetunion über eine Erneuerung der Tschechoslowakei unterzeichnete. Am 25. Dezember kam es zum so genannten Weihnachts-Abkommen zwischen den slowakischen Oppositionsparteien, die nun aktiv die faschistische Tiso-Regierung bekämpfen wollten. Es wurde ein gemeinsames Widerstandsorgan, der Slowakische Nationalrat (das spätere Parlament) gegründet, der zum gegebenen Zeitpunkt die Macht im Land übernehmen sollte. Parallel wuchs seit 1943 die Partisanenbewegung, insgeheim genährt durch sowjetische Gefangene. Im Sommer kam es zu einer direkten Unterstützung durch sowjetische Fallschirmspringer – die Bewegung geriet dem Nationalrat aus dem Ruder. Obwohl der Nationalrat zur Zurückhaltung riet, kam es am 28. August 1944 zur Erschießung einer Gruppe deutscher Offiziere. Für Nazi-Deutschland war dies ein willkommenes Argument, Jozef Tiso zu Hilfe zu kommen, es begann die Okkupation der

und so strömten auch viele junge Menschen in die Stadt.

Am Námestie SNP

Mittelpunkt des städtischen Treibens ist das großzügig an einem sanften Hang angelegte *Námestie SNP*, das Kürzel des Platzes steht für den Slowakischen Nationalaufstand. Zahlreiche Cafés, Espresso-Bars und Restaurants verlagern im Sommer ihren Betrieb nach draußen, und dazwischen ist immer noch genügend Raum für »kostenloses« Sitzen und Schauen an Brunnen und Bänken, umgeben von Blumen. Autos sind von hier verbannt. Bis in den späten Abend hinein scheint das Hin und Her der Menschen nicht aufhören zu wollen. Der Platz ist das wahre

Slowakei durch deutsche Truppen. Nun konnte sich auch der Nationalrat nicht mehr heraus halten, der Partisanenkampf sollte wenigstens gelenkt werden. Im unabhängigen Rundfunk wurde er am 29. August mit der kodierten Nachricht »Beginnt mit dem Auszug« eröffnet. Der letztlich unvorbereitete Widerstandskampf war von vornherein zum Scheitern verurteilt. Die deutschen Truppen rückten unerwartet rasch vor und konnten Partisaneneinheiten immer wieder entwaffnen. Die eigentlichen Kämpfe konzentrierten sich sehr bald auf den mittelslowakischen Raum, sein Zentrum war Banská Bystrica. Eine bedeutende internationale Anerkennung erfuhr der Aufstand durch die Ausrufung dieses Gebiets zum Widerstandsterritorium durch die Alliierten. Die USA und andere Verbündete schickten kurz darauf Waffen und andere materielle Hilfe. Entscheidend für die Verteidigung der Stellungen der Partisanen war jedoch die Unterstützung durch die einheimische Bevölkerung, teilweise auch der deutschen.

Der Nationalaufstand endete am 27. Oktober 1944 mit der Besetzung von Banská Bystrica. Danach begann eine Zeit ungeahnten Terrors. Alle, die am Aufstand beteiligt gewesen waren und nicht untertauchen konnten, waren der Vergeltung durch die SS-Truppen »Heimatschutz« (bewaffnete Einheiten slowakischer Deutscher) sowie durch Hlinka-Gardisten ausgesetzt. Dörfer (wie z. B. Nemecká, Kalište, Telgárt) wurden wegen Beteiligung und Unterstützung des Aufstands niedergebrannt, die Männer in Konzentrationslager gebracht oder auf der Stelle hingerichtet. Den Slowakischen Nationalaufstand mit seinen etwa 20 000 Opfern stilisierte man besonders in sozialistischer Zeit einseitig zum nationalen Mythos, er wurde ideologisch instrumentalisiert – nicht jeder Slowake während des Tiso-Regimes war ein aufrechter Anti-Faschist und nicht jeder Deutsche ein Nazi-Kollaborateur.

Herz der Stadt und wird abends stimmungsvoll beleuchtet.

Eines der Wahrzeichen ist die **Kirche des hl. Franz Xaver** am oberen Ende des Platzes mit ihren ungewöhnlichen Abschlüssen an den beiden Türmen. Nach der Ankunft in Bystrica bauten sich die Jesuiten eine ihrer typischen Kirchen im Stil des Barock (1695–1703) mit daran anschließendem Kollegium. 1776 erhob man sie zur Kathedrale, denn Bystrica war zum Bistumssitz ernannt worden – das Gebäude etwas tiefer gegenüber ist das Bischofspalais. Anfang des 19. Jh. wurden Kircheninneres und Fassaden im Stil des Klassizismus umgestaltet, die beiden Türme erhielten 1844 ihr heutiges Aussehen.

Unweit der Kirche auf derselben Seite steht das **Thurzo-Haus** (Nr. 4).

Seine schlichte Fassade zieren lediglich in Sgraffito-Technik eingeritzte Quadersteine. Es entstand als repräsentativer Firmensitz der Thurzo-Fugger-Gesellschaft, die das Gebäude von 1494 bis 1540 nutzte. Von ihrem wirtschaftlichen Erfolg profitierte auch die Stadt, die Bürger- und Patrizierhäuser am Hauptplatz legen schönes Zeugnis davon ab. Das Thurzo-Haus beherbergt heute das **Mittelslowakische Museum** *(Stredoslovenské múzeum).* Unter den Exponaten findet sich z. B. die prächtige Truhe der Goldschmiedezunft aus dem Jahr 1684, aber auch andere kunsthistorische Kostbarkeiten, die aus der Region zusammengetragen wurden.

Gegenüber etwas weiter unten steht das Haus, das im wahrsten Sinne des Wortes aus der Reihe tanzt, aber nicht nur deshalb auffällt. Das **Benický-Haus** *(Benického dom)* entstand als Renaissance-Umbau gegen Ende des 16 Jh., im darauf folgenden Jh. kam die südländische Arkadenloggia mit ihren toskanischen Säulen dazu. Besonders aufwendig und die Blicke auf sich ziehend ist das Relief über dem Eingang, es zeigt Bergleute in farbenfroher Bemalung.

Zur Stadtburg

Weiter die Häuserzeile entlang geht dieser Platz am oberen Ende in einen schmaleren über, das *Námestie Moyzesa.* Am Übergang steht an der Ecke der Uhrenturm, als Teil des Stadtgefängnisses 1552 erbaut. Im Keller befand sich die Folterkammer, die letzte Aufstockung mit barocker Turmspitze erfolgte 1784. Nach dem Aufstieg zum schmiedeeisernen umlaufenden Balkon erwartet einen nicht nur ein herrlicher Überblick über den zu Füßen liegenden Platz – auch die umliegenden Bergkuppen kommen wieder ins Blickfeld und verdeutlichen die Lage der Stadt.

Im nördlichen Teil des *Nám. Moyzesa* befinden sich die erhalten gebliebenen Gebäude der Stadtburg, deren Befestigung nur noch zu kleinen Teilen vorhanden ist. Ältester Bau ist die **Marienkirche**, 1255 im romanischen Stil begonnen, wovon noch die Fenster des Turmes zeugen. Ende des 15. Jh. wurde der Grundriss durch angebaute Kapellen erweitert. 1770 schuf Anton Schmidt ein neues Gewölbe im Geist des Barock. Die Altarbilder mit der Himmelfahrt Mariens und der Hl. Dreifaltigkeit fertigte 1774 Johann Lucas Kracker. Aus gotischer Zeit blieb wunderbarerweise die Kapelle der hl. Barbara nahezu unverändert bestehen. Ihr Netzgewölbe stützt sich auf feingliedrige Konsolen figural gestalteter Heiliger. Und man trifft erneut auf die Kunst Meister Pauls aus Levoča, seiner Werkstatt wird der schöne Barbara-Altar aus dem Jahr 1509 zugeschrieben. Die südliche Kapelle verfügt über einen noch etwas älteren gotischen Altar mit einer Darstellung von Maria Magdalena. Etwas zurück versetzt und kleiner steht die **Heilig-Kreuz-Kirche,** auch Slowakische

Kirche genannt. Im 17. Jh. wurde sie von den Protestanten genutzt, bevor sie die Jesuiten in der Zeit der Gegenreformation wieder übernahmen und barock umarbeiten ließen. Die heutige Innenausstattung stammt vorwiegend aus dem 19. Jh. Daran anschließend folgt das **Matej-Haus,** ein schmuckloses gotisches Gebäude mit vier Stockwerken. Das **Rathaus** wird seit jeher als Prätorium bezeichnet und ist aus spätgotischer Zeit, doch bereits mit einer hübschen kleinen Arkadenloggia. Die **Staatliche Galerie** *(Štátna galéria)* ist mit einer repräsentativen Schau zur slowakischen Kunst im 20. Jh. darin untergebracht. Es gibt immer auch beachtenswerte aktuelle Ausstellungen.

Schließlich noch das letzte gut erhaltene Gebäude auf dem Burgareal, die **Barbakane** – ein zur Stadt gewandtes, doppelt verstärktes Tor der Fortifikationsanlage mit gotischem Verbindungsgang, wie es in der Zeit der Türkengefahr notwendig geworden war. Hier befindet sich heute das städtische Info-Büro.

Das Museum des Slowakischen Nationalaufstands

Zwischen Uhrenturm und Franz-Xaver-Kirche führt die *Kapitulská ulica* weg vom historischen Zentrum, an der Kreuzung zur *ulica J. Cikkera* erblickt man auf der linken Seite ein Symbol der Stadt aus jüngerer Zeit – das Museum zum Gedenken an den Slowakischen Nationalaufstand 1944

Im Durchgangsbereich des Museums SNP

(Múzeum SNP). Was wie eine weiße, auseinandergebrochene Schüssel erscheint, ist ein wohl überlegtes Konzept des Architekten Dušan Kuzma, das er 1969 realisierte. Es stellt einen entzwei gehauenen *širák* dar, die traditionelle Kopfbekleidung aus weißem Filz der slowakischen Hirten. Mit ihrem Leben in den slowakischen Bergen identifizierten sich die Partisanen, bei ihnen fanden sie Schutz, und aus ihren Reihen rekrutierten sie sich zum Teil. Wirkt die ungewöhnliche Architektur von weitem massiv und abweisend, spürt man im Durchgangsbereich eher Verletztheit und Trauer. Der freie

Blick zum Himmel kann dies aber mildern und Größe vermitteln. Hier brennt am symbolischen Grab eines Partisanen ein ewiges Feuer für die Opfer des Aufstands. Das Museum ist umfassend und detailreich bestückt, vorwiegend natürlich Militaria. Doch allein ein kursorischer Gang durch die Ausstellungsräume kann dem fremdländischen Besucher dieses gravierende Ereignis der slowakischen Geschichte näher bringen, auch wenn vielem noch heroisierendes Pathos aus sozialistischer Zeit anhaftet.

Vorwahl: 0 48

Kultúrne a informačné stredisko (KIS), Nám. Š. Moyzesa 26, 975 74 Banská Bystrica, Tel. 4 15 50 85, Fax 4 15 29 14, pkobb@isternet.sk, großes Büro, viele Anregungen und Tipps für Unternehmungen, auch und gerade in die benachbarten Berge.

Untere Preisklasse (bis 25 €): Zwei hübsche neue Pensionen: **Penzión Uhlisko,** Lesná 3, Tel. 4 14 56 12. **Penzión Bella** Sládkovičová 9, Tel. 4 16 11 07. **Turistická ubytovňa Milvar,** Školská ul. 9, Tel. 4 13 87 73: Touristenherberge für einfache Ansprüche, zentrumsnah.
Mittlere Preisklasse (25–50 €): Horský hotel Šachtička, Inovecká 11, Tel. 4 14 19 11: etwas abseits gelegenes einfaches Berghotel, renoviert, mit Tennisanlage und Möglichkeit zum Reiten.
Gehobene Preisklasse (50–75 €): Hotel Arcade, Nám. SNP 5, Tel. 4 30 21 11: hübsches Stadthotel mit angenehmem Ambiente in einer Passage des Hauptplatzes. **Hotel Lux,** Nám. Slobody 2, Tel. 4 14 41 41/-9: ein »Kasten« aus den 70er Jahren, es gibt renovierte und nicht renovierte Zimmer (ca. halb so teuer), zentrumsnah, gutes Restaurant.

Untere Preisklasse (4–6 €): Cechová reštaurácia, Nám. SNP 6, Tel. 4 12 35 25; **Reštaurácia Topvar,** Nám. SNP 17, Tel. 4 15 29 11. **Reštaurácia Tiger,** Dolná 36, Tel. 4 12 49 19: im Sommer Terrassenbetrieb, angeschlossene Weinstube. Guter Schnellimbiss mit slow. Spezialitäten: **Rýchle občerstvenie,** Horná 33, Tel. 4 15 36 68.
Mittlere Preisklasse (6–10 €): Fishmen restaurant, Dolná 5, Tel. 4 12 51 05: der Name sagt es, man ist auf Fischgerichte spezialisiert. **Reštaurácia u komediantov,** Horná Štriebornά 13, Tel. 4 15 31 85: Kleines, gemütliches Lokal mit Jagdspezialitäten. **Červený rak,** Nám. SNP 13, Tel. 4 15 38 82, Fax 4 15 50 38: gutes Tagesrestaurant mit flinkem Service, auch Weinstube und Sommerterrasse. **Slovenská pivnica,** Lazovná 18, Tel. 4 15 50 36: slowakische Spezialitäten. **Starobystrická reštaurácia,** Nám. SNP 9, Tel. 4 15 43 26: gute Küche mit regionalem Angebot.
Gehobene Preisklasse (ab 10 €): Reštaurácia Hungária, Horná 25, Tel. 4 12 34 52: gepflegtes Restaurant mit Weinstube.

Kaviareň Hungária, Horná 25, Tel. 4 12 34 52: gepflegtes Café im Kellergewölbe. **Alfredo Café** Nám. SNP 5, Tel. 4 30 24 44: quirliger Treffpunkt am Hauptplatz.

Mittelslowakisches Museum, Nám. SNP 4, Tel. 4 12 58 97, 15. Juni–15. Sept. Mo–Fr, So 9–12 Uhr u. 13–17 Uhr; in der übrigen Zeit Mo–Fr, So 8–12 Uhr u. 13–16 Uhr.
Staatliche Galerie im Rathaus, Nám. Moyzesa 25, Tel. 4 12 48 64, Mo–Fr 9–11.30 Uhr u. 12–17 Uhr; Sa, So 10–11.30 Uhr, 12–16 Uhr.

Museum des Slowakischen Nationalaufstands, Kapitulská 23, Tel. 4 12 32 59, Mai–Sept. Di–So 9–18 Uhr, Okt.–April Di–So 9–16 Uhr.

Seit 1967 wird in Bystrica im Dezember eine **internationale Holzschnitzer-Triennale** veranstaltet. Interessant ist auch der **Holzlöffelmarkt von Radvaň,** er findet jedes Jahr Anfang Sept. statt. Über Zvolen ist der Ort Detva zu erreichen (ca. 22 km östlich), bekannt für sein großes **Folklore-Festival** Mitte Juli. Hier kann man auch die berühmte Fujara hören, ein für die Slowakei typisches Holzblasinstrument der Volksmusik.

Für Jüngere und Ältere: **American Night Club,** Nám SNP 6, Tel. 4 15 37 96. Gute Disco: **Disco Arcade,** J. Cikkera 3, Tel. 4 30 24 03. Gepflegter **Nachtklub** im **Hotel Lux,** Nám. Slobody 2, Tel. 4 14 41 40. **Piano Bar,** Nám. SNP 2, Tel. 4 12 58 88. Treff für junges Publikum: **Royal Pub,** Horná Strieborná, Tel. 40 26 12.

Weinhandlung **Vínotéka,** Nám. SNP 14, Tel./Fax 4 15 29 76: einheimische und ausländische Weine. Einkaufsgalerie **Dielo,** Nám. SNP: Kunst und Kunsthandwerk von anerkannten Künstlern und Produzenten der Region. Im nahe gelegenen Ort **Ľubietová** gibt es typ. Keramik, und man kann die Werkstätten besichtigen. Verkauf dieser Keramik auch in: **Galéria TEO,** Národná 6, **Art Region,** Horná 21.

Als Ausflug ist unbedingt die **Burg von Zvolen** (ca. 20 km) zu empfehlen. Von weitem ist die mächtige Festung mit ihren verspielten Zinnen zu erkennen. Ihre Anfänge reichen in die Zeit der Gotik zurück, wovon die schöne Burgkapelle zeugt. In der Burg ist eine Zweigstelle der Nationalgalerie untergebracht. **SNG Zvolenský zámok,** Tel. 0 45/5 33 13 37: Juni–Aug. Di–Sa 10–17 Uhr, So 10–16 Uhr.

Auf etwa halber Strecke zwischen Banská Bystrica und Zvolen steht im Ort Hronsek eine der sehenswerten hölzernen **Artikularkirchen** (1725). Sie gehört zu den größten ihrer Art und hat eine barocke Ausstattung.

Zwischen Chavtimech (kurz vor Brezno) und Čierny Balog verkehrt durch malerische Waldlandschaft von Mai–Sept. eine **historische Dampflok** (*Čiernohronská železnica*), Tel./Fax 0 48/6 19 15 00.

Špania dolina

Das, was Bystricas Reichtum begründete, kann man am Beispiel eines besonders gut erhaltenen Dorfes in den Bergen unweit davon besichtigen. Man verlässt Banská Bystrica im Norden Richtung Ružomberok auf der Fernstraße 59 (E 77) und biegt nach wenigen Kilometern kurz vor Uľanka nach rechts zur Špania dolina ab. Von hier windet sich die enge, aber gute Straße bis zum Dorf gleichen Namens. Zerstreut stehen die Häuser auf dem unwegsamen Gelände, für den Dorfplatz (auf dem man das Auto am besten abstellt) scheint eine gerade Fläche geschaffen worden zu sein. Hier ist gleich einer der alten Einfahrschächte mit einigen der typischen Grubenwaggons zu sehen. Bei einem Rundgang durchs Dorf sieht man auch auf den Privatgrundstücken immer wieder Schächte, viele von ihnen dienten oft nur zur Belüftung der Gruben. Die meisten der Bergmannshäuser mit besonders massivem und in die

Auf dem Dorfplatz Špania dolinas zu bewundern: die Kunst des Klöppelns

Höhe gezogenem Erdgeschoss wurden im 17. und 18. Jh. gebaut, als der Erzabbau seinem Höhepunkt zustrebte. Manche davon stehen schon mehr als 500 Jahre an derselben Stelle. Doch in den 60/70 er Jahren des 20. Jh. fand die ruhmreiche Vergangenheit des mittelalterlichen Dorfs endgültig ihr Ende, die Gruben waren erschöpft. Nachdem die Bergleute hier keine Arbeit mehr fanden, entdeckten die Städter das idyllische Dorf. Sie begannen, die alten Häuser als Wochenend- und Feriendomizile zu nutzen. Špania dolina ist heute ein denkmalgeschützter Ort mit etwa 150 Einwohnern, die sich zunehmend auf den Fremdenverkehr orientieren. Unterhalb der Kirche sitzen im Sommer tagsüber Frauen in einem offenen Schuppen und demonstrieren ihre Klöppelkunst, die sie wieder an ihre Töchter weiter zu geben versuchen. Geht man im Dorf spazieren, wird man nicht selten angesprochen, ob man nicht *čipky* (Spitzen, meist schon zu Deckchen verarbeitet) kaufen möchte.

Donovaly

Zurück auf der Fernstraße erreicht man, 28 km von Banská Bystrica entfernt, den 960 m hoch gelegen Ort **Donovaly** mit einigen großen Hotels und Erholungsheimen. Es ist der Zusammenschluss einiger Gemeinden unter diesem Namen auf dem breiten Pass zwischen den auslaufenden Bergmassiven der Fatra und Niederen Tatra. Auf den von Köhlern in früheren Jahrhunderten gerodeten Hängen und Senken entwickelte sich nach dem Zweiten Weltkrieg eines der großen Touristikzentren der Slowakei. In der kalten Jahreszeit nutzen Wintersportler die Lifte und weitläufigen Wiesen und Täler, im Sommer spazieren und wandern die Menschen hier. Schön und nützlich sind die Glasveranden einiger alter Bauernhäuser in den Gemeinden, sie sind typisch für die Gegend und verlängern für Mensch und Pflanze die warme Witterung. *Gaderská dolina* ist eines der schönsten Täler auf dieser Seite.

Alle in 976 39 Donovaly, Ortsvorwahl ist 0 48:
Untere Preisklasse (bis 25 €): Penzión Aurélia, Tel. 4 19 97 15: gemütliche Pension in einem der typischen Häuser mit Glasveranda, Vollpension möglich. **Chata pod Magurou,** Tel. 4 19 97 52, Fax 4 19 98 80, magura@bb.psg.sk: hübsche Hüttenunterkunft in neuer Ausstattung im Tal unweit vom Ort.
Mittlere Preisklasse (25–50 €): Hotel Žiar, Tel. 4 79 97 27: großes Standardhotel. **Hotel Vesel,** Tel. 4 19 97 45, Fax 4 19 97 81: Großhotel aus sozialistischer Zeit, befindet sich im Umbau, guter Standard.
Gehobene Preisklasse (50–75 €): Šport Hotel, Tel. 4 19 97 20, Fax 4 29 90 25, sporthot@bb.psg.sk, www.sporthotel.sk: einst legendäres Haus am Platz, dem man dies nach seiner Komplettmodernisierung nicht ansieht, angenehmes Komforthotel, Restaurant leider nicht zu empfehlen.

Camping Kamzík, Tel./Fax 4 19 97 35.

Kremnica

Von den drei in diesem Kapitel beschriebenen Bergbaustädten wirkt die Altstadt von Kremnica (Kremnitz) am geschlossensten. Nach wie vor schlüpft man nur als Fußgänger (!) in diesen Bereich durch das **Untere Tor** *(Dolná brána)* der ehemaligen Stadtbefestigung. Es stellt eine schöne gotische Barbakane mit zierlichen Terracotta-Figuren dar, die allerdings aus dem 19. Jh. stammen. Auf der Innenseite gab es einst hölzerne Pawlatschen, die zum Teil wieder hergestellt sind, denn das städtische Tourismus-Büro liegt über dem rückwärtigen Toreingang. Die schmale Gasse vom Tor führt geradewegs zum *Štefánikovo námestie,* einem für ein mittelalterliches Städtchen ungewöhnlichen Platz: ein von niedrigen Bäumen mit kugeliger Krone bestandener grüner Hang, als ob man in die urbane Kulisse der umstehenden Bürgerhäuser gotischen Ursprungs eine »Almwiese« verlegt hätte. Und mitten darauf eine überbordende barocke Pestsäule von fast 20 m Höhe mit mehr als 60 Figuren, die sich die Kremnitzer 1765–72 von Dionysius Stanetti und Martin Vogerl aufstellen ließen. Eine Erklärung für die kuriose städtebauliche Kombination des ehemaligen Marktplatzes ergibt sich aus der Tatsache, dass die Pfarrkirche, neben der die Säule zu stehen kam, im 19. Jh. aus statischen Gründen abgetragen werden musste. Dafür stehen umso mehr Bänke für eine Verschnaufpause bereit, denn vom Unteren Stadttor bis zur alles überragenden Katharinenkirche muss man stetig hinauf steigen.

Stadt in der Stadt

Die **Stadtburg** *(Mestský hrad)* ist museales Gelände und nicht frei zugänglich. Vom Hauptplatz am Rathaus vorbei gelangt man über die *Kollárova ulica* zum überdachten Treppenaufgang, der zum Eingang führt.

Zu den ältesten Gebäudeteilen gehört der kreisrunde, in spätromanischer Zeit entstandene Karner (Mitte des 13. Jh.) neben dem kantigen Nordturm. Der untere Teil diente als Beinhaus, während im Erdgeschoss Reste gotischer Wandmale-

Katharinen-Kirche in Kremnica

reien die einstige sakrale Nutzung der Kapelle bezeugen. Erst 1994 wurden sie in mühevoller Restaurierungsarbeit freigelegt. Der bezaubernde kleine Raum besitzt ein sechsteiliges Rippengewölbe, dessen Schlussstein ein Bergmannszeichen ziert, und bereits spitzbogig zulaufende gotische Fenster. Dominiert wird das Burgareal von der **Katharinen-Kirche.** An das kurze, aber relativ breite Doppelschiff aus dem 14. Jh. baute man im darauffolgenden Jahrhundert ein ausladendes Presbyterium mit gotischem Rippengewölbe. Nach einem Brand 1560 entstand der selbstständig stehende Turm neu. Leider ging in der Katharinen-Kirche viel Originales verloren, sie musste im 19. Jh. umfassend umgebaut werden, da der Untergrund zu rutschen begann. Älter ist das Taufbecken aus rosa Marmor (16. Jh.) aus der abgerissenen Marienkirche am Hauptplatz und die gotische Madonna, die in den neu geschaffenen Marienaltar integriert wurde.

Lohnend ist der Aufstieg auf den Kirchturm. Da es sich um den höchsten Punkt der Stadt handelte, war der Turm zur Wahrung ihrer Sicherheit rund um die Uhr mit einem Wachposten besetzt. Er war also kein üblicher Kirchturm. Den so genannten »Turnern«, die Wache hielten, war hier oben ein kleiner Wohnraum mit dem Nötigsten eingerichtet, ein kleiner Kachelofen sorgte im Winter für Wärme. Die Wachhabenden arbeiteten erfolgreich, denn Kremnica ist nie von fremden Truppen eingenommen worden. Im »kleinen« Turm nebenan wird eine Sammlung von Kirchenglocken präsentiert – Kremnica war die Heimat einiger bedeutender Glockengießer.

Gold und Münzen

Zwei Stichworte sind im Zusammenhang mit Kremnica besonders wichtig: Gold und das Prägen von Münzen. Eine Legende zur Stadtgründung erzählt, dass die Herren der nahe gelegenen Burg Šašov bei einer Jagd auf heutigem Stadtgebiet im Kropf eines der geschossenen Rebhühner Körnchen puren Goldes fanden und daraufhin mit dem Schürfen begannen. Tatsächlich gab es bedeutende Goldvorkommen in dieser Gegend, so dass König Karl Robert von Anjou der Siedlung 1328 Stadtrechte verlieh und sie zum Sitz der Bergbaukammer und der königlichen Münzstätte erkor, die sich bis dahin immer am Königshof befunden hatte.

Die Prägeanstalt gehört zu den ältesten in Europa und ist nachweislich seit 1329 ununterbrochen in Betrieb, worauf man zu recht stolz ist. Seit 1994 untersteht sie der Slowakischen Nationalbank und erfreut sich guter Nachfrage zur Herstellung auch ausländischer Münzen und Medaillen. Kurze Zeit nach der Gründung begann man der berühmt gewordenen Kremnitzer Coldduka-ten mit der Anjou-Lilie zu prägen. Eine vergoldete Nachbildung desselben kann man seit ein paar Jahren erwerben, und das Besondere daran ist, dass er auf dem Stadtgebiet als Zahlungsmittel anerkannt ist. Neben der **Münzstätte** *(Mincovňa)* am *Štefánikovo nám.* 11 gibt es eine Verkaufsstelle, die nicht nur Numismatiker erfreut. Sie bietet eine reiche Auswahl an Münzen, die bis ins Habsburger Reich zurück reicht. Schräg gegenüber an der kurzen Seite des Platzes befindet sich das **Münzenmuseum** *(Múzeum mincí a medailí,* Hausnr. 19). Es dokumentiert zum einen die Stadtgeschichte und den Bergbau, ist aber in erster Linie auf die Münz- und Medaillenproduktion Kremnicas sowie der gesamten Slowakei spezialisiert und zeigt hier sehr schöne Exponate.

Vorwahl: 0 45

Informačné centrum, Nám. M. R. Štefánika 35/44, 967 01 Kremnica, Tel./Fax 6 74 28 56, infokca@bb.telecom.sk: Vermittlung guter Privatunterkünfte.

Untere Preisklasse (bis 25 €): Soler Penzión, ul. Angyalova 433/63, Tel. 6 74 43 35: gemütliche kleine Pension. **Penzión Štefanov dvor,** ul. J. Horvátha 911, Tel./Fax 6 74 40 97: hübsch restauriertes Anwesen im Stadtteil Lúčky, Aufenthaltsraum mit Kachelofen, kleines Restaurant mit Jagdspezialitäten. **Horský hotel Fortuna,** Skalka, Tel. 6 74 21 18: neues schlichtes Berghotel.
Mittlere Preisklasse (25–50 €): Hotel Centrál, Dolná 40, Tel. 6 74 42 10, Fax 6 74 42 14: modernes kleines Stadthotel in der Fußgängerzone unweit des Unteren Stadttors.

Caravan Camp, Dolná ulica, Tel. 6 74 33 03.

Untere Preisklasse (4–6 €): Gotická pivnica, Štefánikovo nám. 30, Tel. 6 74 20 77: schmackhafte Speisen in gotischem Kellergewölbe.

Stadtburg, Tel. 6 74 39 68, Di–Sa 8.30–12 Uhr, 13–16.30 Uhr.
Münzenmuseum, Tel. 6 74 26 96, Okt. –April, Mai–Sept. Di–Sa 8.30–13 Uhr, 13.45–16.30 Uhr.

Gute **Zug-** und **Bus**verbindungen aus allen Richtungen: Žilina, Banská Bystrica und Žiar nad Hronom.

Unweit von Kremnica, zwischen Kremnické Bane und dem Dorf Krahule, befindet sich auf einem Hügel die Markierung für die geographische Mitte Europas.

Banská Štiavnica

Auf verschlungener Landstraße, die von der Autobahn kurz hinter Zvolen auf dem Weg nach Žiar nad Hronom abbiegt, erreicht man nach 22 km Banská Štiavnica (Schemnitz). Es ist eine hübsche Fahrt, abseits der großen Verkehrsströme – rechts und links jeweils sanfte Hänge und stille Dörfer. Die Straße wird gern von Radfahrern benutzt, also Vorsicht an unübersichtlichen Stellen.

Banská Štiavnica rühmt sich als älteste der traditionsreichen mittel-

Blick auf das Alte Schloss

slowakischen Bergbaustädte und ist nicht zuletzt aufgrund ihrer einstigen bergbaulichen Autoritätsstellung die bedeutendste. Sie wird auch gern als Stadt der Gelehrten bezeichnet, so lebte und lehrte hier Andrej Kmet', Botaniker und Begründer der Slowakischen Gelehrten Gesellschaft im 19. Jh. In den letzten Jahren des 20. Jh. ist Štiavnica wie der mythologische Phoenix zwar nicht aus Asche, doch aus jahrzehntelanger Verwahrlosung neu erstanden. Die gesamte Innenstadt ebenso wie die Bergmannsgruben im Umland wurden 1993 in die Liste des Weltkulturerbes der UNESCO aufgenommen, seither ist mit großem Erfolg emsig restauriert worden.

Rund ums Rathaus

In dieser Stadt mittelalterlichen Ursprungs (1238 erhielt sie das Stadtrecht) fehlt aufgrund der Verstreutheit ein Gefühl für ein kompaktes Zentrum – Altes und Neues Schloss liegen auf je eigenen Hügeln, ebenso wie einige der Bergbau-Institute, es konnte auch keine zusammenhängende Befestigung entstehen. Einen gewissen Mittelpunkt bildet der Platz rund ums Rathaus. Man erreicht es über die Hauptverkehrsader der Altstadt, die *ulica A. Kmet'a.* Es steht direkt an einer Straßenkreuzung und ist an seinem in der Gabelung befindlichen Uhrenturm zu erkennen. Neben dem eher schlichten **Rathaus,** das sich äußerlich mit der verspielten Turmspitze als ein Bau des ausgehenden Barock verrät, steht die **katholische Katharinenkirche.** Man nennt sie auch die Slowakische, da man hier 1658, in der Zeit, als sie von den Protestanten genutzt wurde (1580–1672), auf slowakisch zu predigen begann. Der einschiffige Kirchenraum mit niedrigen Seitenkapellen entstand in der Spätgotik (1488–1491), wurde 1691 umgebaut, und die Kapelle des hl. Jan Nepomuk wurde 1776 an das Presbyterium angebaut. Ende des 19. Jh. versuchte man die barocke Phase wieder zu tilgen. Dennoch blieb der Altar von 1727 bestehen, dessen Ölgemälde die Verlobung der hl. Katharina zeigt – sie ist einer der Schutzpatrone der Bergleute. Eine ursprünglich gotische Arbeit stellt die überlebensgroße Muttergottes von 1506 dar, sie war Bestandteil des früheren Hauptaltars und wird zu den sog. »schönen Madonnen« gezählt. Die ihr zu Seiten gestandenen hll. Barbara und Katharina sind in der *Galéria Jozefa Kollára* zu sehen. Hinter der Katharinenkirche erblickt man auf dem ansteigenden **Platz der Hl. Dreifaltigkeit** *(Nám. sv. Trojice)* die Säulengruppierung gleichen Namens. Es ist ein barocker Triumph von Dionysius Stanetti über die Pest. Ausgeführt hat ihn in den Jahren 1759–1767 Karl Holzknecht, einer der angesehenen Steinbildhauer seiner Zeit.

Einst nur auf Bergbau ausgerichtet

Nachdem sich in Banská Štiavnica so gut wie alles um den Bergbau drehte (1770 wurde hier die erste Bergbauakademie Europas eröffnet), ist es nicht verwunderlich, dass im Zentrum etliche der Gebäude von ihr genutzt wurden. Am *Nám. sv. Trojice Nr. 6* ist das **Hallenbach-Haus,** das ehemalige Bergmannsgericht, öffentlich zugänglich. Es ist heute eine Außenstelle des Bergbaumuseums *(Slovenské banské múzeum)* und zeigt dessen reiche Mineraliensammlung. Banská Štiavnica hat den Beinamen »Mineralien-Mekka« – in den hiesigen Bergen, die das größte Vulkan-Gebiet der Westkarpaten darstellen, kommen alle Phasen vulkanischen Gesteins vor, und es sind gut 150 Mineraliensorten bekannt. Im rückwärtigen Trakt ist der Eingang in den 76 m langen, seit dem Mittelalter bestehenden Michaels-Stollen erhalten.

In den drei folgenden Gebäuden (Jonas-, Richter- und Bosányi-Haus) ist die **städtische Galerie** *(Galéria Jozefa Kollára)* untergebracht, die einen Querschnitt der Kunst von der Gotik bis zum 20. Jh. zeigt. An den Außenwänden sind Reste von Sgraffiti erhalten, doch die deutschen Aufschriften sind nicht nur wegen der fortgeschrittenen Verwitterung kaum zu enträtseln – wer beherrscht schon das Deutsch der Renaissancezeit?

Am unteren Ende des Platzes, an der Ecke zur *ulica A. Kmet'a* fällt noch das kräftig ockergelbe Eckhaus mit dekorativen Friesmalereien im Stil der Neorenaissance auf. In den abgebildeten Lorbeerkränzen sind die Abzeichen der Bergmannszunft zu sehen. Das **Fritz-Haus** *(Fritzov dom)* war der standesgemäße Sitz des Direktoriums der Bergbauakademie, die bis 1919 bestand. Heute wird es folgerichtig als zentrales Staatsarchiv des Slowakischen Bergbaus genutzt.

Die *ulica A. Kmet'a* abwärts und an der Gabelung die rechte Straße wählend, erreicht man in der *Kammerhofská* den **Kammerhof** *(Komorský dvor)*, eine Zweigstelle des Bergbaumuseums. Unter einem Bogen der Renaissanceloggia im Innenhof ist der Verlauf des Štiavnicer Meridians ins Mauerwerk eingeritzt. Das restaurierte Gebäude mit Ausstellungen zur Bergmannsausbildung und -kunst ist einen Besuch wert, es zeigt auch die Repräsentationsräume der ehemaligen Kammergrafen.

Auf weiteren Hügeln

Auf der Terrasse eines Hügels im Westen liegt das **Alte Schloss** *(Starý Zámok)*. Der Bau geht auf eine romanische Basilika aus dem 13. Jh. zurück, die der Hl. Jungfrau geweiht war. Nach einer gotischen Phase folgte im 16. Jh. aufgrund der Türkengefahr der Umbau in eine Festung, ein dreigeschossiges Gebäude mit zentralem Innenhof entstand. Das Schloss dient seit langem als Museum, es zeigt neben sakraler Kunst eine Sammlung an Pfeifen, für die Banská Štiavnica bekannt ist, sowie eine archäologische Ausstellung über die allerersten Anfänge des Bergbaus.

Das **Neue Schloss** *(Nový Zámok)* ist ebenso eine Festung mit Wächterfunktion und wurde gleich zu diesem Zweck im Stil der Renaissance erbaut (1564–1571). Es ist ein massiver Turm mit vier runden Eckbasteien, liegt im Süden und ist eines der städtischen Wahrzeichen. Die Ausstellungsräume des jetzigen Museums sind wieder einmal der Abwehr gegen die türkischen Eindringlinge gewidmet. Schön ist dieser Punkt der Stadt wegen der Aussicht, man blickt hinüber auf den Stadtkern, aber auch ins Land.

Unweit des Neuen Schlosses und auf dem Weg zu den ehemaligen Gruben befindet sich der **Klopfturm** *(Klopačka)* von 1681. Durch einen

Auf der Kalvarie

Klopfmechanismus rief er die Bergleute zur Schicht. Er ist Teil des Bergbaumuseums und dokumentiert aufschlussreich die Entwicklung des Bergbaus vom 16. Jh. bis in die Gegenwart.

Sie hat einen eigenen Hügel, ein wenig abgesetzt von der Stadt, ist weithin gut sichtbar und wird zu den bedeutendsten der Slowakei gezählt: die **Kalvarie.** Nach ihrem Vorbild entstanden etliche dieser nachempfundenen Passionswege, die in der Slowakei zuhauf vorhanden sind. Die Štiavnicer Kalvarie erbaute man 1744–1751 in barockem Stil. Am Fuß des sog. »Scharfenbergs« steht die untere Kirche mit ovalem Grundriss, dem folgen die *sacri gradi,* die heiligen Stufen, in rautenförmiger Anordnung und von Bäumen überschattet. Eine Zwischenstation bildet die Kapelle *Ecce homo,* die obere Kirche symbolisiert dann den geistlich-himmlischen Triumph. Leider sind die barocken Fresken eines großen Engelskonzerts, das die Dreifaltigkeit preist, nicht erhalten geblieben.

Eine eindrucksvolle, weil praxisnahe Anschauung des Erzabbaus bietet das ober- und unterirdische **Bergbau-Freilichtmuseum** (*Banské múzeum v prírode, skanzen*) vor den Toren der Stadt (auf der Straße 524 Richtung Levice). Das Areal des Andreasschachts aus dem 17. Jh., mit zum Teil manuell geschlagenen Gängen, begann man bereits 1965 zu Museumszwecken herzurichten. Auf dem Gelände befindet sich u. a. der hölzerne Sophienförderturm aus Banská Belá, in weiteren Gebäuden gibt es ein typisches Bergmannszimmer sowie eine Schmiedewerkstatt zu besichtigen. Mit 433 m gehört der Andreasschacht zu den tiefsten im Revier. Seine zwei oberen Läufe – Bartholomäus und Johannes – sind auf einer Strecke von 1,2 km zugänglich gemacht, sie verlaufen 33 m bzw. 45 m unter der Erdoberfläche.

Vorwahl: 0 45

Mestská turistická informačná kancelária, Radničné nám. 1, 969 01 Banská Štiavnica, Tel. 6 92 13 60, Fax 6 91 18 59, tik.bs@spark.sk, Mai–Sept. Mo–So 8–18 Uhr, Okt.–April Mo–Fr 8–16 Uhr, Sa 8–14 Uhr.

Untere Preisklasse bis 25 €): Hotel Bristol Garni, A. Kmet'a 11, Tel. 6 91 13 87, Fax 6 91 21 15: der Name hält nicht, was er verspricht, sehr einfache Etagenpension. Schlichte, gute Pensionen: **Penzión Tomino,** Akademická 9, Tel. 6 92 13 07; **Penzión Steingrube,** Akademická 13, Tel. 6 91 25 09. **Penzión Tvorivé zariadenie SFVU,** Novozámocká 16, Tel. 6 91 19 45: einfache Touristenherberge, einem Hochschulinstitut angeschlossen (ca. 9 €/Person).

Mittlere Preisklasse (25–50 €): Hotel Grand Matej, Kammerhofská 3, Tel. 6 92 12 13, Fax 6 92 12 94, kanik@spark.sk: altes Stadthotel mit z. T. neu ausgestatteten, geräumigen Zimmern, sog. erstes Haus am Platz, gutes Restaurant. **Hotel Salamander,** Palárikova 1, Tel. 6 91 39 92, Fax 6 92 12 62: neues Standardhotel.

Untere Preisklasse (bis 25 €): Matej, Akademická 4, Tel. 6 91 20 51: gute Hausmannskost.

Mittlere Preisklasse (25–50 €): Banský dom, Radničné nám. 12, Tel. 6 91 27 35: neues, gutes Restaurant. **Hubert,** Strieborná 4, Tel. 6 91 35 22: verstecktes kleines Lokal, manchmal ist abgeschlossen, man muss klopfen, um eingelassen zu werden, gute Küche mit Jagdspezialitäten.

Städtische Galerie, Nám. sv. Trojice 8, Tel. 6 91 34 31, Mai–Sept. Mo–So 8–17 Uhr, Okt.–April Mo–Fr 8–15 Uhr.

Slowakisches Bergbaumuseum im Kammerhof, Kammerhofská ul. 2, Tel. 6 91 15 41, Mai–Sept. Mo–So 8–17 Uhr, Okt.–April Mo–Fr 8–15 Uhr.

Altes Schloss, Starozámocká 11, Tel. 6 91 31 13, Mai–Sept. Mo–So 8–17 Uhr, Okt.–April Mo–Fr 8–15 Uhr.

Neues Schloss, Novozámocká 22, Tel. 6 91 15 43, Mai–Sept. Mo–So 8–17 Uhr, Okt.–April Mo–Fr 8–15 Uhr.

Gold, Silber, Kupfer

Der Ruhm des slowakischen Bergbaus

Goldene, Silberne und Kupferne sind die Beinamen von Kremnica, Banská Štiavnica und Banská Bystrica, den Königinnen unter den slowakischen Bergbaustädten. Denn der Abbau von Erzen und die Herstellung verschiedener Metalle gehören ganz wesentlich zur Slowakei – *baňa* bedeutet »Bergwerk« und taucht in weiteren Städtenamen auf. Die wichtigsten Reviere befanden sich in der Mittelslowakei rund um die genannten Städte, aber auch in der südlichen Zips (z. B. Spišská Nova Ves, Gelnica, Krompachy) sowie südlich davon im ehemaligen Komitat Gemer rund um Rožňava in der Umgebung von Košice.

Die ersten Berichte (745) über den Bergbau im mittelalterlichen Mitteleuropa stammen u. a. aus Banská Štiavnica. Einen rasanten Aufschwung erlebte er im Spätmittelalter durch den Zuzug deutscher Siedler, die neue Techniken und viele Kenntnisse mitbrachten. Eine entscheidende Rolle spielte bis zum Ende des Feudalismus die Förderung von Nichteisen-Metallen. Für viele Jahrhunderte gehörte das Gebiet der Slowakei zu den gesamteuropäisch bedeutenden Erzeugern von Gold und Silber. In Kremnica befanden sich bereits 1331 mehrere Hütten zur Goldgewinnung, die meisten gab es im 15. Jh., im 18. Jh. war die Tendenz wieder rückläufig. Jährliche Spitzenerträge an Gold sind deshalb auch im 15. Jh. zu finden, 800–1000 kg. Die Silbermengen lagen viel höher, hier steigerte man sich von einem Jahresdurchschnitt von 1300 kg (12. Jh.) bis zu 14 000 kg im 18. Jh. Obwohl nicht zu den Edelmetallen zählend, gelangte gerade die Kupfergewinnung aus dem Gebiet um Banská Bystrica und später der Zips zu besonderer Weltgeltung. Von hier wurde Kupfer bereits Ende des 13. Jh. nach Venedig und Norddeutschland exportiert, im 16. Jh. gelangte »slowakisches« Kupfer nach ganz Europa und Übersee sowie bis nach Indien und China. Ende des 14. Jh. produzierte man etwa 100 000–125 000 kg reinen Kupfers und führte 400 000–500 000 kg Rohkupfer aus. Einen großen Aufschwung bewirkte die Thurzo-Fugger-Gesellschaft, ihr Unternehmen wurde zum seinerzeit größten und modernsten der Welt. Die von ihr eingeführte Methode zur Herstellung reinen Kupfers wurde bis in die 80er Jahre des 19. Jh. angewendet, als man sie durch die Elektrolyse ersetzte. Ähnlich wie bei den Edelmetallen flossen die Gewinne aus dem Kupferverkauf meist außer Landes. Die Mittel der einheimischen Bergwerksbesitzer reichten für die steigenden finanziellen Aufwendungen auch dann nicht aus, wenn sie sich zu Gesellschaften zusammenschlossen. Schon im14. Jh. beherrschten den Großteil der Produktion aufgrund von Krediten Banken aus Florenz – an der Spitze die der Medici –, dann bemächtigte sich ihrer im Re-

vier Banská Bystrica die Thurzo-Fugger-Gesellschaft und nach 1546 der Staatshaushalt. 1680 wurde die Ausfuhr von Kupfer zum Staatsmonopol erklärt. Es wurde üblich, dass die Habsburger die Stätten ihrer Kupferproduktion auf bestimmte Zeit verpfändeten, um Löcher in der Staatskasse zu stopfen. Bei all dieser Finanzknappheit konnte es nicht ausbleiben, dass auch die Bergleute nicht mehr mitmachten, weil sie mit ihren niedrigen Löhnen und schlechten Arbeitsbedingungen unzufrieden waren. Im Lauf des 17.–19. Jh. kam es immer wieder zu Aufständen und Streiks, die den Charakter von Klassenkämpfen hatten.

Die allmähliche Erschöpfung der Lager sowie andere Produktionsstätten in der Welt, die die Preise drückten, verringerten die Produktion von Gold, Silber und Kupfer in der Slowakei drastisch. Zu Beginn des 20. Jh. war beispielsweise die Produktion von Gold marginal (89 kg). Über Jahrhunderte ebenso wichtig und nach wie vor in großem Umfang betrieben war die Herstellung von Eisen, in geringerem Umfang auch Quecksilber, Zink und Antimon.

Klopfturm, Sládkovičova 21, Tel. 6 91 67 05, Mai–Sept. Mo–So 8–17 Uhr, Okt.–April Mo–Fr 8–15 Uhr.
Bergbau-Freilichtmuseum, ul. J. K. Hella 12, Tel. 6 91 29 71, Mai–Sept. Mo–So 8–17 Uhr, Okt.–April Mo–Fr 8–15 Uhr.

Die Stadt hat keinen Bahnanschluss, die häufigsten Busverbindungen gehen nach Žiar nad Hronom, wohin man mit dem Zug gelangt. Man kann auch direkt ab Bratislava mit dem Bus fahren.

In der Umgebung

Vom Freilichtmuseum weiter in südlicher Richtung folgt auf Štiavnické Bane eine Abzweigung zum **Počúvadlianske jazero** (kurz: **Počúvadlo**), einem der hübschesten Teiche *(tajchy)* des Bergbaureviers, der nun der Freizeit und Erholung dient. Gut 30 dieser Wasserreservoirs gibt es, das älteste ist die Veľká Vodárenská nádrž, vor 1510 angelegt, zu den größten zählen Rožgrund und Počúvadlo. Von hier kann man zum **Sitno** (1009 m), dem höchsten Gipfel des Naturschutzgebiets Štiavnické vrchy, aufsteigen. Der Sitno ist ähnlich wie der Kriváň in der Tatra (s. S. 129) einer der Berge mit national-mythischer Bedeutung. In Andrej Sládkovičs »Marína« (s. S. 36) z. B. wird er mehrfach apostrophiert und zum Himmel der Slowaken stilisiert. Die Landschaft ist sehr malerisch, die sanften Kurven des Straßenverlaufs säumen zum Teil lichtdurchlässige Laubbäume, in deren Hintergrund Bäche oder Teiche schimmern. Geht es auf die sanften Höhen der abgerundeten Kuppen, eröffnen sich Blicke auf weitere bewaldete Hügel, in deren Kuhlen wiederum tief-dunkles Wasser glitzern kann.

Beide 969 81 Štiavnické Bane, Jazero Počúvadlo:
Untere Preisklasse (bis 25 €): Penzión Omad, Tel./Fax 0 45/6 99 41 33: Pension mit neuem Anbau.
Mittlere Preisklasse (25–50 €): Hotel Topky, Tel. 0 45/6 99 41 15: hübsches Komforthotel, direkt am See mit eigenem Zugang, gutes Restaurant.

Autocamping Počúvadlo, Tel. 0 45/6 99 41 12.

Um zum **Kastell Anton** *(Múzeum vo Svätom Antone)* zu gelangen, muss man von Štiavnica die Landstraße 525 in Richtung Hontianske Nemce einschlagen, in etwa 6 km erreicht man den Ort Svätý Anton. An der Stelle einer kleinen Burg entstand schrittweise eine vierflügelige Anlage, die 1750 in spätbarock-klassizistischem Stil vollendet wurde. Seit 1629 befand sie sich im Besitz der ungarischen Adelsfamilie Koháry, die sich für das ganze Königreich Verdienste erworben hatte. Ab 1829 waren Mitglieder des deutschen Adelsgeschlechts von Sachsen-Coburg-Gotha hier Hausherren. 1887 wird Ferdinand, ein Spross dieser Familie, zum Fürsten von Bulgarien gewählt, 1908 krönte man ihn dort zum Zaren, und er herrschte bis 1918. Danach hielt er sich u. a. in dem reizenden Jagdschlösschen Anton auf. Er liebte die Botanik, und so ist unter den kostbaren Ausstattungsgegenständen ein kurioses Tischchen mit Zeichnungen von Ferdinand I. zu finden. Auf einer ausklappbaren Platte verewigte er einzelne Pflanzenexemplare in minutiöser Genauigkeit und mit exakter Angabe von Datum und Fundort. Üppige barocke Fresken von Anton Schmidt hält die Schlosskapelle bereit, ansonsten ist bei Wandbehängen und Bildern die Jagdleidenschaft der Eigentümer zu erkennen.

Untere Preisklasse (bis 25 €): Penzión Antolský mlyn, 969 72 Svätý Anton, Tel. 0 45/6 92 10 11: sympathische kleine Pension an der alten Mühle.

Kastell Anton, 969 72 Svätý Anton, Tel. 0 45/6 91 39 32, Fax 6 91 39 13, Mai–Sept. Di–So 8.30–16.30 Uhr, Okt.–April Di–So 8–16 Uhr.

Nitra

Nitra, die viertgrößte Stadt des Landes (ca. 87 000 Einwohner), liegt an den nördlichen Ausläufern der Donauebene, am Fuß des hier beginnenden Gebirgszug Tribeč sowie am gleichnamigen Fluss. Streng genommen gehört sie nicht mehr zur Mittelslowakei. Einer der ältesten Siedlungsorte auf slowakischem Gebiet wurde 1248 zu einer Stadt. Nach dem Zweiten Weltkrieg erlebte Nitra einen rasanten Aufschwung und breitete sich rasch in der weiten Landschaft aus: Sie bietet beim Näherkommen durch die vielen Plattenbausiedlungen keinen anziehenden Anblick. Nitra ist ein wichtiges Zentrum für Anbau und Verarbeitung von landwirtschaftlichen Erzeugnissen. Eine landwirtschaftliche Universität und die Hotelakademie verstärken den wirtschaftlichen Schwerpunkt der Stadt.

Die Innenstadt ist dominiert von einer breiten Fußgängerzone mit angrenzenden kurzen Straßenzügen. Um die historische Bedeutung Nitras und ihres Beinamens als »Mutter der ›slowakischen‹ Städte« ermessen zu können, muss man am Ende der Fußgängerzone *(Štefánikova trieda)*, am großen neuen Theater vorbei, den weithin gut sichtbaren Burgberg hinauf steigen. Er bildete einst eine kleine Stadt für sich (*Horné mesto* – Obere Stadt) und war in erster Linie Kirche und Geistlichkeit gewidmet.

Am Burgberg

Bevor man durch die Tordurchfahrt am *Župné námestie* den oberen Stadtbereich betritt, fällt linker Hand das repräsentative Komitatshaus auf. Es ist ein klassizistischer Bau von 1823, der zu Beginn des 20. Jh. mit Jugendstil-Elementen versehen wurde. In seinen großzügigen Räumlichkeiten ist die **Staatsgalerie des Kreises Nitra** *(Nitrianska štátna galéria)* untergebracht, die einen

Haus-Detail in der Oberstadt

Überblick über modernes künstlerisches Schaffen bietet. Im Sommer ist der Skulpturen-Park mit Brunnen besondes angenehm, er ist frei zugänglich und nicht an einen Museumsbesuch gebunden.

In unmittelbarer Nachbarschaft der Galerie befinden sich rechts hinter dem Durchgang zur Oberstadt **Kirche und Kloster der Franziskaner.** 1630 entstand das einschiffige Gotteshaus. Die Innenausstattung stammt aus dem 18. Jh., bemerkenswert sind dabei die hölzernen Relieftafeln zum Leben des Ordensgründers Franziskus von Franz Xaver Seegen (1724–1780).

An den Klostermauern entlang steigt man zum *Pribinovo námestie* weiter. Und da steht er, über 6 m groß in pathetisch-stolzer Pose, der legendäre Fürst Pribina des ersten bekannten Slawenreichs auf slowakischem Boden (s. S. 21). Um den Platz gruppieren sich ehrwürdige Priesterseminare und andere Palais'. Dominant ist das rosafarbene **Große Seminar** *(Veľký seminár),* heute Sitz der Theologischen Fakultät. Ende des 18. Jh. in mehreren Etappen erbaut, bietet es gleich auf zwei Seiten (auch zur Unteren Stadt hin) eine glanzvolle Fassade im klassizistischen Stil. Im Innern beherbergt es einen einzigartigen Schatz, die **Diözesanbibliothek.** Der sich auf zwei Etagen erstreckende, holzgetäfelte Büchersaal wurde 1877 im Beisein des österreichischen Kaisers eröffnet und zählt mit seinem Bestand zu den wertvollsten Bibliotheken des Landes (einen Besuch muss man im Voraus anmelden unter Tel. 0 37/ 7 72 17 43, evtl. auch über das Tourismus-Büro).

Gegenüber am Platz ist ein hübsches kleines Café. Vor dem eigentlichen Burgareal steht eine barocke Mariensäule von 1750, die Erzbischof Eszterházy beim österreichischen Bildhauer Martin Vogerl zum Gedenken an die Pestepidemien vom Ende des 17. Jh. in Auftrag gab. Unweit davon steht die in Bronze gegossene Erinnerung an die beiden Slawenapostel Kyrill und Method (s. S. 21), die am Ruhm des wahrhaft heiligen Berges mitwirkten.

Die Kathedrale St. Emeram

Hinter dem Burgtor gelangt man über eine breite steinerne Treppe zum Höhepunkt des Kalkfelsens, der Kathedrale St. Emeram. Aufgrund historischer Quellen weihte an dieser Stelle 828 der Salzburger Erzbischof Adalram die erste christliche Kirche auf slowakischem Boden. 880 gründete man hier das erste Bistum im östlichen Mitteleuropa. Der Dom besteht eigentlich aus drei Kirchen, die miteinander verbunden sind. Die älteste, vom Eingang links durch einen Durchgang zu erreichen, ist eine romanische Apsis. Zu den bedeutenden Reliquien, die hier aufbewahrt werden, gehören diejenigen des hl. Kyrill. Die sog. Untere Kirche, in die man eintritt, entstand im 17. Jh., die Obere ist gotischen Ursprungs aus dem 14. Jh. Die beiden zuletzt genannten wurden im 18. Jh. barockisiert. Sie bieten aufgrund des Platzmangels auf dem Felsgipfel einen nur seitlich möglichen Einlass. So wirkt die Untere Kirche eher wie ein Vestibül, weist aber den schönsten und, im gesamtslowakischen Kontext des 17. Jh. gesehen, einzigartigsten Hauptaltar aus Stein auf. Es ist eine ungemein lebendige und bewegende Marmorarbeit des Salzburger Bildhauers Johann Pernegger (1662). Das bravouröse Hochrelief entstand nach der gleichnamigen Komposition von Michelangelo. Ein Jahr nach Fertigstellung der Unteren Kirche nahmen die Türken 1663 den Burgfelsen ein. Sie verwandelten die Kathedrale in ein eigenes Gebetshaus, von ihrer ursprünglichen Ausstattung blieb nur dieser Altar erhalten. Die spätere barocke Umgestaltung zeigt sich vor allem in der Oberen Kirche, hier steht ein üppiger Hochaltar von Domenico Martinelli. Das Fresko über dem Sanktuarium bezieht regionale Historie ins Heilsgeschehen mit ein und verweist zum erneuten Mal auf die Einbindung des Stephansreichs in den christlichen Westen Europas. G. A. Galliarti zeigt den hl. Stephan, wie er die Ungarnkrone unter den Schutz Mariens stellt. Entzückend sind die Illusionsmalereien an den Seitenwänden: An einer liest ein Bischof am gemalten offenen Fenster in der Bibel, an einem weiteren sind die Vorhänge »zugezogen« An den architektonischen Arbeiten der Barockzeit war Franz A. Pilgram beteiligt, der Umbau des Turms, eines Wahrzeichens der Stadt, geht auf ihn zurück. (Kathedrale täglich geöffnet 9–12 und 14–16 Uhr.)

Zur optischen Dominante der Unterstadt gehört die **Piaristenkirche** *(Piaristický kostol)* in der gleichnamigen Straße, von weitem an ihren hohen barocken Türmen zu erkennen. Den Barockaltar schuf Martin Vogerl, die Deckenfresken sollen die Christianisierung Nitras vor Augen führen und stammen aus jüngerer Zeit.

Vorwahl: 0 37

ⓘ **Nitriansky informačný systém (NISYS),** Štefánikova 46, 946 01

Nitra, Tel./Fax 7 41 09 07, nisys@nr.sanet.sk, (bietet Internet-Service), Mo–Fr 8–18 Uhr, Sa 8–13 Uhr, Aug.–Sept. zusätzlich So 8–13 Uhr.

Untere Preisklasse (bis 25 €): Hotel Agrokomplex, Vihorlatská 10, Tel. 6 53 45 41: Einfach, aber neu hergerichtet.
Mittlere Preisklasse (25–50 €): Penzión Zoborská pivnica, Dolnozoborská 8, Tel./Fax 6 51 11 94: Hübsche Zimmer, das Restaurant hat eine Sommerterrasse mit schönem Ausblick auf den Burgberg.

Untere Preisklasse (4–6 €): Palacinkáreň, Fraňa Mojtu 12, Tel. 6 51 74 83: eine slowakische »Crêperie«, also Pfannkuchen in allen Variationen. **Izba starej matere,** Radlinského 8, Tel. 6 52 60 16: rustikales Lokal mit guter Hausmannskost.
Mittlere Preisklasse (6–10 €): Átrium, Štefánikova 8, Tel. 6 52 37 90: gutes Restaurant und hübsches Café in der Fußgängerzone mit angenehmem Innenhof. **U Sv. Huberta,** Kasalova 8, Tel. 7 41 16 76: auf Jagdgerichte spezialisiert.

Staatsgalerie, Župne nám. 3, Tel. 7 72 17 54, Di–So 10–17 Uhr.

Es gibt keine direkte Zugverbindung von Bratislava nach Nitra, dafür häufig **Busse,** die Fahrt dauert ca. 1,5 Stunden; auch aus und zu anderen Städten gute Verbindungen.

Ausflüge

Noch in der Stadt befindet sich einer der südlichen Ausläufer des Tribeč-Gebirgszugs, der Zobor. Ein Villenviertel zieht sich von seinem Fuß in die Höhe, auf den Gipfel führt jedoch ein Sessellift. Und oben kann man nicht nur die weite Sicht genießen, ein großer Waldpark bietet Gelegenheit für Spaziergänge.

Weitere Wandermöglichkeiten und zudem einen der ältesten Sakralbauten gibt es in ca. 20 km Entfernung von Nitra. Man nimmt die Fernstraße 65 (E 571) in Richtung Zlaté Moravce. Bei Neverice führt eine Landstraße nach **Kostoľany pod Tribečom,** das Kirchlein des hl. Georg befindet sich nicht weit unterhalb des höchsten Gipfels Veľký Tribeč (829 m). Die Anfänge des Gebäudes liegen in vorromanischer Zeit. Erhöht wird der Reiz dieses im 13. Jh. romanisch ausgebauten Kleinods durch einige Reihen erhalten gebliebener Wandmalereien.

Fährt man weiter bis Zlaté Moravce und wendet sich im Ort nach Norden Richtung Pratizánska, erreicht man **Topoľčianky** mit dem gleichnamigen Schloss. Dieser Name ist für die Slowaken mit zweierlei verbunden: als Sommerresidenz tschechoslowakischer Präsidenten (von 1923 bis 1950 verbrachte u. a. der legendäre T. G. Masaryk seine Ferien hier) und mit Pferdezucht, die nach wie vor betrieben wird. Das Schloss geht auf eine renaissancezeitliche Anlage zurück, die im rückwärtigen Teil auf drei Seiten einen Innenhof mit typischem Säulengang im ersten Geschoss umschließt. Viel majestätischer ist die in klassizistischer Manier hinzugebaute Vorderfront, der Portikus mit hoher Säulenreihe ist durch einen Kuppelüberbau besonders betont. Das Schloss liegt in einem verträumten, ausgedehnten Park mit Jagdschlösschen und Teich. Es schließt sich ein großes Freigehege an, in dem man seit Beginn des 20. Jh. Auerochsen züchtet. Die umliegenden Wälder werden besonders von Jägern geschätzt. All dies kann man länger als einen Nachmittag auf sich wirken lassen, denn außer den Räumen im ersten Stock des Haupttraktes ist das Gebäude zu einem Hotel umgebaut. Die Hotelrezeption ist zugleich Museumskasse, und jede halbe Stunde kann man sich zu einer Führung (auch auf deutsch) durch die ehemaligen Aufenthaltsräume der Präsidenten anmelden. Sie bedürfen zwar noch der Renovierung, vermitteln aber gerade dadurch die Atmosphäre, als habe sich seit den Besuchen der Staatsmänner nichts verändert.

Untere Preisklasse (bis 25 €): Hotel Národný dom. Hlavná 63, Tel./Fax 0 37/6 30 17 21: eine Alternative zum Wohnen im Schloss bietet dieses Hotel vor der Einfahrt in den Park, es ist ein Neubau.

Mittlere Preisklasse (25–50 €): Hotel zámok Topoľčianky, Parková 1, Tel. 0 37/6 30 11 11, Fax 6 30 18 63. Die sog. Luxusräume des Hotels sind nur für Liebhaber verblichener Pracht (authentisch!), der Glanz ist eindeutig dahin. Besser sieht es mit den schlichten Zimmern des Renaissance-Flügels aus (DZ ca. 22 €). Das Hotel hat eine hübsche Weinstube.

Schloss Topoľčianky

Der Osten der Slowakei

Prešov

Bardejov, ein mittelalterliches Kleinod

Košice

Der Slowakische Karst

Rožňava – Kleinstadt mit »goldenem« Boden

Bauernhaus im Freilichtmuseum von Svidník

Der Osten der Slowakei

Am Tor zum Osten: Prešov – Bardejov mit seinem Thermalkurort – Auf den Spuren ruthenischer Kultur: Svidník und die Holzkirchen – Andy Warhol und Medzilaborce – Die Konkurrentin der Hauptstadt: Košice – Wehrhaftigkeit und große Liebe: Burg Krásna hôrka und das Andrássy-Mausoleum – Bizarre Höhlen im Slowakischen Karst

Eigentlich beginnt die Ostslowakei schon bei Poprad und erstreckt sich über die östlichen Hänge der Hohen Tatra und die Zips bis an die ukrainische Grenze im Osten. Doch eine kleinteiligere Betrachtung lässt die östliche Vertikale **Bardejov, Prešov** und **Košice** entstehen. Es sind drei Städte mit außerordentlich gut erhaltenen Stadtkernen, die man in den letzten Jahren zu großen Teilen schön restauriert hat. Neben diesen schmucken alten Städten gibt es im äußersten Nordosten rund um die Kleinstadt Svidník Gegensätzliches zu entdecken. Im Gebiet entlang der polnischen und ukrainischen Grenze lebt seit Jahrhunderten die Minderheit der **Ruthenen** oder Ukrainer, wie sie vereinheitlichend gern genannt werden. Ein Charakteristikum ihrer Kultur sind die archaisch wirkenden Holzkirchen ihrer besonderen griechisch-katholischen Glaubensausprägung. Zum anderen ist die Straße von Svidník bis zum Dukla-Pass gesäumt mit den Zeugnissen erbitterter Kämpfe am Ausgang des Zweiten Weltkriegs. Und schließlich findet sich hier das kleine Städtchen **Medzilaborce**, das erst nach dem Tod des amerikanischen Pop-Art-Künstlers Andy Warhol auf der Landkarte der Kunstfreunde auftauchte. Es richtete dem Künstler wegen seiner von hier stammenden Familie ein eigenes Museum ein, das nun Besucher aus allen Teilen der Welt bis in diesen hintersten Winkel der Slowakei lockt. Abgelegen scheint auch der **Slowakische Karst** rund um Rožňava zu sein. Hier kommen sowohl Natur- wie Kunstliebhaber auf ihre Kosten. Enge, cañonartige Täler sind zu durchwandern, ausgefallene Höhlen und feudale Herrschaftssitze zu besichtigen.

Prešov

Nachdem man, von Westen aus der Zips kommend, wieder einen Bergrücken *(Branisko)* überwunden hat, erreicht man Prešov. Es liegt an den Ausläufern des Košicer Beckens am Zusammenfluss von Torysa und Sekčov und ist mit rund 93 000 Einwohnern die drittgrößte Stadt der Slowakei. Traditionell liegen die wirtschaftlichen Schwerpunkte in der Textilproduktion und im Salz. Der älteste Betrieb ist Solivar, der die Salzvorkommen der Region heute noch zu neun Sorten von Speise-, Bade- und Industriesalz verarbeitet. Im gleichnamigen Ortsteil gibt es einige historische Gebäude zu sehen. Die einst bedeutende Burg Šariš in Prešovs unmittelbarer Nähe gab der hiesigen Brauerei ihren Namen, ihr Bier gibt es in der ganzen Ostslowakei zu trinken. Für den Besucher ist vor allem der Altstadtkern mit seinem Hauptplatz interessant. Er selbst ist für den Verkehr gesperrt, und die umliegenden Straßen machen dem Autofahrer das Leben durch ein verwirrendes System von Einbahnstraßen schwer. Am besten man stellt das Auto so schnell wie möglich auf einem Parkplatz ab und geht die kurzen Entfernungen der Innenstadt zu Fuß.

Geschichte

Die erste Erwähnung als Epuries stammt von 1247, daher auch die deutsche Bezeichnung Eperies für Prešov, das deutsche Kolonisten im 13. Jh. zu einer Stadt ausbauten. Mit der Erteilung der Stadtrechte 1299 durch König Andreas III. wurde es unabhängig von den Herren der

Der Osten der Slowakei

Burg Šariš, die damals über dieses Gebiet regierten. 1374 erhielt es den Rang einer freien Königsstadt. Man trieb regen Handel vor allem in nordsüdlicher Richtung, d. h. sowohl bis weit nach Polen als auch bis Siebenbürgen. Ein wichtiges Handelsgut war der Wein, der hier in den Bürgerhäusern in mehrstöckigen Kellern gelagert wurde.

Nach der Einrichtung der griechisch-katholischen Diözese 1816 ließen sich viele Ruthenen aus den grenznahen Gebieten in Prešov nieder. Seit dem Ende des 18. Jh. bildete sich hier auch eine bedeutende jüdische Gemeinde. Heute ist Prešov Verwaltungszentrum des Prešover Kreises. Zudem siedeln hier der orthodoxe Erzbischof und der griechisch-katholische Bischof für die Gesamtslowakei.

Rundgang am Hauptplatz

Die meisten Sehenswürdigkeiten finden sich an der **Hlavná ulica** (Hauptstraße), die sich für einen linsenförmigen Platz in zwei Arme spaltet. Hier liegen die Anfänge der Stadt, die Mehrzahl der ihn säumenden Häuser stehen auf Grundfesten aus dem späten Mittelalter. Beginnen wir mit dem Blickfang, der **Pfarrkirche St. Nikolaus** mit ihrem 66 m hohen neogotisch umgestalteten Turm. Sie ist das älteste Gebäude der Stadt und zugleich der einzige erhaltene gotische Sakralbau. Im 14. Jh. als einschiffiger Bau begonnen, erhielt sie ihre heutige Gestalt als dreischiffige Hallenkirche zu Beginn des 16. Jh. Zu den bedeutendsten Gegenständen im Innern gehört der prächtige Hauptaltar, der eine Komposition aus gotischen und barocken Stilelementen darstellt. Die aus der Gotik stammenden Engel werden der Werkstatt von Meister Paul aus Levoča zugeschrieben, ebenso wie einige weitere Plastiken in der Kirche. Die Wandmalereien an der Nordseite stammen vom Ende des 15. Jh.

Auf der »Insel« des Hauptplatzes folgt in nördlicher Richtung zunächst das Gebäude der alten städtischen Schule, dann die schlichte **evangelische Kirche der Hl. Dreifaltigkeit**, ein auf dem Gebiet der Slowakei seltener Sakralbau der Renaissance (1647). Im gegenüberliegenden Gebäude ist das evangelische Kollegium untergebracht. Kulturhistorisch gehört dieses Gebäude zu den wichtigsten Denkmälern des vom Protestantismus geprägten Unterrichtswesens der Slowakei. Es sah zunächst einer glänzenden Zukunft entgegen, stand kurz davor, eine Universität zu werden. Doch der habsburgische Katholisierungsdruck führte dazu, dass es im Lauf des 18. Jh. immer wieder an die Jesuiten übergeben werden musste. Das Gebäude zieren mehrere Gedenktafeln aus seiner Geschichte. An einer Ecke ist das Relief eines Mannes aus dem Stein herausgemeißelt, das an die Opfer des so genannten Blutgerichts von Prešov 1687 erinnert. Unter Führung des kaiserlichen Generals Antonio Caraffa (1647–1693) tagte in der Stadt

Das Steinrelief erinnert
an die Opfer des Blutgerichts 1687

ein außerordentliches Gericht, das 24 Bürger und Landjunker auf grausame Weise zum Tod verurteilte. Die Männer waren in fadenscheinig konstruierter Weise der Vorbereitung einer Staatsverschwörung bezichtigt worden. Auf dem Richtplatz von damals – hinter dem Kollegium – ließen die Jesuiten 1751 eine barocke Statuengruppe zu Ehren der Muttergottes errichten.

Das jüdische Prešov

Begeben wir uns zu den Zeugnissen einer weiteren Religionsgemeinschaft der Stadt, die ihre Geschichte prägte und im 20. Jh. dann nahezu endgültig daraus eliminiert wurde, die der Juden. Für den heutigen Besucher bildet die ehemalige **orthodoxe Synagoge** das Kernstück einer kleinen Gruppe von Gebäuden in der *Švermova ulica.* Die orthodoxe Synagoge entstand 1898 im maurischen Stil mit orientalisierenden Elementen. Im Innern ziehen die ausdrucksstarken ornamentalen Malereien von Andrej Grazel die Aufmerksamkeit auf sich. Ihre Farbenpracht blieb über die Jahrzehnte ohne größere Restaurierungsarbeiten erhalten. Die Synagoge wurde 1948 erneut feierlich eingeweiht und dient seither sowohl als Gotteshaus wie als Ausstellungsraum. 1993 kehrte auch ein Teil der nach Prag evakuierten Exponate des ehemaligen Prešover jüdischen Museums hierher zurück, die in der **Judaika-Ausstellung** von Ing. E. Bárkány gezeigt werden *(Expozícia judaík).* Im Hof erinnert ein 1991 aufgestellter Gedenkstein an die etwa 6000 Juden, die größtenteils an eben diesem Platz versammelt wurden, um in Konzentrationslager abtransportiert zu werden.

Städtische Palais' im Wandel

Zurück auf der *Hlavná,* sollte man sich Zeit nehmen für die unterschiedlichen Bürgerhäuser und Palais'. Das **Rákóczy-Palais** (Hausnr. 86) ließ Sigmund von Rákóczy zu einer prächtigen Stadtresidenz umbauen, als seine Familie die Herrschaft über das Komitat Šariš übernahm. Zu Beginn des 17. Jh. entstand die heute erhaltene Fassade in der für die Gegend typischen Ausprägung der Spätrenaissance. Heute ist es Sitz des **Heimatmuseums** *(Vlastivedné múzeum).* Hier lässt sich einmal hinter die Fassade schauen: Es gibt im ersten Stock einen schönen Säulensaal mit Gewölben und einem Kamin aus der Renaissance zu sehen, und man kann einem der Rákóczys in lebensgroßer Abbildung gegenübertreten.

Weiter in südlicher Richtung, wenn man in die *Svätoplukova* abbiegt, bietet sich ein Abstecher zum *Františkánske námestie* an. Die Grundfesten der Franziskanerkirche sind bereits im 14. Jh. belegt. In den Jahren 1708–1718 ließen die Franziskaner das Gebäude durch den Košicer Baumeister Ján Tornyossi grundlegend umbauen. Als Vorbild dienten die doppeltürmigen jesuitischen Kirchen von Trnava und Košice. Leider sind vom reich verzierten und ursprünglich mit mehr als 40 Kleinplastiken versehenen Hauptaltar von 1731 nur noch Teile übrig geblieben. Sie wurden 1870 in einen neu gestalteten Altar integriert.

Wieder zurück auf der *Hlavná* steht in südlicher Richtung fast am ehemals Unteren Stadttor *(Dolná brána)* der repräsentative Sitz des griechisch-katholischen Bischofs, ein langgestrecktes Palais mit zart himmelblauer klassizistischer Fassade. Es entstand 1848 aus dem damaligen Minoritenkloster. Als 1950 die griechisch-katholische Kirche in der Tschechoslowakei aufgelöst wurde, diente das Palais dem Bischof der orthodoxen Kirche als Amtssitz, bis 1990 die ursprünglichen Hausherren wieder einziehen konnten. Der hellgelbe Kirchenbau gleich nebenan, Johannes dem Täufer geweiht, überrascht in seinem Innern den westlichen Besucher mit seiner prachtvoll-üppigen Ikonostasenwand. Die Deckenfresken, die Szenen aus dem Leben Johannes des Täufers wiedergeben, stammen aus früherer Zeit (1757).

Vorbei an weiteren schmucken Fassaden in nördlicher Richtung sollen zumindest noch zwei Gebäude erwähnt werden. In Hausnr. 51 ist die **Šariš-Galerie** *(Šarišská galéria)* untergebracht, deren Sammlungen sich auf Werke von Künstlern der Nordostslowakei vom 16. Jh. bis zur Gegenwart konzentrieren. Bei den älteren Exponaten sind vor allem die Ikonen des 16.–18. Jh. zu nennen. Hervorzuheben ist an der barock-klassizistischen Hausfront das große Relief des Familienwappens der Grafen Vécsey. Darüber prangt die Figur eines Kurutzen, der in einer Hand einen Säbel, in der anderen den abgeschlagenen Kopf seines Feindes hält.

Das **Rathaus** trägt die Nr. 73. Der letzte Umbau fand 1887 statt, als man das 1788 spätbarock umgestaltete Gebäude um ein zusätzliches Geschoss in neobarockem Stil aufstockte. Ursprünglich befand sich das Rathaus, wie so oft in mittelalterlichen Städten, auf dem Hauptplatz, südlich vom heutigen zierlichen **Neptunbrunnen**. In der kleinen Grünanlage drumherum sieht man vor allem zur Mittagszeit viele Prešover auf einer der zahlreichen Bänke. Der Brunnen steht über der einzigen erhaltenen Zisterne der Stadt. Erbauen ließ ihn Marek Holländer zu Beginn des 19. Jh. als Dank für die Erteilung der Bürgerrechte an ihn als jüdischen Händler Prešovs.

Am Tordurchgang des Rathauses befindet sich in dessen ehemaligen Lagerräumen ein kleines **Weinmuseum** *(Múzeum vín)*. In den Kellergewölben ist eine Gaststube eingerichtet, wo man bei einer Brotzeit Weine probieren kann, die am Eingang verkauft werden. Das Ende des rückwärtigen Teils des Rathauskomplexes bildet das **Caraffa-Gefängnis** *(Caraffova väznica)*. Die von Caraffa verurteilten Prešover Bürger waren hier nie inhaftiert, dennoch ist das ehemalige städtische Lagerhaus nach der traurigen Begebenheit benannt. Die spätgotischen, massiven Wände des Gebäudes (1504), kaum vorhandene Fenster und die Verbindung zum Rathaus ließen diese Legende entstehen. Und im 19. Jh. wurde es dann tatsächlich als Gefängnis genutzt, heute befindet sich hier das städtische Archiv.

Vorwahl: 0 51

Mestské informačné centrum, Hlavná ul. 67, 080 01 Prešov, Tel./Fax 77 73 11 13, mispo@po.psg.sk.

Untere Preisklasse (bis 25 €): Penzión Átrium, Ul. Floriánova 4, Tel. 7 73 39 52: kleines, neues Stadthotel mit 4 Appartments und 1 Zimmer, Restaurant und Café mit Innenhofterrasse im Haus.

Mittlere Preisklasse (25–50 €): Penzión Eldorádo, Nábrežná ul. 75, Tel. 7 71 08 14, Fax 771 13 58: hübsches, freistehendes Haus im Landhausstil mit angenehmen Zimmern; eigenes Restaurant und Sommerterrasse, Innenstadt zu Fuß erreichbar, Tennisanlage nebenan. **Hotel Senátor,** Hlavná ul. 67, Tel. 773 18 86, Fax 7 73 19 92, mssh@vadium.sk; unweit des Rathauses gelegenes, renoviertes Stadthotel mit 7 geräumigen, aber spärlich eingerichteten Appartments.

Gehobene Preisklasse (50–75 €): Hotel Dukla, Námestie Legionárov 2, Tel. 7 72 27 41, Fax 7 73 21 34: kühle Fassade aus sozialistischer Zeit, jedoch wohnlich renovierte Zimmer; Restaurant hat leider den Charme eines Internatsspeisesaals.

Untere Preisklasse (4–6 €): Slovenská reštaurácia, Hlavná ul. 13, Tel. 72 48 27: gutes Lokal für traditionelle Speisen. **U richtára,** Hlavná 771, Tel. 72 32 36: sympathisches Kellerlokal, gute Küche. **Leonardo,** Hlavná 144, Tel. 7 72 55 87: einfaches Tagesrestaurant. **Veliovič,** Hlavná 28, Tel. 7 73 36 31, modernes kleines Café mit großer Kuchenauswahl.

Mittlere Preisklasse (6–10 €): Seif Club, Hlavná 80, Tel./Fax 73 29 38: gepflegte, moderne Ausstattung, mit Bar und Café.

Judaika-Ausstellung von Ing. E. Bárkány, Švermova 32, Tel. 7 73 16 38, Di, Mi 11 –16 Uhr, Do 15–18, Fr 10–13, So 13–17 Uhr.

Heimatmuseum, Hlavná 86, Tel. 7 73 47 08, Mai–Okt. Di–Fr 9–17, Sa 9–13, So 13–17 Uhr, Nov.–April wochentags nur bis 16 Uhr.

Der Rathausplatz in Bardejov

Šariš-Galerie, Hlavná 51, Tel. 7 73 40 88, Di, Mi, Fr 8–17, Do bis 18 Uhr, Sa 9–13, So 14–18 Uhr.
Weinmuseum, Floriánova ul. 1, Tel. 7 73 31 08, Mo–Fr 8–19, Sa 8–12 Uhr.

ÚĽUV, Hlavná ul. 90, Tel. 7 73 22 66: slowakisches Kunsthandwerk.

Bardejov, ein mittelalterliches Kleinod

Etwa 40 km nördlich von Prešov liegt in den sanften Ausläufern der östlichen Beskiden, die das Land zu Polen hin begrenzen, das wahrhaft malerische Bardejov. Der mittelalterliche Stadtkern der ca. 30 000 Einwohner zählenden Kleinstadt wurde schon in den 1980er Jahren in die UNESCO-Liste des Weltkulturerbes aufgenommen. Auch hier gilt Fahrverbot; man lässt das Auto am besten auf einem Parkplätze rund um den Innenstadtbereich stehen.

Der rechteckige **Rathausplatz** *(Radničné námestie)* beeindruckt durch seine harmonische Homogenität, obwohl die Fassaden nicht den selben Jahrhunderten angehören. Die meisten der Häuser sind jedoch im 14. bis 16. Jh. entstanden, als die Stadt nach der Ankunft deutscher Siedler im 13. Jh. ihre Blütezeit erlebte. Das deutsch geprägte Bartfeld wurde zu einem geschäftigen Mittelpunkt von Handel und Handwerk und durfte sich seit 1376 zu den freien Königsstädten zählen. Äußerer Ausdruck damaligen Bürgerstolzes ist das gut erhaltene alte Rathaus. Zu einem ersten Niedergang kam es im 17. Jh., und Ende des 19. Jh. befand sich Bardejov trotz Eisenbahnanschluss endgültig abseits der nun anderweitig verlaufenden Handelsströme. Man erkannte jedoch in der zweiten Hälfte des 20. Jh., dass aufgrund dieses Beispiels an unversehrter Urbanität vergangener Jahrhunderte Ströme ganz anderer Art in die abgelegene Karpatenstadt zu locken sind.

Weltliche und bürgerliche Macht

Am nördlichen Ende des Platzes befindet sich die katholische **Pfarrkirche St. Ägidius,** in ihrer dreischiffigen Gestalt im 15. Jh. entstanden. Als Besonderheit ist hervorzuheben, dass außer dem Hauptaltar alle elf Flügelaltäre aus den Jahren 1460 –1520 erhalten sind und an ihrem ursprünglichen Platz stehen. Dem Bildersturm der zwischenzeitlich überwiegend protestantischen Stadt konnten sie durch einen Beschluss ihrer Stadtväter entgehen. Diese befolgten die weitsichtigen Ratschläge von hiesigen Humanisten wie Leonard Stöckel, einem Freund Philipp Melanchthons. Ein Rundgang an den Altären vorbei hinterlässt einen starken Eindruck der gotischen figuralen und bildhaften Welt, womit die Kirche für sich auch wieder ein starkes Maß an Stilgeschlossenheit aufweist. Die neogotische Ausfertigung des Hauptaltars (1883–1888) zeigt in der Mitte den heiligen Bischof Ägidius. Ihm zur Rechten steht der hl. Stefan, links der hl. Ladislaus, beides ungarische Könige. Einen lieblichen Akzent setzen die frühba-

Der Erker des Rathauses zeigt u. a. Wappen des ungarischen Königreiches

rocken Kirchenbänke mit reich gedrechselten Akanthusranken und lässig ausgestreckten Miniaturlöwen. Die Kirche ist tagsüber zur Besichtigung geöffnet. Kurioserweise wird Eintritt verlangt, das Ticket weist jedoch den Aufdruck *milodar* (mildtätige Gabe) auf (Mo–Fr 10–16, Sa 10–14.30 Uhr, So zw. den Gottesdiensten).

Mitten am Platz steht das **Alte Rathaus,** in dem sich spätgotische mit renaissancezeitlichen Elementen vereinen (Baubeginn war 1505). Trotz seiner Zierlichkeit bildet es in architektonischer und funktionaler Hinsicht das selbstbewusste Gegenüber zum Dom. Außen sei vor allem auf den reich verzierten Erker hingewiesen, der rund um die Fenster Wappen aus dem ungarischen Königreich und das der Stadt trägt sowie die Monogramme von 12 Ratsmitgliedern aus der Entstehungszeit des Rathauses. Schon seit 1907 dient es nicht mehr seinem ursprünglichen Zweck, sondern wurde als **Museum** *(Šarišské múzeum)* eingerichtet. Im Innern gibt es außer kostbaren und zahlreichen Exponaten zu Geschichte und Kunst von Stadt und Umgebung auch schmucke Details am Bau zu bewundern: die Kassettendecke des Ratssaales, unterschiedlich gestaltete und bemalte steinerne Türstürze, Wandmalereien und Gewölbe. Ebenfalls einen Besuch wert ist das am südlichen Ende des Platzes gelegene **Ikonenmuseum** *(Expozícia ikon Šarišského múzea),* das die reiche Vielfalt der sakralen Kunst des östlichen Ritus der Zeit vom 14. bis zum 19. Jh. zur Schau stellt.

Vorwahl: 0 54

Turisticko informačné centrum, Radničné nám. 21, 085 01 Bardejov, Tel./Fax 4 72 62 73, globbj@isternet.sk, 15. Sept.–15. Mai Mo–Fr 9–12 und 13–16.30 Uhr; 16. Mai–14. Sept. Mo–Fr 9–18 Uhr.

Untere Preisklasse (bis 25 €): Penzión Semafór, Kellerova 13, Mobil 0905/83 09 84: in Altstadtnähe, annehmbare Zimmer.

Mittlere Preisklasse (25–50 €): Hotel Bellevue, Tel. 72 60 99, Fax 72 84 09.

Tennisplatz und Schwimmbad stehen ebenso zur Verfügung wie ein Restaurant, so dass man es dort und im nahe gelegenen Erholungspark Mihal'ov auch ohne ständige Fahrten in die Stadt aushalten kann.

Untere Preisklasse (4–6 €): Roland, Radničné nám. 12, Tel. 4 72 92 20: Kellerlokal mit Bar, in dem man auch handfeste Kost bekommt; im Sommer hübsches Terrassencafé hinter dem Torgang im Haus darüber. **Maja Sendvič,** Radničné nám. 15: Sandwich-Bar, wo einem flinke Hände ein Sandwich nach Wahl zusammenlegen. **Biely orol,** ul. M. V. Miškovského 1: nettes, kleines Café. **Oáza,** Veterná ul. 1: Espresso-Bar und Eisdiele.
Mittlere Preisklasse (6–10 €): U zlatej koruny, Radničné nám. 41, Tel. 4 72 53 10: gutbürgerliches Restaurant.

Šariš-Museum im Alten Rathaus, Radničné nám. und im Ikonenmuseum, Rhódyho ul. 1, Tel. 47 24 49 66, 47 24 43 09, Mai.–Sept. Di–So 9–12 u. 12.30–18 Uhr, in der übrigen Zeit bis 16 Uhr.

Wo Kaiser und Könige kurten

Der Thermalkurort **Bardejovské Kúpele** (Bad Bartfeld) liegt nur wenige Kilometer nördlich von Bardejov entfernt. Die ältesten Nachrichten über die Heilkraft seiner mineralischen Quellen stammen aus dem Mittelalter. Besonders stolz ist man auf gekrönte Gäste wie den russischen Zaren Alexander I., die zweite Frau Kaiser Napoleons, Marie Luise, und die österreichische Kaiserin Sissi. Sie sorgten für einen Ruf, der Bardejovské Kúpele zu einem hoch frequentierten Kurort des alten Ungarn machten. Einige Bauten vom Beginn des 20. Jh. lassen den ehemaligen Pomp erahnen. Heute versucht man, den Patienten die Annehmlichkeiten eines modernen Kurbades zu bieten, was in einigen Kurhäusern (die renovierten Trakte von František, Ozón und Astória) gelingt. Das großflächig angelegte Areal der für den Autoverkehr gesperrten Kurzone (großer gebührenpflichtiger Parkplatz) weist alte, gepflegte Bepflanzung aus, schon ein Spaziergang lohnt also. An seinem Rand befindet sich zudem ein Freilichtmuseum mit typischen Bauernhäusern und der hierher verlagerten Holzkirche aus Mikulášová. In der näheren Umgebung gibt es Gelegenheiten zum Wandern, im Winter auch zum Skifahren, der Kurort selbst verfügt natürlich über Hallen- und Freibäder.

Kurverwaltung: **Slovenské liečebné kúpele,** 086 31 Bardejovské Kúpele, Tel. 0 54/4 77 42 45, Fax 4 72 35 49, www.kupele-bj.sk.

Das einzige Hotel, in dem man auch ohne Kuranwendung einzelne Übernachtungen buchen kann, ist leider in sehr bescheidenem Zustand: **Untere Preisklasse (bis 25 €): Hotel Minerál** (Tel. 0 54/47 24 122, Fax 47 24 124).

Häufige **Bus**verbindungen gibt es von Prešov und Košice (von hier auch **Zug** möglich), man kann auch von Poprad oder direkt aus Bratislava anreisen.

Grenznahe Entdeckungen

Wer sich an einem Ausflugstag die Vielfalt der Holzkirchen der nordöstlichen Slowakei vornehmen möchte, dem seien diejenigen in der Umgebung von Svidník empfohlen. In den Hügeln um Bardejov finden sich die dunklen Gotteshäuser zwar auch, doch lediglich die drei von Hervartov, Richvald und Krivé liegen auf einer Strecke im Südwesten der Stadt. Um die übrigen Holzkirchen zu erreichen, muss man verschiedene Himmelsrichtungen ansteuern (Lukov, Gaboltov, Frička, Jedlinka, Točany).

Svidník ist eine durchschnittliche Kleinstadt. Ihr Kern *(Centrálna ulica)* ist als solcher kaum zu erkennen, es ist nur ein Abschnitt der Hauptstraße, um den die üblichen Plattenbauten gruppiert sind. Eine Fußgängerzone zweigt im rechten Winkel von der *Centrálna* ab. Hier liegt eines der beiden Museen, mit deren Thematik der Nordosten der Slowakei besonders verknüpft ist – das **Museum der ukrainisch-ruthenischen Kultur** *(Štátne múzeum ukrajinskorusínskej kultúry)*. Es ist das einzige seiner Art, das über Geschichte und Kultur einer Minderheit des Landes umfassend informiert.

Die bäuerliche Wohn- und Alltagskultur der Ruthenen kann man anschaulich im dazugehörigen **Freilichtmuseum** *(Skanzen)* erleben. Von der Ausfallstraße Richtung Bardejov biegt man nach dem modernen Amphitheater links auf einen schmalen Weg den Hügel hinauf ab. Hier ist auch eine der typischen Holzkirchen aus der Umgebung original wieder aufgebaut, und man kann sie besichtigen, ohne erst jemanden suchen zu müssen, der aufsperrt.

An der Peripherie des Städtchens, ebenfalls Richtung Bardejov, liegt ein **Militärmuseum** *(Vojenské múzeum)*, das 1969 zum 25. Jahrestag der Kämpfe um den Dukla-Pass eröffnet wurde. Getragen wird es vom Historischen Institut der slowakischen Armee und dokumentiert den Befreiungskampf in der Karpaten-Dukla-Region am Ende des Zweiten Weltkriegs.

Mestské informačné centrum, Sovietskych hrdinov 38, 08901 Svidník, Tel. 0 54/75 22 18 93.

Museum der ukrainisch-ruthenischen Kultur, Centrálna ul. 258, Tel. 0 54/75 13 65, Fax 75 21 69. Di–Fr 8.30–16, Sa, So 10–16 Uhr.
Freilichtmuseum, Tel. 0 54/7 52 29 52. Mai bis Sept. Di–Fr 8.30–18, Sa, So, 10–18 Uhr.
Militärmuseum, Bardejovská ul. 25, Tel. 0 54/7 52 213 98, Di–So 8–16.30 Uhr.

Griechisch-katholische Holzkirchen und Pop-Art

Rund um Svidník gibt es im Radius von ca. 20 km elf griechisch-katholische Holzkirchen. Für eine Entdeckungsreise zu einigen der hölzernen Gotteshäuser verlässt man Svidník auf der Hauptstraße in nördlicher Richtung. Es ist die E 371, man muss den Schildern nach Krajná Pol'ana folgen und wird unterwegs zwangsläufig an ein weiteres Thema dieser Landschaft erinnert: an die Ereignisse, die sich hier am Ende des Zweiten Weltkriegs abspielten. Bald hinter Svidník stehen am rechten Straßenrand zwei ineinander verkeilte Panzer. Die Zeit scheint ihnen nichts anhaben zu können, sie werden stets frisch lackiert, und natürlich siegt der sowjetische Panzer über den der Deutschen Wehrmacht. Der Weg, der an ihnen vorbei abzweigt, führt ins »Tal des Todes«, *dolina smrti,* ein Hinweis auf die vielen Kriegsopfer. Bis zum Grenzpass zu Polen, der eigentlich einen bequemen Übergang über einen Bergsattel der östlichen Beskiden darstellt, trifft man immer wieder auf diese metallenen Mahnmale der jüngeren Geschichte. Die Dorfjugend nutzt sie schon mal respektlos zum eigenen Vergnügen und winkt den Vorbeifahrenden von einer am Wegrand installierten Propellermaschine.

In **Ladomírova,** der ersten Gemeinde auf der Strecke, steht die 1742 dem Erzengel Michael geweihte Holzkirche und birgt eine Ikonostase aus dem 18. Jh. Auf dem Friedhof nebenan finden sich interessante Holz- und Eisenkreuze. Eine in Holz geschnitzte und bemalte Rokokopracht erwartet den Besucher im Innern der Kirche von **Krajné Čierno.** Dahin muss man einige Kilometer weiter von der Landstraße abbiegen und im Ort dem unauffälligen Holzschild *Národná kultúrna*

Holzkirche in Hunkovce

Holzkirchen des östlichen Ritus

Holzkirchen sind ein typisches Phänomen der waldreichen Karpaten, in der Slowakei finden sie sich in der ganzen nördlichen Zone, besonders gehäuft aber im Nordosten zwischen dem Fluss Poprad und der ukrainischen Grenze. Sie wurden von allen Konfessionen errichtet und sind oft schon aufgrund der äußeren Form der jeweiligen Glaubensrichtung zuzuordnen. Die ältesten waren römisch-katholische Holzkirchen, deren Grundriss sich an der Gotik orientierte – ein Langhaus mit anschließendem Presbyterium. Die protestantischen Kirchen sind an der zentralen Kreuzungsachse (griechisches Kreuz) nach dem Vorbild der Renaissance zu erkennen. Die interessanteste und zahlreichste Gruppe bilden die Gotteshäuser nach östlichem Ritus, entweder griechisch-katholisch oder orthodox. Sie stellen eine Verbindung von länglicher und zentraler Form dar und sind vom Barock beeinflusst. Mit wenigen Ausnahmen erhielten sie sich auf dem Land, wobei sie meist ein wenig abseits der Dörfer stehen – auf Anhöhen oder am Dorfrand. Selten wurden sie an zentraler Stelle im Dorf errichtet. Aufgrund seines hohen Harzgehalts wurde früher fast ausschließlich Lärchenholz verwendet, es ist am wetterbeständigsten. Später wurde es durch Fichten- oder auch Tannenholz ersetzt. Der hölzerne Aufbau ruht in vielen Fällen auf einem niedrigen Steinsockel, der u. a. dazu dient, Unebenheiten des Geländes auszugleichen. Die

pamiatka folgen – etwa in der Ortsmitte nach links den Hügel hinauf. Den Schlüssel zur Kirche haben nicht die Bewohner des Hauses, auf deren Grundstück sie steht, sondern jene im Haus davor.

Wieder zurück auf der Landstraße, trifft man im nächsten Ort, **Hunkovce,** gleich wieder auf das andere Thema dieser Gegend: Auf einem deutschen Soldatenfriedhof ruhen mehr als 3000 Gefallene. Die hiesige Holzkirche vom Ende des 18. Jh. steht ein wenig versteckt gegenüber der gut sichtbaren neuen Kirche an der Hauptstraße. Die Innenausstattung fehlt, doch der Bau selbst veranschaulicht die Dreiteiligkeit dieses Kirchentyps auf zierlich-kompakte Weise. Bemerkenswert sind die dreifach in die Länge gezogenen Zwiebeltürmchen, wobei das mittlere wiederum geteilt ist.

Weiter auf der Straße zum Dukla-Pass biegt man in **Nižný Komárnik** ab, die dortige Holzkirche »thront« inmitten des Friedhofs auf einem Hügel über dem Dorf (steile Auffahrt!). Sie stellt einen Wirklichkeit gewordenen Idealtypus des dreiteili-

Balkenkonstruktion des Gebäudes ist rechtwinklig oder polygonal angeordnet. Es gibt unterschiedliche Konstruktionstechniken, wobei man Wert darauf legte, keine Nägel zu verwenden. Was bei protestantischen Artikularkirchen als zusätzliche Erschwernis von der Obrigkeit diktiert wurde, hatte hier religiöse Gründe. Da Christus mit Nägeln ans Kreuz geschlagen worden war, ersetzten Eichenholzkeile die spitzen metallenen Hilfsmittel. Als Dachmaterial verwendete man prinzipiell Holzschindeln, die zumeist dekorativ verziert waren. Die griechisch-katholischen Holzkirchen manifestieren die für diese Region typische Verschmelzung des westlichen und östlichen Kulturkreises, 1968 wurden sie unter Denkmalschutz gestellt.

Der lenkische Typus, der sich aus dem bojkischen entwickelte, ist in der nordöstlichen Slowakei vorherrschend. Wesentlich ist für ihn das Prinzip der Dreiteiligkeit. Drei Räume werden in westöstlicher Richtung hintereinander angeordnet, der mittlere, das Schiff, ist der größte. Im Osten liegt das Presbyterium, im Westen der so genannte Weiberraum *(babinec).* Jeder der drei Räume hat ein eigenes Dach, und während beim bojkischen Typ das mittlere am höchsten ist, ragt beim lenkischen das des Vorraums über alle anderen hinaus. Nach westlichem Architekturvorbild befindet sich darüber oft eine Art Turm. Nicht selten steht der Glockenturm jedoch separat. Die kegelförmigen Dächer sind mit barocken Zwiebeltürmchen oder so genannten »Mohnköpfchen« abgeschlossen. Auf diesen sind Metallkreuze angebracht, die selbst wieder nach der Vorgabe der Dreiheit verziert sein können.

gen bojkischen Kirchenbaus dar und wurde 1938 vom ukrainischen Architekten V. Sičynský entworfen. Der Stil der Zeit ist an der Fensterform abzulesen, ansonsten besticht das Gotteshaus durch seine selbstbewusst ausladenden, dabei harmonischen Formen.

Und dann sind es auf der E 371 nur noch wenige Kilometer zum polnischen Grenzposten. Hier befindet sich ein für die 60er Jahre typisches Mahnmal im Stil des pathetischen sozialistischen Realismus. Trotzdem ist der **Dukliansky priesmyk,** wie der Pass auf slowakisch heißt, eines Gedenkens wert. Verloren doch in den Berghügeln ringsum etwa 85 000 Sowjets, 6500 Slowaken und Tschechen und auf der gegnerischen Seite rund 50 000 Deutsche in den letzten Wochen des Jahres 1944 ihr Leben.

Auf dem Weg vom Dukla-Pass nach Medzilaborce zum Warhol-Museum zweigt man in Krajná Pol'ana von der E 371 Richtung Mirol'a und fährt bis Makovce. Dort folgt man den Schildern nach Medzilaborce, fährt durch ein Dorf mit dem kuriosen Namen Havaj (sprich:

Ein Besuchermagnet:
das Warhol-Familienmuseum

Hawai) und erreicht über Malá Pol'ana und Krásny Brod das Bezirksstädtchen **Medzilaborce.** Kurz hinter dem Ortseingang erhebt sich rechts auf einem Hügel die sehr östlich anmutende, orthodoxe Kirche, ein relativ junger Bau von 1949. Zu ihren Füßen rechts erblickt man vor tristem Betongebäude zwei der so berühmt gewordenen Campbell's Suppendosen. Unter den geparkten Autos findet sich ein repräsentativer Querschnitt europäischer Nummernschilder – im Jahr kommen etwa 15 000 Besucher, zweimal soviel wie es hier Einwohner gibt. Andrew Warhola (1927–1987), der in Pittsburgh (USA) geborene Sohn von Ruthenen aus Miková bei Medzilaborce, schuf mit seinen Serigraphien Ikonen ganz anderer Art, als sie seine Eltern gewohnt waren. Er selbst hat die Heimat der Eltern nie gesehen. Seine Mutter, an der er hing, soll jedoch kaum englisch gesprochen haben, so wurde ihm wohl zumindest durch sie die Alltagskultur der slowakischen Ruthenen vermittelt. 1991 entstand auf Betreiben des Bruders Paul ein **Warhol-Familienmuseum** (*Múzeum moderného umenia rodiny Warholovcov*), dessen unbestrittene Hauptattraktion einige der berühmten Originalserigraphien von Andy nebst einigen seiner persönlichen Gegenstände sind. Die Exposition ist nicht sehr umfangreich, doch es berührt auf eigentümliche Weise, Arbeiten des internationalen Kunstgeschehens hier im scheinbaren »Nirgendwo« zu finden, wie Andy Warhol gern die Frage nach seiner Herkunft beantwortete (ul. Andyho Warhola 749, Tel. 0 57/ 7 32 10 59, Fax 7 32 10 69, Di–So 10–17 Uhr).

Košice

Kaum 40 km südlich von Prešov liegt im Košicer Becken, an den Ausläufern verschiedener Gebirgsketten, die Stadt Košice. Als Metropole des Ostens möchte Košice der Hauptstadt gern Konkurrenz machen. Sie ist mit etwa 240 000 Einwohnern die zweitgrößte slowakische Stadt, verfügt über eine Vielzahl von Industriebetrieben, allen voran die Ostslowakischen Eisenwerke, sowie über etliche Verwaltungs- und Bildungseinrichtun- gen.

Auch in Košice gilt es, bis zum Stadtkern vorzudringen, um mit Sehenswertem belohnt zu werden. Die Hauptstraße *(Hlavná ulica)* mit ihrem linsenförmigen zentralen Platz beeindruckt durch ihre im Land einmalige Ausdehnung mit harmonisch-historischer Bebauung. Auf den beiden autofreien Straßenseiten ist tagsüber ein reges Kommen und Gehen. Abends und am Wochenende verwandelt es sich in gemächliches Promenieren, und man kehrt in eines der zahlreichen Lokale ein. Wer beim Schlendern müde Beine bekommt, kann das Treiben auch von einer der Fahrradrikschas genießen, die nur hier auf und ab fahren.

Geschichte

Die erste schriftliche Erwähnung des lateinischen *Cassovia* findet sich in einer Urkunde des Jahres 1230. In

Mal etwas anderes: mit einer Fahrradrikscha durch die Innenstadt von Košice

Košice: 1 Dom der hl. Elisabeth 2 Urbanturm 3 Theater 4 Jesuitenkirche 5 Franziskanerkirche 6 Ostslowakisches Museum 7 Slowakisches Technisches Museum 8 Dominikanerkirche 9 Bischofspalais 10 Komitatshaus 11 ehemaliges Rathaus 12 Jakab-Palais 13 Mikluš-Gefängnis 14 Philharmonie

weiteren Schriftstücken ist von den deutschen Kolonisten die Rede, die das nachmalige Kaschau entscheidend prägten. 1342 wurde es zur freien Königsstadt und übernahm später eine führende Rolle im Städtebund Pentapolis, dem Zusammenschluss von fünf ostslowakischen Städten. König Ludwig I. der Große verlieh Košice 1347 dieselben Rechte wie Buda und ließ ein Stadtwappen unter Verwendung seiner Anjou-Lilien erstellen. Im 14. und 15. Jh. erlebte die Stadt einen lebhaften Aufschwung. Bekannt und berühmt wurde sie durch ihre Glockengießer und Goldschmiede. Im Lauf des 17. und 18. Jh. wurde Košice zu einer bedeutenden militärischen Festung und musste lang andauernden Belagerungen durch die Osmanen standhalten. 1657 gründete man die Jesuitenuniversität, das geistige und geistliche Leben erfuhr den institutionellen Anschluss an andere europäische Bildungsgemeinschaften. Nach einem gewissen Niedergang, wie ihn auch andere ostslowakische Städte erlebten, konnte sich Košice durch einen schrittweisen Aufbau von Manufakturen und Fabriken bis Mitte des 19. Jh. zu einer der am stärksten industrialisierten Städte des alten Ungarn emporarbeiten. Der gründerzeitliche Aufschwung ist auch an der Architektur der Altstadt abzulesen. Seit 1924 verfügt Košice über einen Flughafen. Am 5. April 1945 verkündete hier die erste tschechoslowakische Nachkriegsregierung ihr so genanntes Košicer Regierungsprogramm. Besondere wirtschaftliche Bedeutung erhielt die Stadt 1959 durch die Errichtung der Ostslowakischen Eisenwerke *(Východoslovenské Železiarne).*

Um den Elisabeth-Dom

Unbestreitbare Dominante des Stadtkerns mit seinem spätgotisch in die Höhe strebenden Mauerwerk und seinen zwei ungleichen Türmen ist der Dom der hl. Elisabeth (1). Zugleich stellt er das größte sakrale Bauwerk der Slowakei sowie das östlichste im gotischen Stil in Europa dar. Man begann mit dem Bau 1378, 1508 betrachtet man als das Ende der Bauzeit des nunmehr fünfschiffigen Doms. Nach Bränden und Erdbeben folgten – auch barocke – Aus- und Umbauten. In den Jahren 1877–1896 erfuhr der Dom eine puristische Umgestaltung, die ihm sein gotisches Gepräge möglichst stilgetreu wiederzugeben versuchte.

Der Hauptaltar, der hl. Elisabeth gewidmet, stammt von 1477 und stellt mit seinen erhaltenen 48 Tafelbildern ein einzigartiges Beispiel spätgotischer Altarkunst dar. Die überlebensgroßen Plastiken zeigen die Muttergottes, umrahmt von den zwei Elisabethgestalten, der biblischen und der heiligen (Tochter des ungarischen Königs Andreas II.). Die Seitenaltäre stammen nicht alle aus der Entstehungszeit des Doms, einige sind neogotisch unter Verwendung alter Tafelbilder. Bei der Rekonstruktion wurden auch Fragmente von Wandmalereien aus dem 15. Jh. entdeckt. Zu den kostbarsten Exponaten des Domschatzes gehört die großartige barocke Monstranz des Goldschmiedemeisters Jan Szilassy aus Košice. Seit 1906 ruhen die sterblichen Überreste von Franz von Rákóczy II. in der Krypta.

Die südlich vom Dom stehende Kapelle des hl. Michael wurde Ende des 14. Jh. als Begräbniskirche des sich rund um den Dom angelegten

Friedhofs errichtet. In den Kellergewölben befand sich das Beinhaus und eine allgemeine Krypta, das Erdgeschoss stand für Gottesdienste zur Verfügung. Zum Domensemble wird auch der frei stehende **Urbanturm** (*2, Urbanova veža*) gezählt. Es ist ein Glockenturm aus dem 14. Jh., 1628 im Stil der Renaissance umgebaut. Der Arkadengang kam erst nach dem Zweiten Weltkrieg dazu und dient als städtisches Lapidarium.

An der Hlavná

Ein großer Anziehungspunkt ganz anderer Art für Jung und Alt ist der »singende Brunnen« im winzigen Park zwischen Dom und Theater. Die zahlreichen Fontänen speien ihr Wasser je nach Phonstärke einer über Lautsprecher tönenden Musik. Bei schönem Wetter ist kaum ein Platz frei auf den Bänken.

Das pompöse historistische **Theater** (3) ist Ausdruck selbstbewussten Bürgerstolzes einer aufstrebenden Industriestadt, es wurde 1899 eröffnet. Auf der rechten Seite in nördlicher Richtung folgt die schlichte, jedoch beeindruckende frühbarocke Sandsteinfassade der **Jesuitenkirche** (4, 1671–1678 erbaut). Im Innern findet sich eine reiche barocke Ausstattung, die Illusionsmalereien an Wänden und Kuppeln stammen vom Ende des 18. Jh. An die Kirche schloss sich unmittelbar das Kloster an, das die jesuitische Universität beherbergte, weshalb das Gotteshaus eigentlich Universitätskirche heißt. In der Nähe steht die barocke Fassade (1718–1724 gestaltet) der **Franziskanerkirche** (5). Einige der aus dem Mittelalter stammenden Gebäudeteile, die erhalten geblieben sind (Gewölbe, Portale, Sedilium), gehören zu den wertvollsten Steinhauerarbeiten von Košice.

Unweit des nördlichen Endes der *Hlavná* befindet sich das repräsentative Gebäude des **Ostslowakischen Museums** (6, *Východoslovenské múzeum*). Unter seinen Exponaten, v. a. zur geschichtlichen Entwicklung der ostslowakischen Region, ist der »Goldschatz von Košice« hervorzuheben. Es handelt sich um einen seltenen Fund von 2920 Goldmünzen aus dem 15.–17. Jh., die in 81 Münzstätten Europas hergestellt wurden, und um eine 214 cm lange Goldkette aus der Renaissance.

Der *Kapitánsky palác* an der *Hlavná* 88 mit seiner barocken Fassade beherbergt das **Slowakische Technische Museum** (7, *Slovenské technické múzeum)*. Da es das einzige seiner Art in der Slowakei ist (seit Mitte der 90er Jahre gibt es eine Zweigstelle in Bratislava), ist der Bestand groß und die Sammlungstätigkeit sehr vielfältig – von Bergbau und Uhrmacherkunst bis zu Elektrotechnik, Astronomie und Physik. Für die Slowakei spielte der Bergbau eine große Rolle, deshalb demonstriert eine Reihe von Maschinen grundlegende Arbeiten im Bergbau.

In südlicher Richtung, vorbei an weiteren prächtigen Palaisfassaden, gelangt man über die *Zámočnícka ulica* zu einem Platz, dem *Domini-*

Ein Werk der Spätgotik: Elisabeth-Dom

kánske námestie, der von der **Dominikanerkirche** (8) beherrscht wird. Traditionell diente er zugleich als Markt, den man jedoch zur Zeit am unteren Ende des Platzes, entlang der *Moyzesova ulica* findet (Marktzeiten: Di–Fr 8–16 Uhr, Sa, So 8–13 Uhr). Die Kirche der Dominikaner vom Ende des 13. Jh. gilt als das älteste sakrale Gebäude von Košice und erfuhr durch die Jahrhunderte verschiedene Umbauten, ihr heutiges neoromanisches Aussehen erhielt sie 1892. Aus der Entstehungszeit ist das gotische Presbyterium mit seinen Säulen und dem Kreuzrippengewölbe erhalten.

Zurück auf der *Hlavná* befindet sich rechter Hand das **Bischofspalais** (9) mit seiner rokoko-klassizistischen Fassade aus dem Jahr 1804. Schräg gegenüber (Hausnr. 27) steht das ehemalige **Komitatshaus** (10) in blasslila, es wurde nach Plänen des Wiener Baumeisters Johannes Langer 1779 errichtet. Heute beherbergt es die **Ostslowakische Galerie** *(Východoslovenská galéria).*

Und schließlich sei das **ehemalige Rathaus** (11) erwähnt (Nr. 59), ebenfalls ein Bau Langers mit reichem Pilaster- und Säulenschmuck. Im Tympanon ist das Wappen der Stadt zu sehen.

Weitere Sehenswürdigkeiten der Altstadt

Über die *Mlynská ulica* – Fußgängerzone und Einkaufsstraße – kommt man zum **Jakab-Palais** (12), einem

TIP
travel
Svadobka
Café Shop

rechtwinkligen Bau mit markantem Turm über dem Eingang. Es entstand Ende des 19. Jh. in neogotischem Stil unter Verwendung einzelner Steinquader des Doms, die bei dessen Rekonstruktion nicht benötigt wurden. Den Namen erhielt das Gebäude nach seinem ersten Besitzer, Arpád Jakab. Im April und Mai 1945 diente es als Amtssitz des tschechoslowakischen Präsidenten, heute nutzt es der Bürgermeister für städtische Empfänge. Einen Einkaufsbummel jenseits von kommerzieller Massenware kann man in der nördlichen Hälfte der *Hrnčiarska ulica* unternehmen, sie zweigt auf halber Höhe von der *Mlynská* ab. Dort hat man eine Handwerkergasse eingerichtet: Goldschmiede, Kürschner, Restaurateure, Münzpräger, Taschner, Kunstschlosser u. a. bieten in hübschen kleinen Läden ihre Waren an. (Achtung: Viele haben mittags geschlossen, meist 12–14 Uhr).

Auch das **Mikluš-Gefängnis** (13, *Miklušova väznica)* gleich um die Ecke versetzt seine Besucher in frühere Zeiten. Die erste Umgestaltung zweier gotischer Häuser aus dem 13. Jh. erfolgte zu Beginn des 17. Jh., später wurde das Gebäude für die Bedürfnisse des städtischen Gefängnisses nebst Folterkammer umgebaut. Die darin untergebrachte Ausstellung heißt »Košice im Mittelalter«, und man kann u. a. die Wohnung des Henkers besichtigen.

Auf der Hlavná

Košice hatte einst zwei Synagogen für die zahlreichen Gemeindemitglieder; die in der *Puškinova ulica* dient wieder ihrem ursprünglichen Zweck, auch wenn der äußere Eindruck dagegen spricht. Aber die Gemeinden sind heute klein, und notwendige Restaurierungsarbeiten werden hinausgeschoben. Das sehr viel größere Gotteshaus an der *Grešákova ulica* wurde aufgrund seiner ausgezeichneten Akustik nach dem Zweiten Weltkrieg zu einem Konzertsaal mit etwa 800 Plätzen umgebaut. Seit 1994 hat sich hier die **Philharmonie** (14) eingemietet – ein Konzert in dem intim wirkenden Kuppelraum lohnt sich.

Vorwahl: 0 55

Mestské informačné centrum, Hlavná 8, 040 01 Košice, Tel. 625 88 88, 625 45 02, mic-kosice@napri.sk, www.napri.sk/www/mic, Mo–Fr 9–18 Uhr, Sa 9–13 Uhr, Internet-Zugang für Besucher.

Mittlere Preisklasse (25–50 €): Hotel Alessandria, Jiskrova 3, Tel. 6 22 59 03, Fax 6 22 59 18: kleines Privathotel mit geräumigen Zimmern und gutem Restaurant, ca. 15 Min Fußweg ins Zentrum. **Hotel Centrum,** Južná trieda 2, Tel. 76 31 01, Fax 76 43 80: Plattenbauhotel mit sozialistischem Charme, dafür preisgünstig. **Penzión Krmanová,** Krmanová 14, Tel. 6 23 05 67, Fax 6 22 64 83: neu eingerichtete, kleine Pension in historischem Gebäude.
Gehobene Preisklasse (50–75 €): Hotel Slovan, Hlavná 1, Tel. 622 73 78, Fax 6 22 84 13: komplett rekonstruiertes Hochhaushotel in kühl-modernem Stil

mit Restaurant und Bar, nah dem Zentrum. **Hotel Bankov,** Dolný Bankov, Tel. 6 32 45 22, Fax 6 32 45 40, hotel@bankov, skwww.hotelbankov.sk: Komforthotel etwas außerhalb gelegen in einem ehemaligen Gut, gutes Restaurant und Café mit Sommerterrasse.

ATC Salaš Barca, Alejova ul. P. O. Box D-9, Tel. 5 83 09, Fax 6 22 25 47, mit guter Verpflegungsmöglichkeit im *Salaš.*

Untere Preisklasse (4–6 €): U kohúta, Hnčiarska 23, Tel. 62 383 26, gutes Standardrestaurant. **Čierny orol,** Hlavná 25, Tel. 6 22 87 93: schlichtes Tagesrestaurant im Hof. **Lampáreň,** Hlavná 115, Tel. 6 22 49 95: geräumiges Kellerlokal mit guter Küche. **Bistro u Andrássyho,** Hlavná 81, Tel. 6 22 03 97: für schnelle und günstige Kleinigkeiten.

Mittlere Preisklasse (6–10 €): Carpano, Hlavná 52, Tel. 6 23 00 03: hübsches Café, im Keller das Restaurant mit angenehmer Atmosphäre, guter Küche und freundlichem Service. **U vodnára,** Hrnčiarska 21, Tel. 6 22 89 91: gute Auswahl an einheimischen Spezialitäten, im Sommer Terrassenbetrieb mit live-Musik. **Majster Bar,** Kováčka 11, Tel. 6 25 21 45: kleines Restaurant mit gepflegtem Service und guter Küche.

Obere Preisklasse (ab 10 €): Zlatá Hus, Hlavná 78, Tel. 6 22 64 72: gepflegtes Speiselokal, kühl-antiquiertes Ambiente, gute Gänsespezialitäten, tägl. geöffnet.

Kaviareň Slávia, Hlavná 63, Tel. 6 23 31 90: Café und Bar in hohen Räumen mit wunderbar nostalgischem Flair, am Wochenende live-Jazz. **Jazz Pub**, Kováčska 37, Tel. 6 23 04 67: Jazzkonzerte, aber auch Disco. **Music Pub Diesel,** Hlavná 94, Tel. 6 22 21 86: Nachtlokal. **Mestská piváreň,** Timonova 27, Tel. 6 22 72 19: typisches Bierlokal mit einfachen Gerichten, Nachtbetrieb bis 5 Uhr morgens, zentrumsnah.

Ostslowakisches Museum, Nám. Maratónu mieru, Tel. 6 22 03 09, Di–Sa 9–17 Uhr, So 10–13 Uhr. Eine **Zweigstelle** dieses Museums befindet sich in der Hviezdoslavova ul. 3 (direkt am Ende der Hlavná, also Verwechslung mit dem Hauptgebäude möglich!) und zeigt vorwiegend Kunst und Kunsthandwerk von der Romanik bis zum Jugendstil, Öffnungszeiten s. Ostslowakisches Museum.

Slowakisches Technisches Museum, Hlavná 88, Tel. 622 40 35, Di–Fr 8–17 Uhr, Sa 9–14 Uhr, So 12–17 Uhr.

Ostslowakische Galerie, Hlavná 27, Tel. 622 11 87, Di–Sa 10–18 Uhr, So 10–14 Uhr.

Mikluš-Gefängnis, Pri Miklušovej väznici 10, Di–Sa 9–17 Uhr, So 9–13 Uhr.

April: **Musikalischer Frühling**. September: **Internationales Orgelfestival.**

Oktober: **Festival der griechisch-katholischen Chöre.** Das Heft »Kultúrny informátor« gibt monatlich Auskunft über die aktuellen Veranstaltungen der Stadt.

Der zweitgrößte **Flughafen** des Landes ist mit Bus Nr. 23 zu erreichen und hat täglich Flugverbindungen zu Bratislava, Prag und Wien.

Von Bratislava gibt es täglich ca. alle zwei Stunden **Züge** nach Košice, im IC dauert die Fahrt 5 Stunden, Schnellzug ca. 6 Stunden.

In der Umgebung von Košice

In der Umgebung von Košice

Im Nordwesten der Stadt erstreckt sich der etwa 7000 ha große **Košicer Waldpark** *(lesopark);* er bietet in den Zentren Bankov, Alpinka und Jahodná Möglichkeiten für stadtnahe Ausflugsmöglichkeiten in Wald und Gesundheitspark. Bankov ist mit dem städtischen Bus zu erreichen, nach Alpinka führt seit 1956 eine Kindereisenbahn. Sie ist 5,5 km lang, Abfahrt ist an der *Čermeľská cesta,* im Ortsteil Čermeľ, wo sich auch ein Parkplatz befindet (aus der Stadt nimmt man den Bus Nr. 15, der außer am Jakab-Palais auch am Bahnhof hält.) Die Saison wird am 1. Mai feierlich eröffnet und endet Anfang September. Die Bahn verkehrt nur an Wochenenden und Feiertagen (ab 9 Uhr etwa jede Stunde), im Juni auch Do und Fr.

Eine europäische Rarität ist der **kalte Geysir in Herľany,** 27 km nordöstlich von Košice gelegen. Die Gemeinde verfügt über vier Mineralquellen, wobei der kalte Geysir zu einer wahren Attraktion geworden ist. Alle 32–34 Stunden schießt er aus einer Tiefe von 405 m einen Wasserstrahl von 20–30 m in die Höhe. Wer das Naturschauspiel gezielt erleben möchte, wende sich an das Tourismus-Büro in Košice, um den zuletzt stattgefundenen Wasserausstoß zu erfragen. Von Herľany lassen sich Wanderungen in die *Slánské vrchy* (bis ca. 1000 m hohe Gipfel) unternehmen, deren südlicher Teil Naturschutzgebiet sind.

Etwa 34 km südwestlich von Košice liegt an den Ausläufern des Slowakischen Karsts die kleine Gemeinde **Jasov.** Man fährt auf der E 571 in Richtung Moldava nad Bodvou, passiert das riesige Areal der Ostslowakischen Eisenwerke und biegt am Ortseingang von Moldava nach Jasov ab. Dort wendet man sich an der Hauptkreuzung bei der Brücke nach rechts und fährt immer geradeaus, bis man vor einem vernachlässigten, aber beeindruckenden **Klosterbau** inmitten von sanften Wiesen steht. 1991 kehrten die Prämonstratenser nach jahrzehntelanger Abwesenheit hierher zurück. Sie bezogen zunächst den linken Flügel, an dem das erneuerte Ordenswappen zu sehen ist, und gehen heute in geringer Zahl (vier Chorherren) ihrer seelsorgerischen Arbeit nach.

In seiner Geschlossenheit ist das Gebäude ein wunderbares Beispiel süddeutsch-österreichischer Barockklöster, umso erstaunlicher ist deshalb seine Lage weit im Osten Europas. Zum Kloster gehört ein auf dem Gebiet der Slowakei seltener Barockgarten, der auf Rekultivierung wartet. In Jasov ist die Anwesenheit der Prämonstratenser seit Mitte des 13. Jh. belegt. Ende des 18. Jh. entschlossen sie sich, einen neuen repräsentativen Bau zu errichten. Vieles weist darauf hin, dass der berühmte österreichische Baumeister Franz A. Pilgram für die Konzeption des Baus gewonnen werden konnte, Belege dafür finden sich jedoch nicht. 1766 wurde das einschiffige, prächtige Gotteshaus dem hl. Johannes dem Täufer geweiht. Die fünf ausladenden Deckenfresken des Wiener Malers Johannes L. Kracker zeigen Szenen aus seinem Leben. Erwähnenswerte Details des Klosters sind dessen 365 Fenster, 12 große Kamine und 4 Eingangstore, die die Einteilungen des Kalenderjahres symbolisieren. Leider befindet sich die schöne Klosterbibliothek noch in Rekonstruktion, chronischer Geldmangel lässt eine Wiedereröffnung nicht absehen. Von Juni bis September sind Führungen durch die Kirche auch auf Deutsch möglich (Terminvereinbarung unter Tel./Fax 0 55/46 68 10 00).

Ein prachtvolles Jugendstil-Denkmal: das Andrássy-Mausoleum

Der Slowakische Karst

Das größte Karstgebiet der Slowakei erstreckt sich südwestlich von Košice, im Süden von der ungarischen Grenze begleitet. Von Norden lässt es sich auch über Poprad erreichen. Zentrum des Karsts bildet die Bezirksstadt Rožňava (Rosenau). Wie für Karstgebiete typisch, gibt es auch im Slowakischen Karst (*Slovenský kras)* ein paar interessante Höhlen zu besichtigen.

Das »Schöne Hügelchen«

Wenige Kilometer vor Rožňava, von Osten kommend, steht auf einem »schönen Hügelchen« die Burg gleichen Namens, Krásna Hôrka. Doch kurz vor der Ortseinfahrt von **Krásnohorské Podhradie** ist das **Andrássy-Mausoleum** zu besichtigen. Nach dem Tod seiner geliebten Frau Franziska ließ Dionysius Andrássy 1904 ihr zu Ehren ein prachtvolles Mausoleum unweit der Burg bauen, in deren Familiengruft sie als Bürgerliche keine Ruhestätte gefunden hätte. Er selbst hatte keinen Erben.

Die Grabstätte zählt zu den hoch geschätzten Jugendstil-Denkmälern der Slowakei; sie entstand im Geist der Münchner Ausprägung dieser Stilrichtung. Im reich intarsierten Kuppelraum stehen vor einem kleinen Altar der hl. Franziska die Sarkophage des Ehepaars. Ein liebevolles Kuriosum befindet sich hinter der Hecke, die das Mausoleum umgibt: in schicklicher Entfernung und doch auch im Tod nah, ist der Lieblingshund der beiden in Ton modelliert und sitzt auf seinem eigenen Grab. Die Ankunft der Besucher wird vom gegenüber liegenden Haus beobachtet, also vor dem Tor ein wenig warten.

Um zum nationalen Kulturdenkmal **Krásna Hôrka** zu gelangen, folgt man in Krasnohorské Podhradie den Hinweisschildern durch den Bergwald bis zum Parkplatz auf einem Zwischenplateau. Die letzten und steilsten Höhenmeter muss man dann zu Fuß zurücklegen. In einer Urkunde von 1333 wird die Festung bereits als *castrum* (Burg) erwähnt, errichtet wurde sie wohl einige Jahrzehnte früher, um den zu ihren Füßen abzweigenden Handelsweg in die Zips und weiter bis nach Polen zu überwachen. So war sie auch Streitfall zwischen zwei Adelsgeschlechtern, bei dem die Bebeks den Sieg davontrugen und gut 300 Jahre von hier aus über das Komitat Gemer herrschten. Nachdem das Geschlecht 1567 ausgestorben war, fiel die Burg an den Kaiser in Wien zurück, der sie von rasch wechselnden so genannten Burgkapitänen verwalten ließ. 1578 kommt Peter Andrássy auf eigenen Wunsch nach Krásna Hôrka. Doch erst seinem Enkel gelang es, den Besitz 1642 als Erblehen zu erhalten.

Nach einem Brand ließ Georg Andrássy 1857 ein privates Museum herrichten, das bereits 1875 der Öffentlichkeit zugänglich gemacht wurde. Die Burg ist unbedingt einen

Besuch wert, gut sind die Belagerungen der Türken (anhand von orientalischen Kampfgewändern und großen Wandkarten) nachzuempfinden, beeindruckend auch die Familiengruft der Andrássys nebst der stattlichen Burgkapelle. Da sie zu den meist besuchten Burgen im Land gehört, empfiehlt sich eine Besichtigung am Morgen.

Andrássy-Mausoleum, Mai–Okt. 8–16.30 Uhr, 12–12.30 Uhr Mittagspause, Nov.–April in stündlichem Abstand 9.00–14.00 Uhr.
Krásna Hôrka Mai–Okt. Di–So 8–16.30 Uhr, Nov.–April 9–14 Uhr. Einlaß jeweils zur halben Stunde, nur mit Führung, für deutschsprachige Besucher Begleitheft.

Rožňava – Kleinstadt mit »goldenem« Boden

Der alten Bergbaustadt mit Bischofssitz sieht man ihre einstige Stellung als Zentrum des Komitats Gemer erst auf den zweiten Blick an. Schrittweise werden die historischen Gebäude renoviert, sonst ist nicht viel geblieben vom alten Glanz, wozu auch die Erhebung zur Bischofsstadt 1776 gehörte. Die Bergbausiedlung war durch den Goldabbau zu Ansehen gekommen.

Den Kern bildet der viereckige Marktplatz – *Námestie baníkov* (Platz der Bergleute) –, der vom **Wachturm** in seiner Mitte dominiert wird. Erbaut 1643–1654 im Stil der Spätrenaissance, gehörte er zum ursprünglich hier stehenden Rathaus. Bemerkenswert ist, dass einige der Bürgerhäuser am Platz direkt auf ehemaligen Stollen und Berggruben gebaut sind. In manchem Keller finden sich Gewölbe und Gemäuer aus gotischer Zeit; die Fassaden sprechen natürlich von anderen Jahrhunderten. Hinter der Pestsäule am nördlichen Ende des Platzes steht die **Bischofsresidenz** mit ihrer klassizistischen Front (1776–1778). Am anderen Ende dieser Häuserreihe, fast schon in der *Betliarska ulica,* befindet sich das **Franziskanerkloster** mit der Kirche der hl. Anna, spätbarock mit klassizistischen Elementen. Vom Kloster erblickt man gleich die **Maria-Himmelfahrts-Kirche,** mit dem Turm voraus beherrscht sie die Straßengabelung. Der eigentliche Kirchenbau wirkt schief angebaut, jedoch ist er es, der auf ein gotisches Gotteshaus zurückgeht, das nach der Ausrufung zum Bischofssitz zu einer Kathedrale mit stattlichem Turm umgebaut wurde. Auch die Innenausstattung musste der neuen Funktion angepasst werden. In spätbarockem Stil entstanden neue Seitenaltäre, die Kanzel und die Sitzbänke sowie der Hauptaltar mit den Plastiken der hll. Peter und Paul.

Vorwahl: 0 58

Turistické informačné centrum, Nám. baníkov 32, 048 01 Rožňava, Tel. 7 32 81 01, Fax 7 32 48 37, tic@Roznava.sk, Juni–Sept. Mo–Fr 8–18, Sa 8–16, So 10–16 Uhr, in der übrigen Zeit Mo–Fr 8–16, Sa 9–14 Uhr.

Untere Preisklasse (bis 25 €): Čierny orol, Nám. baníkov 17, Tel. 7 32 81 86, Fax 7 33 18 80: angenehmes Hotel in historischem Gebäude am Hauptplatz mit gutem Restaurant. **Hotel Kras,** Šafárikova 52, Tel. 7 32 42 43, Fax 2 78 00: äußerlich nicht sehr attraktiv, dafür die Zimmer renoviert. **Hotel Hrádok,** 049 16 Jelšava, Tel. 44 88 25 05, Fax 8 27 14: renoviertes Standardhotel mit Restaurant in der Nähe der Aragonit-Höhle.

Kemping Krásnohorské Podhradie, Tel. 2 54 57, mit Bungalow- und Caravan-Vermietung.

Rund um Rožňava

Kurz hinter Rožňava an der Straße nach Dobšiná liegt ein weiterer Wohnsitz der Andrássys, das **Schloss Betliar** *(Kaštiel' Betliar).* Aus einer Renaissancefestung entstand beim zweiten Umbau 1886 ein herrschaftliches Gebäude im Stil des Historismus. Die Räumlichkeiten sind üppig ausgestattet, sollen sie doch die adelige Wohnkultur vom 17. bis zum Beginn des 20. Jh. vor Augen führen. Reizvoll ist auch die historische Bibliothek mit über 20 000 Bänden. Eine Besonderheit stellt der Park dar. Auf etwa 80 ha wurde in dieser eher herben Karstgegend eine künstliche Landschaft mit Seen, Springbrunnen, Plastiken und Pavillons in unterschiedlichen Stilen geschaffen. Wegen der vielen seltenen Bäumen und Sträucher wird er als einziger slowakischer Park im Verzeichnis der historischen Gärten der Welt aufgeführt.

Westlich von Rožňava in Richtung Štítnik und Jelšava geht es auf halbem Weg zur *Ochtinská aragonitová jaskyňa,* einer seltenen **Aragonithöhle**. Sie wurde 1972 mit Hilfe eines 145 m langen Stollens für die Öffentlichkeit zugänglich gemacht. Die Aragonitablagerungen bilden bizarre Formen, wie aus dem Gestein hervor tretende Seeigel mit langen unregelmäßigen Stacheln. Aufgrund des raren Vorkommens dieses Höhlentyps in Europa zählt sie zum Weltnaturerbe der UNESCO.

In **Štítnik** selbst gibt es eine der seltenen, nahezu noch mittelalterlichen Kirchen mit originalen Freskomalereien aus verschiedenen Phasen der Gotik sowie der Renaissance (14.–16. Jh.) aufzusuchen. Die gedeckten Farben der Malschichten fügen sich trotz ihrer unterschiedlichen Entstehungszeit zu einem harmonisch-warmen Raumerlebnis zusammen. Sie unterhalten das Auge durch ihre Bruchstückhaftigkeit, das das »Puzzle« zu entwirren versucht. Die dreischiffige evangelische Kirche ist ein Musterbeispiel dieses gotischen Typs für die südliche Karstregion und am Ende des Hauptplatzes gut an ihrem massiven Turm mit der geschwungenen Haube zu erkennen.

Ebenfalls ungewöhnlich ist die **Gombasek-Höhle** (*Gombasecká jaskyňa)* im Süden von Rožňava, an der E 571 kurz vor Plešivec gelegen. Die nur wenige Millimeter starken Röhrchen aus Sinterablagerungen (manche bis zu 3 m lang) scheinen wie dünnflüssiger Teig von der De-

Karstlandschaft bei Zádiel

cke zu rinnen. Biegt man in Plešivec in Richtung zum ungarischen Grenzübergang ab, folgt die **Domica-Höhle** *(Jaskyňa Domica)*, eine der schönsten Höhlen der Slowakei. Sie ist Teil eines 21 km langen Höhlensystems, das auf ungarischer Seite seine Fortsetzung findet. Besonders attraktiv ist die Bootsfahrt auf einem der unterirdischen Flüsse.

Schloss Betliar, Tel. 0 58/7 98 31 18, Mai–Okt. Di–So 8–16.30 Uhr, Nov.–April 9–14 Uhr.

Aragonithöhle, 15. Mai–15. Sept. Di–So 9–16 Uhr, 1. April–14. Mai und 16. Sept.–31. Okt. Di–So 9.30–14 Uhr.

Gombasek-Höhle, Öffnungszeiten s. Aragonithöhle.

Domica-Höhle, 15. Mai–15. Sept. Di–So 9–16 Uhr, 1. Feb.–14. Mai und 16. Sept.–31. Dez. Di–So 9.30–14 Uhr.

Das Karstgebiet rund um Rožňava eignet sich besonders gut fürs Wandern und Mountainbiken. Bei Zádiel geht es durch das gleichnamige Tal (Zádielská dolina) durch einen bizarren Cañon. Von Plešivec und Štítnik gelangt man auf typische Karstplateaus abseits von Verkehrsstraßen. Das Tourismus-Büro hält detaillierte Infos dazu bereit und vermittelt Höhlenführer, in deren Begleitung man nicht öffentliche Höhlen erkunden kann.

TIPPS & ADRESSEN

Alle wichtigen Informationen rund ums Reisen – von Anreise bis Zoll – auf einen Blick

Ein zusätzlicher Sprachführer hält die wichtigsten Vokabeln griffbereit

INHALT

REISEVORBEREITUNGEN

Informationsstellen

Die Slowakische Republik unterhält leider keine ausländischen Fremdenverkehrsbüros im deutschsprachigen Raum. In geringem Umfang halten die Botschaften und Konsulate etwas Prospektmaterial bereit. Für erste, allgemeinere Informationen über das Land kann man sich an die gesamtstaatliche Tourismusagentur in Banská Bystrica wenden:
Slovenská agentúra pre cestovnýruch, SACR (Slovak Tourist Board), Námestie Ľ. Štúra 1, P. O. Box 35, 974 05 Banská Bystrica, Tel. +4 21/48/4 13 61 46-48, Fax +4 21/48/4 13 61 49, sacr@sacr.sk, www.sacr.sk.

Allgemeine Auskunft zum Reisen und über Reisebüros in der Slowakei erteilt auch die Vereinigung Slowakischer Reisebüros SACK, die gern Reisebüros empfiehlt, die nach ihren Richtlinien arbeiten: Slovenská asociácia cestovnných kancelárii, Bajkalská 25, 821 01 Bratislava, Tel. 02/58 23 33 85, Fax 53 41 90 58, sack@ba.sknet.sk.

Im deutschsprachigen Raum gibt es das slowakische Reisebüro SATUR, das auf die Slowakei spezialisiert ist. Es bietet Komplett- und Gruppenreisen sowie Kuraufenthalte an: Strausberger Platz 8, 10243 Berlin, Tel. 0 30/4 29 41-13, -35, Fax 4 27 47 56, saturberlin@t-online.de. In Österreich: SATUR Wien, Parkring 12, A-1010 Wien, Tel. 01/5 12 01 99, 5 12 06 15, Fax 5 12 01 99 85, satur@xpoint.at.

Slowakische Botschaften

... in Deutschland
Leipziger Str. 36
D-10117 Berlin
Tel. 00 49/30/2 04 45 38,
2 04 45 38, 2 04 49 49,
Fax 2 08 24 59
sk.emb.berlin@tpp24.net

... in Österreich
Armbrustergasse 24
A-1190 Wien
Tel. 00 43/1/3 18 90 55,
Fax 3 18 90 60
zuwien@aon.at

... in der Schweiz
Thunstr. 99
CH-3006 Bern
Tel. 00 41/31/3 52 36 46,
Fax 3 51 48 59
slovak@spectraweb.ch

Einreise- und Zollbestimmungen

Für EU- und Schweizer Bürger genügt zur Einreise ein gültiger Personalausweis. Bei einer Aufenthaltsdauer von mehr als 90 Tagen benötigt man zusammen mit einem Reisepass ein Visum. Mitgeführte Haustiere (Hunde und Katzen) müssen eine aktuelle Tollwutimpfung nachweisen sowie einen internationalen Impfpass mit sich führen. Eventuelle besondere Bestimmungen für Nicht-EU-Länder beim Tierarzt nachfragen. Gegenstände für den persönlichen Gebrauch dürfen zollfrei ein- und ausgeführt werden. Aus dem Bereich der üblichen Mitbringsel sind es pro Person 1 l Hochprozentiges, 2 l Wein, 200 Zigaretten oder 100 Zigarillos bzw. 50 Zigarren. Slowakische Kronen dürfen im Grunde uneingeschränkt ein- und ausgeführt werden, Summen ab 150 000 SK sind meldepflichtig.

Karten und Pläne

In der Slowakei selbst können Sie an den gut ausgerüsteten, großen Tankstellen sehr gute, aktuelle Landes- und Regionalkarten kaufen; die besten sind die vom Militärinstitut VKÚ in Harmanec herausgegebenen. Im deutschen Buchhandel sind Karten von Freytag & Berndt erhältlich.

Reisekasse

Die Slowakei ist ein relativ preisgünstiges Reiseland. Es gibt inzwischen eine Menge kleiner, moderner Pensionen und Privathotels, die erschwingliche und angenehme Übernachtungsmöglichkeiten anbieten. Ausgesprochen günstig sind Privatunterkünfte und Campingplätze. Die Ausgaben für Verpflegung sind im Vergleich zu denen der Unterkunft in Hotel oder Pension als ausgesprochen niedrig einzustufen.

Reisezeit

Die Slowakei hat zwei Hauptsaisons, im Winter dominiert der Wintersport in der Hohen und Niederen Tatra sowie in den beiden Fatras. Aufgrund der überwiegenden gebirgigen Beschaffenheit des ganzen Landes findet man jedoch nahezu überall, oft auch in unmittelbarer Stadtnähe, Skilifte und Langlaufloipen. In der Sommerzeit sind vor allem Wandern und Baden in den zahlreichen natürlichen und künstlich angelegten Seen und Thermalbädern geboten. Frühjahr bis Herbst eignen sich besonders für Städtebesichtigungen.

Gesundheitsvorsorge

Für die Slowakei benötigt man keine speziellen Impfungen. Wer sich viel in der Natur aufhalten möchte, kann überlegen, ob eine Zeckenschutzimpfung ratsam ist. Denn ähnlich wie in Österreich oder Süddeutschland ist hier auch mal mit einem gesundheitsgefährdenden Zeckenbiss zu rechnen.

ANREISE

... mit dem Flugzeug

Die Slowakei wird von Air Slovakia, Czech Airlines, Hemus Air Bulgaria, Aeroflot, Air Ukraine, Tyrolean Airways und Tunis Air angeflogen.

Internationale Flughäfen befinden sich in Bratislava (BTS), Košice (KSC) und in der Tatra bei Poprad (TAT). Da jedoch der viel frequentierte Flughafen von Wien (VIE) in Schwechat nur etwa 40 km von Bratislava entfernt liegt, wird meist er zur Anreise mit dem Flugzeug benutzt.

... mit dem Zug

Von Deutschland und der Schweiz reist man zumeist über Wien in die Slowakei. Hier muss man immer den Bahnhof (vom Südbahnhof fahren die Züge in die Slowakei ab) wechseln, weshalb für Bratislava-Reisende von Wien aus auch die Weiterreise mit dem Bus oder Schiff (auf der Donau) empfohlen werden kann. Reisende aus den neuen Bundesländern kommen über Prag und Brünn in die Slowakische Republik.

... mit dem Bus

Busunternehmen im süddeutschen Raum und in Österreich bieten direkte Busreisen von und in die Slowakei (oder zumindest in die Hauptstadt Bratislava an). Erkundigen Sie sich in den größeren Städten am Bahnhof. Meist sind es Regionalanbieter in Kooperation mit slowakischen Unternehmen, die regelmäßige (bis zu dreimal pro Woche) Fahrten, allerdings meist nachts, durchführen.

... mit dem Pkw

Von Westen erreicht man die Slowakei über Wien. Man wählt die Südumfahrung Wien und hält sich an die Beschilderung SK bzw. Bratislava (im Zweifelsfall Richtung Budapest). Ein neuer, modern ausgebauter Übergang ist Kittsee/Jarovce (lange nur für den sog. kleinen Grenzverkehr zwischen Österreichern und Slowaken zugelassen, heute international), nur wenige Kilometer südlich vom traditionellen Grenzübergang Berg/Petržalka. Für ersteren muss man die Autobahn bei Fischamend nicht verlassen, wo die Landstraße entlang der Donau nach Hainburg und schließlich Berg abzweigt. Man fährt noch einige Kilometer weiter Richtung Budapest und erreicht über Parndorf und Gattenburg den Übergang Kittsee/Jarovce.

Wer von Norden kommt, kann über Prag und Brünn auf der Autobahn nach Bratislava fahren. Eine gut ausgebaute Fernstraße (mit dem neuen Grenzübergang Rovné südlich von Uherský Brod) führt aber auch von Brünn in den Osten, wo man südlich von Trenčín auf die slowakische Autobahn des Waagtals trifft und wo es nicht mehr weit ist in die Tatra. Achtung: In Tschechien und der Slowakei sind Autobahnen mautpflichtig (s. S. 222).

UNTERWEGS IN DER SLOWAKEI

… mit öffentlichen Verkehrsmitteln

Das Bus- und Bahnnetz der Slowakei ist sehr gut ausgebaut und zudem preiswert. Die Haupteisenbahnlinie führt von Bratislava durchs Waagtal und zwischen den beiden Tatra-Hauptkämmen an Poprad vorbei bis nach Košice im Südosten. Diese Strecke dauert je nach Zugart 5–6 Stunden und verkehrt mehrmals täglich. Es gibt gute Anschlussmöglichkeiten zu abseits dieser Haupttrasse gelegenen Orten.

… mit dem Pkw

Das Netz der Fernstraßen und viele der Landstraßen sind in sehr gutem bis gutem Zustand. Eifrig wird auch am weiteren Ausbau der Autobahnverbindung zwischen Bratislava und Košice (ähnliche Wegführung wie die Haupteisenbahnstrecke) gearbeitet. Zudem gibt es Autobahnteilstücke zu anderen größeren Städten (z. B. in Richtung Nitra sowie zwischen Banská Bystrica und Žiar nad Hronom). Für die Autobahnnutzung ist Maut zu entrichten, sie funktioniert ähnlich wie in Österreich, was die Zeiträume betrifft (es gibt zeitlich begrenzte Wertmarken). Allerdings richtet sich die Gebühr in der Slowakei auch bei den Pkw nach der Hubraumgröße. Die Aufkleber sind an den Grenzen und an Tankstellen erhältlich. Als Geschwindigkeitsgrenzen gelten: 50 km/h in Ortschaften, außerhalb davon 90 km/h und auf Autobahnen und Schnellstraßen 130 km/h. Übertritte werden mit saftigen Geldbußen bestraft. Alkohol am Steuer ist tabu, es gilt 0,0 Promille.

UNTERKUNFT

Hotels und Pensionen

Die Privatisierung der Hotels ist nahezu abgeschlossen. Leider kann man sich nicht immer auf die Sterneklassifizierung (1–5 Sterne-Hotels) verlassen, denn sie ist in Umbruchsländern wie der Slowakei nicht das geeignetste Mittel, dem Gast aussagekräftige Hilfestellung zu geben. Hotels, die z. B. komplett restauriert sind, wegen eines fehlenden Aufzugs aber in der Kategorisierung (nicht im Preis!) von drei auf einen Stern zurückgefallen sind, können sehr viel angenehmer und komfortabler sein als ein nur oberflächlich hergerichtetes ehemaliges Staatshotel, das noch »sozialistische Atmosphäre« verbreitet (die zuweilen auch ihren Charme haben kann).

Insgesamt ist das Verhältnis von Angebot und Leistung noch nicht überall harmonisiert, manche Hotels sind entschieden überteuert, nur weil man glaubt (!), westlichen Standard erreicht zu haben. Es gibt jedoch eine Reihe von Hotels, die hiesigen Urlaubererwartungen durchaus entsprechen und 30–40 % unter den westeuropäischen Preisen liegen. Und dann wiederum gibt es Pensionen, die westliche Hotelstandards (und Preise) erreichen.

Unangenehm und oft unangemessen ist es, wenn Hotels bei den Zimmerpreisen zwischen einheimischen und ausländischen Gästen unterscheiden (zuweilen mehr als doppelt so hohe Preise). Diese Handhabung ist wohl im Rückzug begriffen, doch man muss noch damit rechnen. Wirklich günstig sind Privatunterkünfte, und manchmal können es auch Pensionen oder kleine Hotels sein.

Die in diesem Band erwähnten Unterkünfte sind nach folgendem Schema geordnet (Preise für ein Doppelzimmer):

Untere Preisklasse: bis 25 €
Mittlere Preisklasse: 25–50 €
Gehobene Preisklasse: 50–75 €
Oberste Preisklasse: ab 75 €

Privatunterkünfte

In touristisch sehr frequentierten Gegenden wie in der gesamten Tatra, aber auch in den Mittelgebirgen und der Zips werden sehr viele Zimmer privat angeboten. Entweder es hängt über dem Gartenzaun ein (auch handgeschriebenes) Schild *ubytovanie* oder auf deutsch »Zimmer frei«, oder man geht ins Tourismus-Büro, wo die meisten der Zimmer vermittelt werden. Viele Menschen der Gebirgsregionen setzen auf diese Nebeneinkünfte und haben Zimmer (auch mit Dusche und WC) für Touristen z. T. bemerkenswert hergerichtet, was das Haus von außer nicht immer vermuten lässt. Übernachtungen in Privathaushalten gibt es je nach Region pro Person schon für ca. 5 €, zuweilen mit Frühstück!), mehr als etwa 9–10 € zahlt man in der Regel nicht.

Apartments/Ferienhäuser

Apartments und Ferienhäuser werden als *apartmán* oder *chata* meist von den lokalen Reisebüros angeboten. Die als Wochenenddomizil allseits bekannte *chata* (Hütte) kann tatsächlich eine einfache Unterkunft sein, doch es gibt auch schon modern ausgestattete Holzhäuser in Touristenzentren, die die deutsche Bezeichnung Ferienhaus nicht zu scheuen brauchen.

Ferien auf dem Bauernhof

Unter dem Begriff *agroturistika* bietet man seit Mitte der 1990er Jahre naturverbundenen Urlaub auf dem Land an. Nicht immer sind es tatsächlich bäuerliche Wirtschaftsbetriebe, doch zumeist trifft man auf familienfreundliche, preisgünstige Ferienunterkünfte. Nähere Auskunft sowie einen Prospekt mit den zur Verfügung stehenden Unterkünften über den Vorsitzenden der Vereinigung **Slovenské združenie podnikateľov v agroturistike, SZPA:** Václav Jurky, Vasiľov 152, SK-029 51 Lokca, Tel./Fax 0 43/5 59 12 91.

Camping und Caravaning

Das Land ist hinreichend dicht mit Campingplätzen bestückt – wildes Campen, gerade in Naturschutzgebieten oder Nationalparks wird mit hohen Geldstrafen geahndet. Es ist im Grunde nirgends außerhalb der Campingplätze *(autokemping)* erlaubt. Eine detaillierte Landkarte mit allen Campingplätzen hat 1997 die staatliche Tourismus-Agentur SACR (s. S. 219) herausgegeben. Die Camping-Föderation hat die Anschrift: **Federácia campingu a caravaningu SR** Junácka 6, 832 80 Bratislava, Tel. 02/49 24 92 26, Fax 49 24 95 68.

Jugendherbergen

Die Jugendherbergen heißen in der Slowakei *turistická ubytovňa,* also Touristenunterkunft, wo es größere Schlafräume mit Gemeinschaftsduschen gibt. Doch auch Universitäts- oder Schulinternate bieten in ihrem *študentský domov* Reisenden gern Zimmer an, einfach im städtischen Info-Büro danach fragen. Eine Übernachtung in diesen Häusern kostet 5–10 €.

ESSEN UND TRINKEN

Speiselokale

Die gepflegteste Form, essen zu gehen, bietet normalerweise eine *reštaurácia* (Restaurant). Leider meint man auch in guten Lokalen, den Gast mit schriller, überlauter Pop-Musik beglücken zu müssen. Die Bezeichnungen *koliba* oder *salaš* verweisen auf slowakische Spezialitätenlokale in rustikaler Ausstattung. Einfacher und bei der Speisenauswahl eingeschränkter sind Weinschenken *(vináreň)* oder Bierkeller *(piváreň),* die zuweilen aber schmackhafte, unverfälschte Hausmannskost bieten können. Die »modernere« Variante sind »Pubs«, die allenthalben aus dem Boden schießen. Ausländische Küche (ital., franz.) wird allzu »slowakisiert«, Kulinarik-Freaks sollten deshalb die Münder davon lassen. In einem *hostinec* bekommt man zwar auch zu essen, doch sind das meist sehr einfache, verrauchte Dorfwirtschaften.

Die Preiskategorien der im Reiseführer genannten Speiselokale beziehen sich auf ein einfaches Menü: Suppe, Fleischgericht mit Beilagen, Getränk.

Untere Preisklasse: 4–6 €
Mittlere Preisklasse: 6–10 €
Obere Preisklasse: 10 €

Cafés

Unter der Bezeichnung *café* oder slowakisch *kaviareň* darf man nicht unbedingt ein Kuchenangebot erwarten. Reiche Kuchenauswahl zum Kaffee oder Tee gibt es aber bestimmt in einer *cukráreň* (Konditorei). Hier ist es vielfach üblich, den Kuchen an der Theke auszusuchen und sofort zu bezahlen. Die Bedienung bringt dann nur noch die Getränke an den Tisch und kassiert.

KLEINER SPRACHFÜHRER

Slowakische Wörter werden grundsätzlich auf der ersten Silbe betont. Hinweise zur Aussprache:
c = ts; č = tsch; š = sch;
ž = stimmhaftes sch wie in Journalist
z = stimmhaftes s wie in Besen
v = w; y = wie deutsches i
Weitere weiche Konsonanten:
ď = dj; ľ = lj; ň = nj; ť = tj
Die Silben de, te, le, ne [dje, tje, lje nje] werden bis auf wenige Ausnahmen weich gesprochen, ohne dass dies durch ein Weichheitszeichen angezeigt wird.

Die sog. »Akzente« auf den Vokalen sind diakritische Zeichen, die lediglich eine Dehnung des Vokals bewirken; sie geben keine Betonung im Wort an und verändern den Vokal nicht in seiner grundsätzlichen Lautung:
à = aah; é = eeh; í = iih; ó = ooh, ú = uuh; í = iih.

Eine slowakische Besonderheit ist der Doppelvokal ô = uo.

Suppen (polievky)

hovädzí vývar s rezancami	Rindsbouillon mit Nudeln
kurací vývar	Hühnerbouillon
cesnaková polievka	Knoblauchsuppe
hubová polievka	Pilzsuppe
kapustnica	Krautsuppe
halászlé	ungarische Fischsuppe

Kalte und warme Vorspeisen (studené a teplé predjedlá)

šunková roľka so syrom	Schinkenrolle mit Käse
syrový nárez	Käseaufschnitt
sardinky s cibuľou	Sardinen mit Zwiebel
plnená paradajka	gefüllte Tomate (mit Schinken- oder Käsepaste)
kuracia (hydinová) pečeň	Hühner- (Geflügel-) leber
sedliacka omeleta	Bauernomelett

Hauptspeisen – Fleisch und Fisch (jedlá z mäsa a ryby)

(vyprážaný) bravčový rezeň	(paniertes) Schweineschnitzel
rezeň v cestíčku	Schnitzel im Teigmantel

prírodný rezeň	Schnitzel natur
kotlíkový guláš	Kesselgulasch
biftek na rošte	Beefsteak am Grill
sviečková / sviečové rezy	Lendenbraten/ Lendenschnitzel
španielské vtáčky	Rindsrouladen
teľacie medajlónky	Kalbsmedaillons
jelenie rezne	Hirschschnitzel
jelení guláš	Hirschgulasch
bažant	Fasan
kuracie/morčacie prsia	Hühner-/Putenbrust
vyprážané rybie filé	paniertes Fischfilet
rybie filé na masle	Fischfilet auf Butter
pstruh na rošte	gegrillte Forelle
vyprážaný kapor	panierter Karpfen
plnená paprika	mit Hackfleisch gefüllter Paprika in Tomatensauce
lečo	Eintopf aus Paprika, Tomaten und Zwiebeln – mit oder ohne Wurst
bryndzové halušky	Brimsennocken (mit ausgelassenem Speck)

Fleischlose Gerichte (bezmäsité jedlá)

pirohy so syrom/ s tvarohom	Käse-/Quarkpiroggen
strapačky s kapustou	eine Art Gnocchi mit Kraut
vyprážaný (udený) syr	panierter (Räucher-)käse
vyprážané šampióny	panierte Champignons
karfiól ako mozoček	auf Zwiebeln gedünsteter Blumenkohl
zapenkaný karfiól	überbackener Blumenkohl
brokolica so syrom	Brokkoli mit Käse
zeleninové risoto	Gemüserisotto
vysmažaný encián	panierter Camembert

Beilagen (prilohy)

ryža	Reis
opekané zemiaky	Bratkartoffeln
varené zemiaky	Salzkartoffeln
hranolky	Pommes frites
zemiaková placka	Kartoffelpuffer
dusená zelenina	gedämpftes Gemüse
hrach	Erbsen
kyslá kapusta	Sauerkraut

Salate (aláty)

uhorkový šalát	Gurkensalat
kapustový šalát	Krautsalat
paradajkový šalát	Tomatensalat
šopský/ bulharský šalát	gemischter Gemüsesalat mit geriebenem Schafskäse
miešaný šalát	gemischter Salat

Süßspeisen und Dessert (jedlá z múky/dezerty)

palacinky s čokoládou a šľahačkou	Pfannkuchen mit Schokolade und Sahne
jablko v cestičku	Apfelküchle

jablková/maková štrúdľa (závin)	Apfel-/Mohnstrudel
slivkové knedle	Zwetschgenknödel
orechové šúľance	Nussnudeln
buchty s makom	Dampfnudeln mit Mohn
ovocný šalát	Obstsalat
zmrzlinový pohár	Eisbecher
dort/zákusok	Torte/Tortenstück
koláč	Kuchen

Getränke (nápoje)

minerálka	Mineralwasser
džús	Saft
pivo	Bier
biele/žervené víno	Weiß-/Rotwein
šumivé vína	Schaumweine
likér	Likör
pálenka	Schnaps

Im Café (kaviareň)

zalievaná/turecká káva	türkischer Kaffee (mit Bodensatz)
presso káva	Espresso
viedenská káva	Wienerkaffee
čierny čaj	schwarzer Tee
ovocný čaj	Früchtetee

Essen gehen

jedálny lístok	Speisekarte
Máte, prosím …?	Haben Sie bitte …?
Zaplatím, prosím.	Zahlen, bitte.
Môžem platiť platobnou kreditnou kartou?	Kann ich mit Kreditkarte zahlen?

Allgemein

Dobrý deň	Guten Tag
Dobré ráno	Guten Morgen
Dobrý večer	Guten Abend
Ajoj/servus	Grüß dich, Servus
Dovidenia/Dovi	Auf Wiedersehen (/die Kurzform)
Dopočutia/Dopo	Auf Wiederhören (/die Kurzform)
d'akujem (pekne)	Danke(schön)
prosím	bitte
nech sa páči	hier bitte
pardón/prepáčte	Pardon/Verzeihung
Ako sa máte?	Wie geht es Ihnen?
d'kujem dobre	Danke, gut.
dnes	heute
zajtra	morgen
včera	gestern
Kde je …?	Wo ist …?
Je tu blízko …?	Gibt es hier in der Nähe …?
banka	Bank
hotel/penzión	Hotel/Pension
súkromné ubytovanie	Privatzimmer
autobusová stanica	Busbahnhof

URLAUBSAKTIVITÄTEN

Angeln und Jagen

Das, woran Wassersportler ihre Freude haben, steht in der Regel auch Anglern zur Verfügung: Flüsse, Gebirgsbäche, große und kleine Seen. Ähnlich wie fürs Jagen muss man sich in der zuständigen Gemeinde (Tourismus-Büro) einen Berechtigungsschein holen. Für den Forellenfang ist das Vrbické pleso (Demänovská dolina in der Niederen Tatra) zu empfehlen. Weitere Süßwasserfische kann man sich aus Stauseen wie Sl'ava bei Piešt'any, Oravská priehrada oder Liptovská mara angeln.

Das Jagen in den waldreichen Landschaften ist sehr beliebt, zu außergewöhnlichen Trophäen zählen natürlich Bär, Luchs und Wolf, die gleichzeitig zu den geschützten Tierarten gehören. Jagdscheine sind zumeist über die Tourismus-Büros erhältlich, hier kann man auch zu örtlichen Jägern Kontakt aufnehmen, um an Jagden teilzunehmen. Der **Slowakische Jagdverband** (Spoločnost' ZVEREX) sitzt im: Dom pol'ovníkov, Štefániková 10, 811 05 Bratislava, Tel. 02/52 49 21 07, Fax 52 49 39 13.

Baden

Die vielen mineralischen Quellen haben ein dichtes Netz von Thermalbädern (fast 40) entstehen lassen, die sich häufig in den Heilbädern, aber auch andernorts befinden: wie z. B. in Bešeňová am Liptauer Stausee, in Bojnice sowie in Levice unweit von Banská Štiavnica oder in Rajec bei Žilina. Siehe auch unter Wassersport, S. 231.

Bergsteigen und Klettern

Fürs Bergsteigen und Klettern sind die Mini-Alpen Ostmitteleuropas hervorragend geeignet. In der Hohen und West-Tatra stehen zahlreiche Zweitausender für hochalpine Touren zur Verfügung. Die jeweiligen Zentren wie Štrbské pleso, Smokovce, Tatranská Lomnica oder Zuberec in der West-Tatra vermitteln erfahrene Bergführer, die nicht nur Gefahrenstellen kennen. In ihrer Begleitung kann man auch markierte Pfade verlassen, deren Einhaltung in den als Nationalparks ausgewiesenen Regionen Flora und Fauna schützen sollen.

Bungee-jumping

Diese waghalsige Sportart fand zunächst in der Hohen Tatra in trbské pleso erste Anhänger. Im »Areal der Träume« kann man im Sommer von der Skisprungschanze oder von einem Autokran aus 70 m Höhe hinunter springen.

Folklore

Es gibt nur ein professionelles, großes Volkstanzensemble, mit seinem Stammhaus im Stadtteil Rusovce im Süden von Bratislava: SL'UK, Balkánska 31, Tel. 02/5 85 91 25, 5 85 91 34, Fax 5 85 92 91, www.culture.gov.sk./sluk.html. Es tourt nicht nur durch die ganze Slowakei, sondern ist auch im Ausland unterwegs. Die Vielzahl an Amateur-Truppen betreibt v. a. im Sommer regelrechte Festival-Tourneen. Die bedeutendsten Folklore-Festivals finden im Juli in Východná (bei Poprad) und Detva (unweit von Banská Bystrica) statt. Informationen zu den Festivals entweder über das jeweilige örtliche Info-Büro oder auch über die staatliche Tourismus-Agentur SACR (s. S. 219), die den Überblick hat.

Golf

Golf gehört in der Slowakei zu einer jungen Sportart. Und obwohl es schon viele Klubs gibt, haben deren Mitglieder nur wenig Möglichkeit, ihn auch zu praktizieren. Immerhin bestehen in der Umgebung von Bratislava drei Golf-Areale mit noch unterschiedlicher Ausstattung: in Bernolákovo ist ein 9-Loch-Platz, Lozorno und Čierna Voda haben jeweils eine Driving-range und Übungswiesen. Doch es wird kräftig ausgebaut, ebenso entstehen neue Plätze in der Tatra und bei Košice. Informationen zum aktuellen Stand über das Nationale Golfzentrum: Národné golfové centrum, Bratislava-Čierna Voda, Tel. 02/45 94 48 26, ita@ita.sk.

Kajak/Kanu

Knapp 60 der slowakischen Flüsse und Bäche sind für Wassersport im Kanu, Kajak oder Floß geeignet und ausgewiesen. Die Oberläufe der Gebirgsflüsse (z. B. Malý Dunaj, Dunajec, Hornád, Ipeľ, Nitra, Ondava, Poprad, Orava, Váh) sind für geübte Kajakfahrer im Frühling und Frühsommer besonders zu empfehlen, da sie dann ausreichend Wasser führen. Doch man kann auch auf stillen und geruhsamen Wasserflächen dahin paddeln und viele zivilisationsferne Flusslandschaften genießen, wie in Seitenarmen des Váh (bei Trenčín oder Piešťany) oder der Donau. Letztere bildet zwischen Bratislava und dem Wasserkraftwerk Gabčíkovo ein regelrechtes Netz von Seitenarmen mit bewundernswerter Vogelvielfalt.

Kuren

Die Slowakei als traditionsreiches Heilbäder-Land ist bei vielen in Vergessenheit geraten. Dem einen oder anderen fallen gerade noch Piešťany oder Trenčianske Teplice ein, dabei gibt es eine Reihe weiterer. Manche müssen zwar noch auf eine Modernisierung warten, eine Reihe von ihnen ist jedoch bereits neu ausgestattet. Neben den oben erwähnten Badeorten sind Bardejovské kúpele im Osten bereits zu empfehlen. Man sollte in jedem Fall nach neuen oder renovierten Gästehäusern fragen. Für Selbstzahler bieten die insgesamt 22 slowakischen Heilbäder (davon 16 balneologische, die übrigen sind klimatische) preisgünstige Therapieanwendungen an; nahezu alle Hotels und größeren Pensionen in diesen Orten haben auch hauseigenes Personal für Massagen und entspannende oder heilende Körperpackungen.

Paragliding

In der Umgebung von Donovaly (bei Banská Bystrica) und in der Orava-Region gibt es ideale und gut erreichbare Bergkuppen, von denen man für kilometerlanges Schweben starten kann. In Donovaly steht auch die bequemere Variante, ein Sessellift, für die Schirmgleiter zur Verfügung.

Radfahren/Radwandern (Mountainbiking)

Die Städte sind noch nicht mit gesonderten Wegen auf die Radfahrer eingerichtet, doch insgesamt wird die *cykloturistika,* also der Radsport, zunehmend beliebter. Und das Land eignet sich dazu. Doch sollte man wegen der nicht immer achtsamen Fahrweise der Autofahrer auf ausgewiesene Radwege durch das gebirgige Gelände achten. Für die Region Liptov, die Mittelgebirge und südlich von Bratislava die Donau entlang gibt es detaillierte Karten, und es werden ständig mehr. Am besten in Buchhandlungen und Tourismusbüros danach Ausschau halten.

Reiten

Die bekanntesten Gestüte der Slowakei befinden sich in Topoľčianky (bei Nitra) und Motešice unweit von Trenčín. Doch Reitstunden und Ausritte in herrlicher Natur werden preisgünstig in sehr vielen touristischen Zentren angeboten. Nicht selten stellt man in der Agrotouristik (Ferien auf dem Bauernhof) Gästen Pferde zum Ausritt zur Verfügung.

Rafting

Zwei künstliche Wildwasserkanäle bieten den Liebhabern dieser rauen Sportart Möglichkeiten zum Üben und Trainieren. Sie befinden sich in Čunovo bei Bratislava und in Liptovský Mikuláš in der Tatra.

Skisport

Die Gebirgsregionen der Slowakei sind traditionsreiche Wintersportgebiete. Selbst die Hauptstadt in der Donauebene besitzt am beginnenden Karpatenbogen hinter ihrem Rücken einen Skilift. Und so verhält es sich mit nahezu allen Städten, Langlauf lässt sich dann wirklich überall betreiben. Zentren des alpinen Skilaufs (mit zusäztlichen malerischen Loipen) sind natürlich die Hohe (trbské pleso, Smokovce, Tatranská Lomnica) und Niedere Tatra (Demänovská dolina, Donovaly), zunehmend auch die West-Tatra mit ihrem Ausgangspunkt Zuberec. In der Kleinen Fatra eignet sich das Vrátna-Tal ebenfalls für beide Skiarten. Skischulen und große Hotels bieten Unterricht für beide Sportarten an. Aktuelle Infos zu den Schneeverhältnissen in allen slowakischen Skigebieten über die Internet-Seite von SACR (s. S. 219) unter *snow reports.*

Tennis

Tennis gehört fast wie bei uns zu einer inzwischen weit verbreiteten Sportart. Bei großen oder guten Hotels in touristischen Zentren oder in größeren Städten werden Sie immer eine Möglichkeit zum Tennis spielen finden.

Wandern

Die Slowakei ist ein Wanderland par excellence, besteht sie doch aus überwiegend gebirgigem Terrain. Es gibt im Grunde kaum einen Ort, von dem aus man nicht zumindest einen ausgedehnten Rundweg ablaufen kann. Ein slowakischer Tourenführer verzeichnet gut 1200 markierte Wege im ganzen Land. Für Wanderer mit Ambitionen sind das gesamte Tatra-Gebirge bis zu den Pieninen sowie Kleine und Große Fatra besonders attraktiv. Weitere Schwerpunkte des Wanderns bieten die südlichen Ausläufer der Erzgebirge, z. B. um Banská Štiavnica, und natürlich das Slowakische Paradies mit seinen Klettersteigen in den typischen Karstschluchten sowie der Slowakische Karst im Südosten.

Wassersport

Die großen Wasserflächen der slowakischen Stauseen wie Sĺňava bei Piešťany, Oravská priehrada, Liptovská mara oder Zemplínska Šírava östlich von Košice eignen sich hervorragend für Windsurfen und Segeln. Es gibt hier immer auch Badestrände (*pláž* oder *kúpalisko*) sowie an etlichen kleineren Seen auch, wie z. B. den ehemaligen Bergbauseen der Mittelslowakei (Banská Štiavnica) und des Slowakischen Paradieses bei Dedinky und Mlynky.

PRAKTISCHE INFORMATIONEN VON A–Z

Apotheken

Apotheken haben nur in großen Städten Mo–Fr 8–18 Uhr, Sa bis 12 Uhr geöffnet. Normalerweise haben sie Mittagspause und schließen nicht selten früher, mancherorts schon um 16 Uhr. In kleinen Städten können sie Sa geschlossen sein. Für Notfälle steht jedoch immer eine diensthabende Apotheke bereit.

Ärztliche Versorgung

Die ärztliche Versorgung ist in der Slowakei flächendeckend auf gutem Niveau gegeben, auch wenn einiges im Bereich der Apparate noch der Modernisierung bedarf. Doch man sollte sich nicht scheuen, bei Bedarf einen Arzt aufzusuchen. Es empfiehlt sich eine Auslandskrankenversicherung abzuschließen, da es im Gesundheitsbereich keine staatlichen Abkommen mit der Slowakei gibt.

Auskunft

Die Tourismus-Büros in Städten und Gemeinden funktionieren leider noch nicht so, wie man es bei uns gewohnt ist. Die Service-Leistungen hängen sehr stark von den Betreibern ab. Zum Leidwesen der Touristen sind dies nicht immer die Kommunen, sondern zuweilen nur profitorientierte Reisebüros oder Zeitschriftenläden, denen die Tourismus-Büros angegliedert sind. Um einen gewissen einheitlichen Standard bemühen sich die unter dem Kürzel AICES zusammengefassten Info-Büros, denen die der größten Städte angehören. In diesen Büros vermittelt man außer Unterkünften und Informationen zu Kunst und Kultur auch persönliche Reiseführer, die einem auf deutsch die Sehenswürdigkeiten der Stadt erklären. Eine allgemeine Telefonnummer der Info-Büros, die in nahezu allen Städten und Touristenzentren gültig ist, lautet Tel. 1 61 86. Wenn man von außerhalb anruft, muss man zuvor noch die entsprechende Ortsvorwahl eingeben.

Benzin

An den Zapfsäulen angeboten werden die Universalkraftstoffe für Benzinmotoren UNI 91 und UNI 95 (Super) sowie bleifreies *(bezolovnatý benzín)* NATURAL (manchmal auch in zweierlei Oktanzahl, 95 und 98) und Diesel *(nafta)*. Keine Sorge wegen des Reservekanisters, das Land ist ausreichend dicht mit z. T. hochmodernen Tankstellen *(čerpacia stanica,* kurz: *pumpa)* bestückt.

Diebstahl

Die Slowakei steht leider (z. T. zu Recht) im Ruf, ein Land mit hoher Autodiebstahlsrate zu sein. Dennoch sollte man sich nicht abhalten lassen, mit dem Auto zu reisen. Achten Sie darauf, Ihr Auto (auch ältere Modelle) nicht unbewacht stehen zu lassen. In

Städten und bei viel besuchten Sehenswürdigkeiten gibt es immer bewachte Parkplätze *(strážené parkovisko)*, die sicher sind. Achtung: *platené parkovisko* bedeutet lediglich, dass Sie sich auf einem gebührenpflichtigen Parkplatz befinden. Hotels und Pensionen sollten Sie nach Möglichkeit so wählen, dass ein bewachter Parkplatz vorhanden ist. Zuweilen kann man auch im Nachbarhotel einen Unterstellplatz buchen, wenn das eigene Hotel über keinen verfügt.

Diplomatische Vertretungen

Botschaften in der Slowakei:

Bundesrepublik Deutschland
Hviezdoslavovo nám. 10
SK – 81303 Bratislava
Tel. 02/54 41 96 4-0 (-1, -2, -3)
Fax 54 41 96 34,
public@germanembassy.sk
www.germanembassy.sk

Bundesrepublik Österreich
Venturska 10
SK – 811 01 Bratislava
Tel. 02/54 43 29 85, Fax 54 43 24 86,
ambassada.austria@isternet.sk
www.embassyaustria.sk

Schweiz
Tolstého ul. 9
81 106 Bratislava
Tel. 02/59 30 11 11, Fax 59 30 11 00,
Vertretung@bts.rep.admin.ch

Elektrizität

Die Stromspannung beträgt 220 V, Adapter für die Stecker sind nicht notwendig.

Feiertage

1. 1.	Feiertag zur slowakischen Staatsgründung
6. 1.	Hl. Dreikönig
Karfreitag und Ostermontag	
1. 5.	Tag der Arbeit
8. 5.	Ende des 2. Weltkriegs
5. 7.	Feiertag der hll. Kyrill und Method
29. 8.	Jahrestag des Slowakischen Nationalaufstands
1. 9.	Tag der Verfassung der Slowakischen Republik
15. 9.	Mariä Himmelfahrt
1. 11.	Allerheiligen
24. 12.	Heiligabend
25./26. 12.	Erster und Zweiter Weihnachtsfeiertag

Geld und Geldwechsel

Die Landeswährung ist die Slowakische Krone (SK) = 100 Heller (h).

Mitte 2001 betrug der Wechselkurs etwa: 1 € = ca. 44 SK. Aktuelle Auskünfte über den Wechselkurs erhält man über das Internet der Slowakischen Nationalbank: www.nbs.sk.

Der Geldwechsel empfiehlt sich in Banken, da Wechselstuben oft ungünstigere Wechselkurse haben, auch wenn sie mit niedrigeren Umtauschgebühren locken. Am bequemsten und schnellsten sind die EC-Automaten der Banken, die es heute nahezu überall gibt, in touristisch frequentierten Orten allemal. Das Bezahlen in Geschäften mit der EC-Karte ist noch nicht weit verbreitet, und auch Euroschecks nimmt man nur selten. Sehr viel häufiger ist man bereit, die in ganz Europa gängigen Kreditkarten zu akzeptieren.

Kirchen

Viele Kirchen sind tagsüber nicht frei zugänglich (besonders nicht in der touristischen Nebensaison). Doch solte man sich nicht scheuen, Passanten zu fragen oder in Nachbargebäuden zu klingeln. Man wird Ihnen meist gerne Auskunft geben, wie Sie sich den Kirchenraum ansehen können. Tipp: Die Kirche vor und nach Gottesdiensten aufsuchen. Diese finden wochentags meist sehr früh (zwischen 7 und 8 Uhr) oder gegen 17/18 Uhr statt; sonntags gibt es Gelegenheit zwischen den Gottesdiensten am Vormittag.

Museen/Sehenswürdigkeiten

Bei Museen und Galerien muss man, bis auf Bratislava und Košice, fast immer von saisonalen Öffnungszeiten ausgehen, d. h. es wird zwischen Sommer und der übrigen Zeit des Jahres unterschieden. Achtung: Trotz sorgsam recherchierter Öffnungszeiten kann es sein, dass Sie bei kleinen Museen während der Mittagszeit vor verschlossener Tür stehen. Weniger verständlich ist die Unsitte, von Ausländern (vor allem westlichen) erhöhte Entgelte zu verlangen. Sie sind zwar immer noch verhältnismäßig niedrig (1–1,50 €), doch verärgert es, zumal dem ausländischen Besucher oft keine Zusatzbeschilderung zumindest in englischer Sprache geboten wird, so dass er doppelten Nachteil hat.

Eine sehenswerte Spezialität der Slowakei sind die vielen Freilichtmuseen (*múzeum v prírode* oder *skanzen*). Detailreich dokumentieren sie zumeist vergangene Formen bäuerlichen und ländlichen Lebens oder frühe Formen der Bergbautechnik (Banská Štiavnica). Bei einem Aufenthalt in der Slowakei sollte auch ein Besuch einer der vielen Höhlen (13) nicht fehlen. Doch Achtung: nur etwa die Hälfte ist ganzjährig geöffnet! In Liptovský Mikuláš befindet sich dazu ein eigenes Museum sowie der Sitz der staatlichen Höhlenverwaltung: Správa slovenských jaskýň, Hodžova 11, 031 01 Liptovský Mikuláš, Tel. 0 44/5 52 01 58, Fax 5 52 45 50.

Notrufnummern

Wichtige Notrufnummern, die kostenfrei sind:
Ärztlicher Notruf: 155, Polizei 158
Feuerwehr: 150
Straßenrettungsdienst: 154
Telefonauskunft national: 120 (0120)
Telefonauskunft international: 0149

Öffnungszeiten

Die meisten Geschäfte haben Mo–Fr von 9–18 Uhr geöffnet, Lebensmittelläden oft schon ab 7 oder 8 Uhr. In kleineren Städten ist mit einer Mittagspause zu rechnen. Kaufhäuser sind meist durchgehend geöffnet, oft länger (bis 20 Uhr) und sehr häufig auch am Wochenende (So bis 13 Uhr). Eine sehr praktische Einrichtung sind *večierka*-Läden (etwa: Abendlädchen). Sie finden sich auch in Kleinstädten, liegen oft etwas versteckt, sind aber meist gut bekannt, so dass man auf der Straße danach fragen kann. Es sind Geschäfte, die bis spät abends (23/24 Uhr) sowie an Sonn- und Feiertagen die notwendigsten Lebensmittel zum Kauf anbieten.

Parken

In den Zentren der historischen Altstädte ist das Parken entweder ganz untersagt oder nur auf ausgewiesenen, gebührenpflichtigen Flächen erlaubt. Parkautomaten sind die Ausnahme, sie funktionieren wie bei uns. Meist muss man sich jedoch so genannte Parkkarten *(parkovacia karta)* besorgen. Es gibt sie in Kiosken, Tabakläden oder Tourismus-Büros. Darauf kreuzt man selbst Datum und Uhrzeit der Ankunft an, eine Karte gilt jeweils für eine halbe oder ganze Stunde. Je nachdem, wie lange man das Auto stehen lassen will, muss man die entsprechende Anzahl von Karten (jeweils mit der darauf folgenden Geltungsdauer gekennzeichnet) gut sichtbar hinter die Windschutzscheibe platzieren.

Post

Briefmarken gibt es nur noch im Postamt. Öffnungszeiten: Mo–Fr 8–18 Uhr, in kleineren Städten mit zusätzlicher Mittagspause auch nur bis 16 oder 17 Uhr, Sa 8–12 Uhr.

Souvenirs

Die Verlockungen zum Einkaufen sind nicht sehr groß. Entweder man hält sich an kulinarische Mitbringsel wie Wein und eine gute Flasche Wacholderbrand oder an eine, allerdings breite, Palette kunsthandwerklicher Produkte. Allen voran sind das natürlich die berühmten Maisstrohpuppen, aber auch jede Menge vielfältiger Keramik (je nach Region verschieden), Korb-, Holz- oder Lederwaren sowie reich bestickte und geklöppelte Tischdecken, Sets und Servietten. Eine Art Gütesiegel bieten in diesem Bereich die ÚĽUV-Läden (s. S. 40f.).

Telefonieren

Das Telefonieren in öffentlichen Telefonzellen wird zusehends auf Telefonkarten umgestellt, was einfacher funktioniert als die alten Münztelefone. Bei diesen muss man den Moment abpassen, bis sich der angerufene Gesprächsteilnehmer meldet, um dann geschwind die erforderlichen Münzen einwerfen und weiter sprechen zu können. Telefonkarten *(telefonná karta)* gibt es an Kiosken und bei der Post.

Trinkgeld

Die Slowakei ist ein preisgünstiges Land. Achten Sie dennoch darauf, nicht allzu verschwenderisch mit dem Trinkgeld umzugehen, auch wenn es gut gemeint ist. Tipp: Runden Sie z. B. Summen bis 200/250 Sk sinnvoll auf, ohne mehr als 10 Sk Trinkgeld zu geben. Ansonsten kann man bis zu 10 % des Rechnungsbetrags geben, der Prozentsatz verringert sich jedoch bei steigender Rechnung.

Zeit

Nicht abweichend von der Zeit in Zentraleuropa, Frühjahr bis Herbst gilt auch hier die Sommerzeit.

ABBILDUNGS- UND QUELLENNACHWEIS

Fotos:

Badinka, Jaroslav, Zvolen S. 158

D'uriga, Ján, Cičmany S. 10/11, 18, 28/29, 185

Hoess, Christian, München S. 1, 8, 23, 33, 38, 42, 65, 72/73, 80, 83, 84/85, 87, 90, 91, 94, 96/97, 99, 101, 106, 107, 136, 141, 152, 165, 168, 170, 179, 182, 186/187, 191, 194/195, 196, 199, 202, 203, 207, 208, 210, 216

Lichner, Marián, Banská Štiavnica S. 173, 176

Oberzill, Gerhard, Kritzemdorf Titelbild

Péchy, Štefan, Levoča S. 144/145, 146

Zajac, Matúš, Bratislava S. 46/47, 49, 53, 54, 56/57, 60, 63, 69, 75

Žuffa, Vladimír, Zuberec Vordere/Hintere Umschlagklappe, S. 2/3, 14, 19, 44, 102, 108/109, 112/113, 115, 118/119, 122/123, 126, 127, 130/131, 132, 134, 157

Zitat:

Zitat S. 120/121 aus: Slowakische Volksmärchen. Gesammelt und herausgegeben von Viera Gašparíková. Übersetzung Wilfried Fiedler. München 2000; mit freundlicher Genehmigung des Diederichs Verlag, München

Karten und Pläne:

Berndtson & Berndtson Productions GmbH, Fürstenfeldbruck

Bitte schreiben Sie uns, wenn sich etwas geändert hat.

Alle in diesem Buch enthaltenen Angaben wurden von der Autorin nach bestem Wissen erstellt und von ihr und dem Verlag mit größtmöglicher Sorgfalt überprüft. Gleichwohl sind – wie wir im Sinne des Produkthaftungsrechts betonen müssen – inhaltliche Fehler nicht vollständig auszuschließen. Daher erfolgen die Angaben ohne jegliche Verpflichtung oder Garantie des Verlages oder der Autorin. Beide übernehmen keinerlei Verantwortung und Haftung für etwaige inhaltliche Unstimmigkeiten. Wir bitten dafür um Verständnis und werden Korrekturhinweise gerne aufgreifen:

DuMont Buchverlag, Postfach 10 10 45, 50450 Köln,
E-Mail: reise@dumontverlag.de, Internet: www.dumontverlag.de

REGISTER

Personenregister

Ortsregister